SERGIUS GOLOWIN

Paracelsus

Mediziner – Heiler – Philosoph

GOLDMANN VERLAG

Originalausgabe

Umwelthinweis:
Alle bedruckten Materialien dieses Taschenbuches
sind chlorfrei und umweltschonend.

Der Goldmann Verlag
ist ein Unternehmen der Verlagsgruppe Bertelsmann

© 1993 by Wilhelm Goldmann Verlag, München
Umschlaggestaltung: Design Team München
Umschlagfoto: Archiv für Kunst und Geschichte, Berlin
Satz: IBV Satz- und Datentechnik, Berlin
Druck: Presse-Druck Augsburg
Verlagsnummer: 12467
Ba · Herstellung: Heidrun Nawrot
Made in Germany
ISBN 3-442-12467-0

10 9 8 7 6 5 4 3 2

Inhalt

Heilung durch den Geist

Mensch und Natur sind eine Einheit

Die Weiße Magie des Herrn von Hohenheim

Bewußtsein, Körper und Selbstentfaltung

Das Goldene Zeitalter

Das Mittelalter vergeht, unsere Neuzeit beginnt

Ein kleiner Überblick

1492 Granada/Spanien von den Christen eingenommen. Ende der Araberherrschaft in Europa.
Kolumbus entdeckt Amerika.

1493 Geburt des Theophrastus von Hohenheim in Einsiedeln.

1494 Geburt des türkischen »Weltherrschers« Soliman der Prächtige
Geburt des französischen Königs Franz I.

1497 Vasco da Gama erforscht den Meerweg nach Ostindien.
Alvares Cabral entdeckt Brasilien.

1500 Geburt des künftigen Kaisers Karl V. von Habsburg.

1515 König Franz I. besiegt die Schweizer Eidgenossen bei Marignano. Die im Nahkampf unbesiegbaren Älpler erliegen den »modernen« Kanonen.

1516 Karl V. wird König von Spanien.

1517 Sultan Salim I. gewinnt Ägypten und Syrien.

1519 Karl V. von Habsburg wird deutsch-römischer Kaiser.
Cortez gewinnt für Spanien das Aztekenreich, Pizzaro das Inkareich, Magellan beginnt die Schiffahrt rund um den Erdball.

1521 Martin Luther wird aus der katholischen Kirche ausgeschlossen.
Sultan Soliman ist Herr über Belgrad.

1526 Schlacht von Panipat. Babur begründet die islamische Mogulenherrschaft über Indien.

1529 Sultan Soliman belagert Wien. 150 Jahre türkische Vorherrschaft in Mitteleuropa.

1533 Ivan der Schreckliche regiert Rußland. Blutiger Ausrottungskampf gegen den alten Adel. Endlose, meist unglückliche Kriege mit Tataren und Türken.

1541 Von Sagen umgebener Tod des Herrn Theophrastus von Hohenheim, genannt Paracelsus, in Salzburg.
Ungarn wird türkisch.

Vorwort

Unsere Schulbücher beginnen die europäische Neuzeit mit Kolumbus, der 1492 Amerika entdeckte. Doch noch ein anderes wichtiges Ereignis stand dem damaligen Abendland kurz bevor, wenngleich es lange unbeachtet blieb. Ein Vorgang fand statt, den die Sage folgendermaßen preist:

Der Arzt Wilhelm Bombast von Hohenheim, Nachkomme eines alten und sehr angesehenen Geschlechts der Schwaben, betete vor dem Bild der nachtschwarzen Gottesmutter von Einsiedeln. Er versprach ihr, wenn sie ihm Kindersegen gewähre, jeden Leidenden unentgeltlich zu behandeln: Auf alle Fälle, wenn dieser ihn im Namen »unserer lieben Fraue« um Hilfe bitte.

Im darauffolgenden Jahr, 1493, erblickte der kleine Theophrastus Philipp Aureolus das klare Licht seiner Gebirgswelt. Er wurde zum zuverlässigen Zeugen eines Erdteils in wildem Umbruch.

Die winzige unabhängige Mönchsrepublik von Einsiedeln war damals die Zuchtstätte einer im Alpenraum berühmten Rasse von sehr starken Rossen. Die einheimische Sage ließ auch aus dieser Tatsache ein Sinnbild entstehen. Kaum war das Kind zum Mann Paracelsus herangewachsen, sollte er demnach auf seinem »fliegenden« Wunderpferd alle Länder durcheilen: Von Ägypten bis zum Ural, sogar bis nach Tibet und Indien.

Paracelsus wollte nicht, wie all die kriegerischen Abenteurer seiner Zeit, Kolonien gewinnen: Er wurde ein Conquistador, ein Eroberer der Reiche des freien Geistes.

Paracelsus ist tatsächlich ein Mann, um dessen Dasein sich die Volkssage, die Träume der Esoteriker – und die überprüfbare Wirklichkeit unentwirrbar verschmelzen. Hat er bei Hexen und Nixen seine Lehrzeit bestanden? Reiste er durch den Osten mit den Zigeunerstämmen? Verstand er die Sprache der Tiere und Baumnymphen? Konnte er spielend Gold herstellen? Löste er die Rätsel der ewigen Jugend und der menschlichen Unsterblichkeit?

Das Seltsamste ist: In den Hunderten von erhaltenen Schriften, die auf ihn zurückgehen, redet er humorvoll von diesen Dingen! Er tut dies so wortgewaltig, sicher und sachlich, als wären sie alle die gewöhnlichsten Angelegenheiten in seinem Lebenskreis. Viele Geschichten, wie sie von Schwyz bis Wien von ihm umgehen, wirken darum wie seine ureigensten Dichtungen. Das dankbare Volk machte aus ihm eine echte Märchengestalt – doch er war auch eine.

Die Kraft seines Geistes tröstete die einfachen Leute, als sie damals durch Religionskriege, Umwälzungen, Hexenverfolgungen und Seuchen zu leiden hatten. Die Universität von Basel, an der er kurz lehrte, mochte ihn mit Verleumdungen überschütten: In den Gaststuben hielt man zu ihm, erzählte von seinen Taten, reichte seine Rezepte weiter. Hier entstand seine eigenwillige »Alpenmedizin«, ohne deren Kenntnis es kaum eine moderne ganzheitliche Heilkunst geben wird, wie sie unsere Zivilisation dringend braucht.

Wenn wir uns in die geschichtlichen Ereignisse von vor 500 Jahren vertiefen, finden wir darin bereits fast alle Grundlagen zu den religiösen, politischen, gesellllschaftlichen, wirtschaftlichen Krisen unserer Gegenwart. Viele der damals aufkeimenden Probleme hat der erstaunliche Paracelsus bereits in ihrer Wurzel erkannt. Seine klugen Gedanken dazu verdienen, jetzt nochmals gründlich überdacht zu werden.

Kolumbus erschloß durch seine Tat die Meere des Westens. Paracelsus, der Herr von Hohenheim, öffnete im gleichen Jahrhundert die verschlossene Pforte zu ganz andern Neuen Welten: Zu einer Zukunft, in der wir Menschen unser gesamtes angeborenes Wesen bewußt zu begreifen beginnen.

Sergius Golowin,
Einsiedeln, Januar 1993

Das Rätsel Paracelsus

Die Teufelsbrücke

Theophrastus Bombastus von Hohenheim, der sich später Paracelsus nennen sollte, wurde vermutlich Ende 1493, vielleicht auch Anfang 1494 am Bergfluß Sihl in Kanton Schwyz geboren.

Wenn wir heute von Zürich her über den Etzelpaß nach Einsiedeln wandern, finden wir gleich neben der Teufelsbrücke ein Gasthaus. Dort führen einige Stufen zum Fluß hinab, dessen Rauschen wohl einst in die Träume des kleinen Theophrastus drang. Ob hier sein Interesse für die schönen Undinen, für die Nixen, geweckt wurde, über die er später so viel schreiben sollte?

Das Gasthaus an der Teufelsbrücke soll ziemlich genau an der gleichen Stelle errichtet worden sein, an der das Gebäude stand, in dem die Eltern des großen Gelehrten lebten. Schon der Vater, aus einem schwäbischen Adelsgeschlecht stammend, war Arzt und ein bedeutender Naturforscher. Sein Sohn bewunderte ihn sein Leben lang. Das Haus dieses Wilhelm Bombastus von Hohenheim stand im übrigen an einem Ort, wo ein Heilkundiger einzigartige Erfahrungen sammeln konnte: Wohl Hunderttausende von frommen Pilgern aus dem ganzen süddeutschen Raum kamen hier auf ihrer Wanderschaft zum berühmten Kloster Einsiedeln vorbei.

Der Name der Mutter, die von Theophrastus ebenso hoch verehrt wurde, ist nicht eindeutig überliefert worden. Sie war auf alle Fälle eine Einheimische, die in der Nähe des Klosters aufwuchs. Der Sage nach ist sie eine Wirtin gewesen, die die Pilgersleute verpflegte. So mögen Vater und Mutter eng zusammengearbeitet haben. Sie sorgten für das leibliche und auch seelische Wohl der müden Wanderer.

Diese Umgebung, die Nähe zur wichtigen Pilgerstraße ermunterten sicherlich zu großzügigem Denken und zu Weitblick. Paracelsus wuchs in keinem abgelegenen Bergtal auf, wie manche Biographen meinen. Täglich konnte man hier Reisenden und Pilgern begegnen und vielfältige Eindrücke sammeln.

Warum trägt jedoch die Brücke, die vom Haus der Familie von Hohenheim zum eigentlichen Klostergebiet führte, den wenig heiligen Namen? Darüber gibt eine sehr schöne Sage Auskunft: Die Pilger, die von weither zum heiligen Ort »Unserer lieben Frau von Einsiedeln« zogen, hatten unterwegs oft sehr weltliche Gedanken. Im Gasthaus vor der Teufelsbrücke ging es deshalb nicht nur fromm zu. Doch wurden die Pilger an diesem Ort auch geläutert. Auf der Brücke über die Sihl, dessen wurden sie ermahnt, sollten sie einige Augenblicke stehenbleiben und ihren Geist von allen bösen Gedanken befreien. Erst dann könnten sie mit reinem Herzen über die Brücke schreiten, um den Segen des Heiligtums zu empfangen.

Es kann sich dabei selbstverständlich auch um eine spätere Legende handeln, die freilich in ihrem Kern das Denken des Mittelalters widerspiegelt. Der rauschende Bach oder Strom, der alle Übel wegwäscht, ist bis heute der volkstümlichen Heilkunde des Alpenraums bekannt, die noch immer den in Einsiedeln geborenen Paracelsus als ihren großen Vorläufer ansieht.

Das fließende Wasser enthält nach Paracelsus viele der Wunder, die der Schöpfer allen Elementen im Paradies eingab. Wer sich dem Wasser mit einer empfänglichen Seele zu nahen versteht, dem schenkt es stets Erneuerung.

Die Sage von der Teufelsbrücke beim Geburtshaus des Paracelsus mag so als ein Sinnbild dienen: Die Wissenschaft und Kunst des Paracelsus wirkt wie ein reiner Bergstrom, der die Menschen von all ihren Übeln befreien kann.

Der heilige Meinrad

Paracelsus mag mancherlei am Kirchenstreit seines Jahrhunderts kritisiert haben. Der Heilige seiner Jugend in Einsiedeln, der Waldeinsiedler Meinrad, über dessen Zelle das Kloster im 10. Jahrhundert errichtet worden war, berührte ihn offenbar tief: »So nimmt einen (Mönch) oft Gott aus einem Kloster (und führt ihn) in die Wildnis, als (wie beispielsweise) Meinrad. Er (Gott selbst) tut Zeichen, öffentlich mit Wundern, (die den Menschen bewiesen), daß er (Gottes Auserwählter in der Waldeinsamkeit) selig und heilig ist.«

Der Rückzug in die Einsamkeit wird von uns heute sehr häufig als eine Weltflucht mißverstanden. Viele der volkstümlichen Heiligenleben am Anfang des christlichen Mittelalters vermitteln uns ein differenzierteres Bild. Die zusammenbrechende Stadtzivilisation des spätrömischen Reiches war in die Sackgasse geraten: Die Schicht der Besitzenden und hohen Beamten führte ein maßloses Luxusleben. Das freie Landvolk hingegen war zu mehr oder weniger rechtlosen Landarbeitern, sogar zu Sklaven herabgesunken. Die Mehrheit der Städter vergaß ihr Elend dank geschickt gesteuerter Lustbarkeiten – dank »Brot und Spielen«. Die Söldnerarmeen plünderten und unterwarfen fremde Völker für das römische Imperium.

In den Einsiedeleien, meist Vorläufer der späteren Klostergründungen, suchten fromme Menschen einen Weg zurück zu einem Gleichgewicht mit der Natur. Sie zeigten durch ihr Vorbild, was der Mensch für ein gesundes und zufriedenes Dasein wirklich braucht. Mit den Tieren und Pflanzen ihrer Umgebung schlossen sie Freundschaft, worüber viele der schönsten Volkslegenden berichten. Durch ihr Einfühlen in die Schöpfung erwarben sie tiefes Naturwissen und waren oft die Berater und Ärzte des hilflosen, unterdrückten Volkes.

Der heilige Meinrad (um 800–861) stammte aus hohem schwäbischem Adel, mit dem ja auch die Familie der Hohenheim verknüpft ist. Vielleicht war Paracelsus sogar mit ihm verwandt. Der heilige Meinrad schuf mit seiner Einsiedelei einen geistigen Mittelpunkt, der möglicherweise die Entwicklung des mächtigen Herzogtums Schwaben überhaupt erst ermöglichte. Das Kloster, das später aus der Einsiedelei erwuchs, ist noch heute die eigentliche heilige Stätte der Eidgenossenschaft.

Für die Legende war Meinrads Leben in der Umgebung der Waldberge fast eine Vorahnung für das Werk seines weltlicheren, doch kaum weniger frommen Nachfolgers Paracelsus. Wir vernehmen, wie Meinrad Tag für Tag in seiner Hütte vor dem Bild der Gottesmutter niederkniete. Die ganze Welt war für ihn mit goldenem Licht erfüllt, und er fühlte sich in Gebet und Meditation dem Himmel nahe. Gottlose Räuber hörten von dem Wunder und glaubten, das Licht um den Heiligen sei nichts anderes als der Glanz eines Schatzes, den er in der Wildnis hütete. Sie ermordeten ihn, der sie vorher noch freundlich und gastlich bewirtet hatte, obwohl er ihre boshaften Gedanken wohl erkannte. Zu spät entdeckten die Verbrecher, daß der vielgerühmte Lichtglanz im Wald nicht von irdischem Gut stammte...

Das Bildnis der Gottesmutter von Einsiedeln soll nach der Überlieferung der Mönche dort stehen, wo sich die Hütte des großen Alpenheiligen befand. Das Kunstwerk stammt aus dem Jahr 1466. Der kleine Theophrastus hat also sicher vor ihm gebetet.

Bergluft weckt die Intuition

Das Bekenntnis des Paracelsus zu seiner Bergheimat war für seine Zeitgenossen aufschlußreich, denn den Alpenbewohnern wurden im Abendland bis in die Gegenwart hinein geradezu übersinnliche Fähigkeiten zugeschrieben.

In der Wildnis, inmitten der ursprünglichen Natur, enthüllt sich dem Menschen der Wahrheitsgehalt uralter Volkslegenden, werden Sagengestalten lebendig. Das war wohl eine der kostbarsten Kindheitserfahrungen des Paracelsus und das Motiv seiner zahllosen Wanderungen. Im Hinblick auf die Überlieferungen zu den Naturgeistern, die unsere Umwelt beleben, erklärt er: »In den Grund solcher Dinge mit Wissen einzudringen, ist in den wilden Wäldern möglich. Wer da diese durchwandert, der findet diese Dinge.«

Auch viele andere Zeitgenossen waren davon überzeugt. Der Luzerner Chronist Cysat (1545–1614) hat für den Umkreis des Vierwaldstätter Sees, also der eigentlichen Heimat des Paracelsus, eine Fülle von Volkssagen niedergeschrieben, an die man damals noch fest glaubte. Er bekam sie vor allem »von den Sennen, den Alpleuten und allen denen, so in diesen Bergen herum wohnen«, erzählt. Der englische Mystiker Robert Fludd (1574–1637), der bekanntlich besonders stark von Paracelsus beeinflußt wurde, sah ebenfalls die wilden Gebirgsländer des Abendlandes als Wohnsitze unsichtbarer Mächte. Im Berner Gerichtshandel wider einen sehr volkstümlichen Hexenmeister, den »Mühleseiler«, der 1668 stattfand, lernen wir: Das Treiben der Geister und Zauberer finde noch »sonderlich auf den Alpen« statt.

Der Besuch der Alpentäler schien ein regelrechtes »Muß« für alle gewesen zu sein, die das Wirken geheimnisvoller Kräfte erfahren wollten. Die Einheimischen beobachteten die Aktivitäten von weisen »Venedigern«, »Walen« oder »Rosenkreuzern«, die durch die Gebirge zogen. In abgelegenen Hütten und Felshöhlen, auf waldigen Höhen und in den Schluchten der Wildbäche suchten sie das »Licht der Natur« bei seinem Wirken zu erkennen, und dabei soll mancher von ihnen, trotz großer Gefahren und Anstrengungen, in der Natureinsamkeit »sein Glück und seine Jugendkraft wiedergefunden haben«.

Noch im 18. Jahrhundert glaubte der deutsche Sprachforscher Adelung, daß das Wort »Alpen« mit den alten Bezeichnungen für Naturkobolde – Alfen, Alben, Elfen – sehr nah verwandt sei. Auch wenn seine Auffassung nicht stimmt, ist für uns von Interesse, was ihn auf seine Idee brachte: Alpen und Elfen gehörten in seiner Zeit eng zusammen, weil die Bergtäler noch immer als Orte magischer Traditionen galten.

Dies schien auch Wolfgang von Goethe erkannt zu haben. Im zweiten Teil seines »Faust« lesen wir: »Die Geister, längst dem flachen Land entzogen, / Sind mehr als sonst dem Felsgebirg gewogen.« Goethe hat nicht nur die Schriften des Paracelsus studiert, auf seinen berühmten Alpenreisen mag er auch Menschen getroffen haben, die noch immer der Bergmedizin kundig waren.

In moderner Zeit zählte zu ihnen bekanntlich auch der in ganz Europa berühmte Michael Schüpbach, von dem ich selbst in den fünfziger Jahren im Emmental noch mündlich überlieferte Sagen vernahm. Menschen der unterschiedlichsten Schichten aus ganz Europa waren stolz, ihn aufsuchen zu dürfen, und viele erklärten das Geheimnis ihrer Lebenskraft durch einen Aufenthalt beim »Bergarzt«.

Von der Aufklärung bis zum 19. Jahrhundert versuchte man, diesen Volksglauben mit der Abgelegenheit der Bergtäler und damit der Unwissenheit ihrer Bewohner zu erklären. Andere Forscher sahen in dem fortwirkenden Koboldglauben im Alpenraum das Erbe alter Völker, etwa der Kelten.

Die neuere Forschung entdeckte in den Bergregionen einen besonderen Reichtum an Strahlungen und elektromagnetischen Feldern, wie sie natürlich für Ärzte wie Paracelsus und Schüpbach noch nicht meßbar waren. Wir sollten also untersuchen, ob das intuitive Aufspüren dieser Kräfte nicht die Wurzel all der Sagen um die Naturgeister ist.

Immer wieder erfuhr ich, daß es in den Gebirgsländern noch immer Menschen gibt, die ähnliche Wunderdinge berichten wie Paracelsus.

Als ihre Vorfahren nennen sie meistens Menschen, die in besonders großer Naturverbundenheit lebten: Gebirgsjäger, fahrendes Volk, Kräutersammler, Alphirten.

Die Gottesmutter von Einsiedeln

Die Frauen aus dem fahrenden Volk, sogar von Bayern und Tirol, ziehen noch immer in schweren Stunden zur Gottesmutter von Einsiedeln, um für Kindersegen und leichte Geburten zu bitten.

Der Sage nach hat auch der Vater des Paracelsus, der bedeutende Alchimist und Arzt Wilhelm Bombastus von Hohenheim, die Madonna von Einsiedeln um Hilfe gebeten. Bis ins recht hohe Alter hatte sich sein Wunsch nach einem Sohn nicht erfüllt. Als Adept und Kenner der Naturgeheimnisse fürchtete er darüber hinaus, daß er keinen würdigen Nachfolger finden werde, um diesem all sein Wissen weiterzugeben.

Also zündete er vor der Maria von Einsiedeln kunstvoll vergoldete Kerzen an und schenkte dem Standbild sogar einen kostbaren goldbestickten Mantel. In seiner Herzensnot versprach Wilhelm von Hohenheim: »Wenn ich einen Sohn bekomme, der mich verstehen kann und mein Werk für alle Menschen weiterzuführen vermag, will ich völlig selbstlos für die Gesundheit der Menschen und Tiere weiterwirken. Nie werde ich von einem armen Kranken Geld für die Heilung verlangen, wenn er mich im heiligen Namen Mariens um Hilfe anfleht.«

Als der Arzt wieder in sein Haus an der Sihl zurückkehrte, kam ihm seine Gattin freudestrahlend entgegen und sagte, daß sie ein Kind erwarte. Sie brachte dann einen gesunden Sohn zur Welt: Theophrastus Bombastus Aureolus Philippus von Hohenheim.

Die Legende hat einen etwas traurigen Schluß: Der Vater, Wilhelm von Hohenheim, kam, obwohl er der Meister seiner Kunst war, auf keinen grünen Zweig. Da ihn nun einmal alle unglücklichen Leidenden stets »in Mariens Namen« um Rat anflehten, durfte er nun nichts von ihnen annehmen. Da sich der junge Theophrastus in jeder Beziehung als ein treuer Anhänger und Bewahrer des Werkes seines Vaters fühlte, hielt er es damit ebenso. Selbst als ihm der Kaiser von Wien ein Fürstentum versprach, wenn er seine Krieger zum Kampf gegen die

Türken stark mache, habe er in seiner tiefen Berglerfrömmigkeit darauf verzichtet.

Ist diese Sage eine gefühlvolle Dichtung der Neuzeit, etwa entstanden im Zuge der Paracelsuslegenden des 18. und 19. Jahrhunderts? Zumindest in den Sagen, nach denen die Mutter Maria von Einsiedeln auch für das Getier sorgt, kommt jedoch das echte Lebensgefühl des Alpenlandes zum Ausdruck. Auch der Seelenforscher C. G. Jung sah gerade im Glauben um die Maria von Einsiedeln ein Fortleben der schöpferischen Urgedanken der Menschheit. Mit seinen Schülern besuchte er zudem gern die Pilgerstätte Herrgottswald am Pilatusberg, die ebenfalls schon zu Lebzeiten des Paracelsus als heiliger Ort der Maria galt.

Paracelsus hat den Glaubensverfall im 16. Jahrhundert mit sehr scharfen Worten gerügt. Nie hat er aber an der Gottesmutter gezweifelt, die der Mittelpunkt seines malerischen Heimatortes war. So lesen wir in der Widmung zu seinem naturwissenschaftlichen Werk »De Meteoris«: »Wir danken auch Gott, daß er uns so gütig der Jungfrau empfohlen hat, die die heilige Dreifaltigkeit vollkommen macht, die unsere Beschützerin ist. In deren Gnade, Lehre und Namen fangen wir unsere Philosophie... von den vier Elementen an.«

Der Wert der Tradition

Paracelsus erklärt viele seiner Lehren aufgrund der Erfahrungen seiner Heimat und Herkunft: »Mir gefällt meine Weise ganz gut. Von der Natur bin ich nicht fein gesponnen, und es ist auch nicht meines Landes Art, daß ich etwas mit Seidenspinnen erlange. Wir (die ähnlich aufwachsen) werden auch nicht mit Feigen erzogen, nicht mit Met und auch nicht mit Weizenbrot, aber mit Käse, Milch und Haferbrot. Auch hängt einem sein Leben lang an, was er in der Jugend empfangen hat. Diejenigen, welche (in ihrer Jugend) in reichen Kleidern gehen und wie Frauenzimmer erzogen werden, und wir, die unter den Tannzapfen aufwachsen, verstehen einander nicht wohl.« Paracelsus ist davon überzeugt, daß man sich in das Wesen seiner Bergheimat hineindenken muß, um seine Worte richtig zu verstehen: »Was ich für Seide achte, heißen andere Zwilch.«

Sein Werk über die Eigenschaften der Luft, die seiner Ansicht nach in jedem Land verschieden sind, beginnt Paracelsus mit einem leidenschaftlichen Dank an den Schöpfer: Er preist Gott vor allem für sein Geburtsland. Anschließend auch für die Tatsache, »daß wir in Armut und Hunger unsere Jugend verzehrt haben«: Er dankt dafür, daß ihn Gott zu einem Schüler der Gottesmutter Maria gemacht hat. Auch dies steht sicher in Zusammenhang mit seiner Geburt nahe dem Heiligtum der Madonna in Einsiedeln.

Für Paracelsus gibt es nur eine Gottheit im Himmel wie auf Erden. Es ist nach seiner Beobachtung aber so eingerichtet, daß wir je nach Lebensumständen die Wirkung auch von Naturkräften verspüren. Jedes Land hat darum besondere Eigenarten und Überlieferungen, die die dort lebenden Menschen prägen. Paracelsus selbst ist dafür das beste Beispiel: »Gott wird allein sein Wort senden vom Himmel herab. Das Wort wird zerschmelzen die Kristalle (des Winterschnees), die Eiszapfen, die großmächtigen Gletscher auf dem Gebirge, die noch nie abgegangen sind. Die (scheinbar ewigen) Eisflächen wird er durch sein Wort in ihrer Gesamtheit zerschmelzen. Sein Wort wird sein (unfaßbar) wie ein Geist, der da wehen wird, das ist wie ein warmer Wind. Alsdann werden die Gletscher, die Eiszapfen, der Schnee zu Wasserflüssen...«

Wer solche Sätze liest, der kann sich leicht, ohne dazu die überlieferten Sagen zu kennen, prägende Augenblicke in Kindheit und Jugend des großen Arztes und Naturforschers vorstellen. Im Anblick der verschneiten Gipfel und Gletscher der Alpen mag er zu seinen ersten Inspirationen und Überzeugungen gekommen sein. Noch heute gibt es im Alpenraum Dichter und Denker, auf die der »warme Wind«, der Föhn der Bergtäler, wie anregender Champagner wirkt. Diese »Feuerluft« leckt nicht nur in kurzer Zeit große Eismassen weg. Schon Stunden vor dem Beginn dieses vielgeliebten wie gefürchteten Föhnwindes kommen manche Menschen in einen Zustand seltsamer Erregung, der große schöpferische Kräfte freizusetzen vermag.

Paracelsus schätzte sein Geburtsland auch, weil sich dort eine Besinnung auf ursprüngliche Werte vollzogen hatte. Neben Uri und Unterwalden hatte der kleine Kanton Schwyz eine gewisse Unabhängigkeit gewonnen und gab auch anderen Gebieten, die sich locker mit dem »Ewigen Bund« der drei zusammengeschlossen hatten, im 14. Jahrhundert den Namen »Schweiz«. Für Paracelsus war diese Bewegung unter den Berglern nicht etwa ein politischer Freiheitskampf im heutigen Sinne, sondern Ausdruck einer inneren Erneuerung: Nur in diesem Sinn findet er sie auch für andere Christen und Länder beispielhaft und vorbildlich.

Er behauptet: »Die Schweizer Kommune (Gemeinschaft) hat (einst) angefangen wegen der Hurerei, (als das Mittel) diese zu meiden. So lange sie (die verbündeten kleinen Völker der alpinen Schweiz) nun nicht wieder darein (in den Zustand der Hurerei) fallen, bleiben sie (und werden nicht zu Untertanen anderer Mächte). Fallen (sie) in dasselbe Laster wieder, wider das es (ihr Reich) ist aufgerichtet worden...«, ja dann würden diese Volksbünde wieder untergehen.

Paracelsus vertritt hier ein Geschichtsbild, das sich ziemlich eng an die Auffassung der damaligen Chronisten hält. Die Aufstände wider die korrupten Statthalter in den kleinen Ländern Schwyz, Uri und Unterwalden haben demnach eigentlich nur aus einem Grund angefangen: Die sittenlosen Vögte hätten die Landestöchter mißbraucht und sie zu ihren Huren gemacht! Diese »Hurerei« ist nach Paracelsus darum so schlimm, weil die aufgrund der Verbindungen geborenen Kinder ihre Eltern nicht mehr kennen würden. Dies mache aber jede Tradition, jede Weitergabe von elementaren religiösen und weltlichen Erfahrungen unmöglich.

Paracelsus ist überzeugt: »Ein Reich, das beständig bleiben soll, muß in dem bleiben, aus dem es (einst) angefangen worden.« Wir würden heute vielleicht sagen: Eine Kultur, die weiterbestehen will, darf nie ihre eigentlichen Grundlagen vergessen.

Ein Jünger der Waldbrüder?

Der Vorname Eremita, den sich Theophrast gab, verweist uns nicht nur auf seinen Heimatort und das Kloster Einsiedeln. Er erinnert auch an all die in der Wald- und Bergeinsamkeit lebenden frommen Brüder und Schwestern, die sicher eine Quelle seines Naturwissens waren.

Er hat diese Menschen, die auf die Krise in Religion und Kultur mit Rückzug in die einsame Natur reagierten, aus ganzem Herzen bewundert. In seinen Schriften heißt es: »Etliche Mönche und andere haben zu ihren Zeiten die falschen Christen wohl erkannt. Darum sind sie vor ihnen, weil sie keine andere Möglichkeit gehabt, in die Welt und Wildnis geflohen. Allda haben sie Gott gedient. Also daß sie nicht unter dem Zwang der falschen Christen mit ihren (verlogenen) Gesetzen wären.«

Der Chronist Stumpf meint, gerade dieses Waldvolk habe »mit Predigen, Lehren, Beten und bußfertigem ernstem Leben der Welt vorgeleuchtet«. Er zieht sogar den Schluß, »daß das helvetische Landvolk vor allen anderen Völkern mehr Liebe und Achtung für solche Einsiedler gehabt«. Für ihn sind sie die eigentlichen religiösen Lehrer und Vorbilder der Bergler gewesen: Das Volk ist demnach »selbigen (Einsiedlern) allezeit ganz geneigt und ergeben gewesen«.

Dies war selbstverständlich nicht nur im westlichen Alpengebiet so, dessen Bevölkerung der Chronist gern mit den keltischen Helvetiern in Verbindung bringt. In verschiedenen Verordnungen haben auch die österreichischen Herzöge bewiesen, wie sehr sie diese Einsiedler in den Bergen und Wäldern ihrer weiten Ländereien schätzten. Die Herzöge Albrecht, Rudolf und Leopold erkannten im 14. Jahrhundert die segensreiche Tätigkeit an und bemühten sich, diese stillen Menschen nach Möglichkeit zu beschützen. Ihre Höhlen und Hütten waren und blieben Inseln des Friedens und der inneren Freiheit.

Gerade vom Berg Pilatus, in der Nähe der Heimat des Paracelsus gelegen, berichtet der Chronist Stumpf: »Es haben auch bisweilen um diesen Berg Waldbrüder gewohnt und ihre Zellen in der Ebene dabei gehabt.«

Zu Paracelsus' Zeiten hauste hier unter einem überhängenden Felsen der Bruder Johann Wagner. Auch er stammte übrigens aus Schwaben. Die wunderbare Naturlandschaft, in der er von 1489 bis 1516 wirkte, heißt bis heute im Volksmund »Herrgottswald«.

Im 17. Jahrhundert wurde in der Nähe dieser Einsiedelei eine Kirche erbaut, die an diesen Waldbruder erinnert.

Vom berühmten Einsiedler Bruder Klaus (1417–1487) berichtet Paracelsus, er habe »zu Aufrechthaltung seines Lebens etliche Kräuter und Wurzeln auf seinen Magen und von außen auf sein Herzgrübchen« gelegt. »Wenn das (die so verwendete frische Pflanze) dürr ward, legte er andere darauf.«

Etliche Eremiten oder Waldleute und deren wunderbare Heilmethoden hat Paracelsus ganz sicher selbst kennengelernt. Wie wäre es sonst möglich, daß er, der die genaue Erfahrung und Beobachtung pries, solche Methoden verbreitete?

Paracelsus nannte sich ganz sicher auch deshalb einen Eremiten, weil er in mehr als einer Beziehung in den Waldleuten seine Lehrer sah. Sie waren ihm ein Vorbild, dem unwissenden, oft verzweifelten Volk zu helfen. Die bescheidenen Waldleute führten ihm vor, welch ungeahnte Fülle der Fähigkeiten im Menschen verborgen ist.

Der Glaube, der Berge versetzt

Paracelsus beschäftigte sich mit dem Bibelwort: »Seht die Heiden, die Gott gemacht hat, die beten Gott an.« Er versteht darunter »die ungelehrten Christen der Alpen oder groben (unzivilisierten) Dörfer«.

In einer anderen Fassung dieses Zitats fanden wir den Begriff »alten« statt »alpen«. Aber auch wenn dies die richtige Leseart sein sollte, bleibt der Sinn erhalten. Das ursprüngliche Volk der »alten Dörfer«, also einfache, den Traditionen verhaftete Menschen, war und blieb für Paracelsus das große Vorbild. Sie lebten nach uralten Bräuchen und sorgten sich nicht um die Streitigkeiten der Schriftgelehrten, das heißt, sie wußten nichts von den theologischen Spitzfindigkeiten, die zur Zeit des Paracelsus zu Religionskriegen und Hexenverfolgungen führten. Dafür waren sie von der Göttlichkeit der Weltordnung überzeugt und bewahrten sich einen tiefen Glauben, der Berge versetzen konnte: »Da (unter ihnen) ist ein Ruf zu Gott nutzer (als in zivilisierteren Ländern) zu Tausend und Abertausend zu den Heiligen – und noch viel mehr.«

Viele Alpensagen vermitteln uns ein Bild dieser starken, unverbildeten Frömmigkeit: Im Lötschental habe zum Beispiel einst ein Mann ganz zurückgezogen gelebt. Er hatte so seine eigene Beziehung zu Gott und zur Natur entwickelt, die man im Dorf nicht mehr begriff. Nie ging er zur Kirche. An den Festtagen verließ er seine Berghütte, um auf einen mächtigen Felsblock zu steigen. Dort betete er einsam zum Himmel, von dem er für sein Leben den Segen erhoffte.

Der Geistliche unten im Tal verurteilte dies als Ketzerei und war über den »Heiden« sehr erzürnt. Mit harten Worten befahl er dem

Mann, zu ihm zur Beichte zu kommen. Der Bergler erwies sich als friedfertig und folgsam. Er stieg aus seiner Höhe hinunter zur Kirche und betrat sie, als der Gottesdienst schon begonnen hatte. Im geschlossenen, engen Raum fühlte er sich aber recht unbehaglich und fremd. Verlegen stand er da.

»Zieh deinen Hut vom Haupte, wie es bei uns Brauch ist!« befahl ihm nun der Pfarrer. Der Mann vom Berg wollte gehorchen, wußte aber nicht, wo er seine Kopfbedeckung ablegen sollte. Da schoß in diesem Moment ein Sonnenstrahl zum Fenster hinein – an ihm hängte nun der Älpler seinen Hut auf.

Da erkannte der Geistliche, der zwar ein strenger, aber auch ein kluger Mann war, daß er dem Bergler kaum noch etwas zu lehren hatte. Demütig kniete er vor dem wunderbaren Gast nieder.

Daß ein starker Glaube Berge versetzen kann und daß der Mensch die Fähigkeit besitzt, durch die Kraft seiner Gedanken sein Leben zu gestalten – davon war Paracelsus überzeugt. Glaube und Imagination gehören zu den wichtigsten Grundlagen seiner Lebensphilosophie und Heilkunde.

Der auferstandene Druide

Paracelsus und seine Anhänger wurden zu Wiederentdeckern einer Volksmedizin aus vorchristlichen Zeiten. Für ihre Zeitgenossen waren sie darum so etwas wie auferstandene Priesterärzte.

Besonders wichtig scheint mir das Zeugnis des Naturforschers Conrad Gesner zu sein, das aus dem Jahr 1560 stammt: »Dieser Paracelsus war unseres Wissens ein Magier, ein merkwürdiger Mensch. Verschiedene meiner Freunde kannten ihn. Er stammte aus der Schweiz, aus einer uns benachbarten Gegend...«

Wohl aufgrund der Berichte dieser Freunde schreibt Gesner, er glaube, »daß er (Paracelsus) bei den Dämonen in die Schule gegangen sei, wie dies früher unsere Druiden taten«. Obwohl also der Naturforscher, zumindest auf den ersten Blick, seinen großen Vorgänger abzulehnen scheint, zollt er ihm doch Anerkennung, indem er ihn mit den Weisen und mächtigen Druiden vergleicht.

Über die Bräuche der keltischen Priesterärzte, der Druiden, und ihrer Nachfolger im 15. und 16. Jahrhundert weiß Gesner auch sonst einiges zu berichten: »Ich vermute, die Theophrasten (!) seien letzte Überreste der Druiden, welche bei den alten Kelten in unterirdischen Lokalen von Dämonen einige Jahre unterrichtet wurden, wie das heute meines Wissens noch in Spanien in Salamanca vorkommt. Aus dieser Schule gingen die sogenannten fahrenden Scholaren hervor, unter welchen ein gewisser Faust, der erst unlängst gestorben ist, besonders berühmt war.«

Auch dieses Zitat scheint uns in mehr als einer Beziehung bedeutsam zu sein: Die Gesamtheit der Schüler und Jünger des Arztes von Einsiedeln wird hier als Nachkommenschaft der keltischen Magier dargestellt. Auch der sagenhafte Doktor Faustus und die fahrenden Schüler zählen demnach zu ihnen. Paracelsus wird in diesem Zusammenhang aber als das eigentliche Vorbild dieser Adepten präsentiert. Gesner nennt sie »Theophraste«. Er benutzt also den Vornamen des Paracelsus, um diese Schule zu kennzeichnen.

Was die Flucht in schützende Höhlen angeht, so wurde dies auch vom fahrenden Volk der deutschen Länder behauptet. Aus Furcht vor mörderischen Verfolgungen hätte es sich jahrelang in unterirdische Verstecke zurückgezogen. Was blieb ihm schon anderes übrig, als in dieser erzwungenen Finsternis besondere Gaben zu entwickeln? Der Legende zufolge sind unter diesen Menschen seltene Talente zur Entfaltung gelangt, durch die sie nun über eine feinere Wahrnehmung verfügten als ihre Zeitgenossen in Stadt und Land. Ihre Feinde hatten zwar versucht, sie zu vernichten, sie erreichten aber genau das Gegenteil. Sie zwangen die Flüchtenden, ihre Sinne zu entwickeln. Statt auszusterben, wie ihre abergläubischen Verfolger es wollten, gewannen sie nun in den geheimen Berghöhlen einen Vorteil im Kampf ums Dasein.

Die schriftlich und mündlich überlieferten Alpensagen enthalten wichtige Erinnerungen an die »Theophraste«: Man traute ihnen zu, durch ihr Leben in der Natur übersinnliche Fähigkeiten einsetzen zu können. Unter den »Dämonen«, von denen sie ihr Wissen gewonnen haben sollen, verstand man wahrscheinlich das gleiche, was sie selbst als »Elementargeister« bezeichneten. Selbstverständlich konnte aber die Verdächtigung, man habe mit solch einem Wesen Umgang gepflegt, damals sehr gefährlich werden, denn »Dämon« wurde von den Hexenverfolgern sehr gern mit »Teufel« gleichgesetzt.

Für die Gebildeten der Renaissance, die wie Paracelsus und Gesner die antiken Philosophen studierten, eröffnete sich jedoch ein anderes Bild. Sie wußten, daß dieses Wort bei den Griechen noch eine ganze andere Bedeutung besessen hatte. Unter »daimones« verstanden diese in der Regel höhere Wesen, die zwischen den himmlischen Mächten und den sterblichen Geschöpfen vermitteln.

Vor allem in der theosophischen Tradition wird die Auffassung vertreten, daß Wilhelm von Hohenheim, der Vater des Paracelsus, nicht nur aus äußeren, wirtschaftlichen Gründen nach Einsiedeln gekommen sei. Angezogen habe ihn etwas anderes: In jener Zeit war hier viel von der vorgeschichtlichen Überlieferung lebendig. Dazu kommt, daß damals die einzigartige Landschaft viele Kraftorte aufwies, die es erlaubten, sich den Elementen besonders nahe zu fühlen.

Eine volkstümliche Alpensage versichert, daß ein Baumgeist für den jungen Theophrast aus einer Felsenhöhle einen Schatz holte: das Elixier, das die Kraft hat, zu verjüngen und alles in Gold zu verwandeln.

Irgendwo in den Alpen liegt immer noch der »Stein der Weisen« des Paracelsus. Es ist der Felsblock, auf dem er täglich saß, um über die Harmonie der Natur zu meditieren und sie immer besser zu begreifen.

Weltenwanderschaft zur Wahrheit

Paracelsus verschweigt nicht, daß ihn seine Zeitgenossen verdächtigten, »Heide, Zauberer oder Zigeuner« zu sein. Für ihn aber war sein Wanderleben nicht etwa Ausdruck von Verfolgungen und Not. Für ihn war es der einzige Weg, Weisheit zu erlangen.

Bei Paracelsus finden wir konsequenterweise eine Verherrlichung des fahrenden Volkes, das nach Weite und Freiheit strebt, um sich entfalten zu können. Der verächtliche Ausdruck »Landstreicher« wird für ihn geradezu zum Ehrentitel: »Je weiter dich deine Füße tragen mögen, du findest überall Gottes Schöpfung und seine Werke, und um so mehr wirst du erleuchtet. Darum sollen auch in allen Künsten und aller Weisheit die Augen umherschweifen und in alle Winkel die Ohren horchen. Denn nicht auf einer Au sind alle Tiere, nicht in einem Garten alles Obst. Darum soll ein Landfahrer sein, wer seine

Kenntnisse in der Astronomie (dem Wissen um die Wirkungen der Sternenkräfte) erwerben will. Er soll alle Arten der Kreaturen gar wohl und gut kennenlernen, vom Anfang bis zum Ende. Denn Gott wirkt in der Erde, im Himmel, in der Luft, im Feuer, was er will. Da schau (überall) hin und such es (das Geheimnis der Gestirne und der Welt), wo er es wirkt.«

Ausführlich erklärt er, über welches Wissen die alten Ägypter verfügten, was dann angeblich die Zigeunerstämme, also die Wandervölker, über ganz Europa verbreiteten. Man kann demnach in einer Landschaft lesen wie in einem aufgeschlagenen Buch. Der Weise erkennt anhand der äußeren Form der Täler, Hügel und Flüsse die Wunder, die das Land in sich birgt. Wie die Zigeunerin aus den Linien einer Hand den Charakter eines Menschen herauslesen kann, vermag man auch aufgrund der Gestalt und Lage eines Ortes zu erkennen, welche Schätze dort im Boden liegen – und dadurch selbstverständlich auch festzustellen, welche Kräfte dort walten und den Menschen beeinflussen.

Der Wanderer erforscht nach Paracelsus bewußt oder auch intuitiv mit Hilfe seines Körpers die Energien jedes Fleckens der Erde. Er entdeckt staunend die endlose Vielfalt der möglichen Einflüsse. Gleichzeitig sucht er immer seine wahre Heimat, das heißt den Platz, der ihm in seiner Gesamtheit am besten zusagt. Für die Geomantie, dieses Lesen und Verstehen der Landschaften, gibt Paracelsus auffallend wenig Regeln an. Er ist offensichtlich überzeugt, daß hier zwar möglichst viele Kenntnisse um die Naturkunde wichtig sind – aber vor allem Gefühl und geschärfte Sinne.

Im übrigen ist der Reichtum eines Landes für Paracelsus dem Wandel unterworfen. Für den echten Alchimisten gibt es keinen Zustand der Erstarrung. Durch die Strahlungen des Kosmos ändern sich die feinstofflichen Ströme, die vom Boden aufgenommen werden. Bei den zahlreichen Hinweisen, die wir zu diesem Thema in den Schriften des Paracelsus finden, verschmilzt darum die magische Naturwissenschaft mit dem Volksmärchen.

Paracelsus berichtet ausführlich über diese wunderbaren Zusammenhänge. Nach ihm sind sie für denjenigen keine Phantasterei und kein Aberglaube, der erkannt hat, daß alles, was ihn umgibt, lebendig ist: »Denn so sind die Schätze der Erde verteilt, daß vom Anfang der Welt für und für die Metalle, Silber und Gold, Eisen etc. (von den

Menschen) gefunden werden. Sie werden so von den Leuten (den Erdleutchen oder Gnomen, den Naturgeistern) behütet und bewahrt, daß sie nicht an einem Tag zum Vorschein kommen, sondern nacheinander und für und für, jetzt in einem Lande, dann in einem anderen.«

Wie der Mensch aufgrund der unsichtbaren Kräfte dauernd beeinflußt und verwandelt wird, so geschieht es auch in der Natur. Der Prozeß des Schöpfung ist nirgendwo auf der Erde abgeschlossen. In der Tiefe entstehen aus verbrauchten Stoffen fortlaufend neue Schätze: »Denn darin (in den unterirdischen Feuerstätten) werden die Dinge geschmiedet, die andere (Naturkräfte) hüten... Denn so das Feuer vergeht (das die Metalle erzeugt), so folgt darauf die Wacht der Erdmännlein. Nach der Wacht der Erdmännlein (über die von der Natur geschmiedeten Metalle) ist das (die Fülle der neu erstandenen Reichtümer im Boden) offenbar.« Jetzt kann sie der Kundige entdecken und seinen Nutzen aus ihnen ziehen: »Also wandern die Bergwerke mit der Zeit und sind nach Ländern verteilt vom ersten Tag (der Weltschöpfung) bis zum letzten.«

Dies alles zu entdecken, das Spiel der lebendigen Kräfte zu genießen, ist nur dem Menschen möglich, der die Weisheit der Welt geradezu leidenschaftlich sucht: »Ein Liebhaber geht doch einen weiten Weg, um eine hübsche Frau zu sehen. Viel mehr notwendig ist es doch, einer hübschen Kunst nachzugehen. Die Königin von Saba ist doch vom Ende des Meeres zu Salomo gekommen, um seine Weisheit zu hören. Was war die Ursache, daß diese Königin die Weisheit Salomos aufgesucht hat? Die Weisheit (oder der Sinn dieser biblischen Geschichte) ist die, daß die Weisheit eine Gabe Gottes ist. Wohin er sie (auf der Welt) gibt, dort soll man sie suchen. Wohin er die Kunst legt, dort soll sie gesucht werden. Es ist eine große Erkenntnis im Menschen, daß der Mensch so viel (über die Zusammenhänge) versteht, daß er die Gaben Gottes (dort auf der Erde) sucht, wo sie liegen – und (daß der Mensch erkennt) daß wir gezwungen sind, ihnen (den an den verschiedenen Orten der Erde verborgenen göttlichen Gaben) nachzugehen.«

Genau wie die Minneritter in den schönsten Sagen und Dichtungen des Mittelalters ausziehen, um ihre ewige Geliebte wiederzufinden, durchforschte der große Alchimist ganz Europa nach den Naturwundern.

28

Keine Angst vor fremden Propheten

Der Islam war bis zum Beginn der Neuzeit der Alpdruck des christlich geprägten Abendlandes. Daß Paracelsus gegenüber den islamischen Völkern in seinen Schriften Gerechtigkeit zeigt, mag uns bestätigen, daß weite Reisen ihn tatsächlich in deren Länder geführt hatten. Das türkische Reich dehnte sich damals nach und nach auf den Balkan und bis nach Ungarn aus. Die mit ihm verbündeten Tatarennomaden von der Halbinsel Krim waren für die westeuropäischen Herrscher ein machtvoller Gegner.

Wenn Paracelsus, was ziemlich häufig geschieht, die Tataren und Türken nennt, zeigt er offen seine Bewunderung für die sittliche Haltung dieser Völker. Die dort praktizierte Polygamie, die Vielweiberei, erscheint ihm zumindest als geringeres Übel als die von ihm beobachtete »Hurerei« bei den Christen.

Der Sage nach flohen gerade aus dem östlichen Alpenraum viele weise Frauen zu den Türken und Tataren. Trotz aller Nachteile zogen sie ein Leben im Harem dem Tod als Hexe auf dem Scheiterhaufen vor. Eine etwas zweifelhafte französisch-westschweizerische Legende besagt, daß ein Zauberwort der einheimischen weisen Frauen lautete: »Allah-garde!« (Allah, bewahre uns vor schlechten Einflüssen)

Auch die Vorstellung der Hexen, daß sie im Feenland, in das sie in ihren Träumen reisten, grüngekleideten Geistern begegnen würden, erinnert an den Orient. In grüne Gewänder gehüllt sind die Himmelsjungfrauen in den tatarisch-persischen Sagen über das glückliche Jenseits.

Paracelsus scheint es sogar zu begrüßen, wenn die in Unsittlichkeit und Heuchelei versinkenden Abendländer unter den Einfluß der Türken kämen. Dazu heißt es in seinen Bibeldeutungen: »...dabei (in der Erklärung der Psalmen des Alten Testaments) verstanden wird, daß wir Christen werden gefangen, verkauft, verführt werden in die Türkei, Barbarei, Tatarei, hin und her in die (nichtchristliche) Welt zerstreut. So uns überfallen werden die Türken und Heiden..., so werden wir (dadurch) in (den Zustand der) Demut getrieben und in (den Zustand) unserer Erkenntnis, was wir für Sünden auf uns (geladen) haben. Denn Gott will, daß wir ihn erkennen. Wo nicht (solches geschieht), so will er uns demütigen, auf daß das geschieht.«

Die Worte und Sittengebote des Propheten Mohammed hat Paracelsus offenbar hoch geschätzt, und er stellt ihn in die Reihe der großen Religionskünder der Bibel. Die Gesundheit und Stärke der Anhänger Mohammeds rührt seiner Meinung daher, daß diese seine Gebote streng befolgen.

In seinem Buch »Vom langen Leben« erwähnt Paracelsus zunächst den Urmenschen Adam als Vorbild. »Die Ursache des hohen Alters des Adam war die Magie, durch deren Einfluß er immer gelebt hat. Bedauernswert für die Nachkommen und immer zu beweinen, ist der Tod des Adam ... wegen des Wissens, das mit ihm untergegangen ist, und weil er den Geist des langen Lebens ... gehabt hat.«

Einige Zeilen weiter schreibt Paracelsus die für das 16. Jahrhundert eher erstaunlichen Sätze: »Es gibt außerdem eine andere Art der Erhaltung eines langen Lebens, die Mohammed gemäß seiner Magie seinem Volke vorschrieb und ihm (dadurch) viele Jahre schenkte. Dies ist nicht (ein Wunder) von Gott, sondern von der Influenz (den durch einen frommen Naturkundigen erforschbaren Sternenkräften), die übernatürlich ist. Weil Mohammed wie ein Magus diese Praxis für das unerfahrene Volk – und nicht für sich! – eine Zeitlang ausübte, verdient er den Namen der Unsterblichkeit ... er erfuhr die kabbalistische Kunst von jenen drei sabäischen Magiern, die durch magische und nicht natürliche Kraft der Pferde nach Bethlehem (zu Maria, Josef und dem Jesuskind) gekommen waren.

Er (Mohammed) wurde nicht nur in dem, was das lange Leben betrifft, sondern auch in dem, was übernatürlich ist, unterrichtet. Dies alles fließt aus der übernatürlichen Influenz (der Himmelskräfte), die den Körper lenkt und leitet. Auf diese Magier folgten Leute, die sich fälschlich einen fast göttlichen Namen beilegten.«

Paracelsus preist auch die jüdische Überlieferung, die Kabbala. Von ihr sagt er: »Alles, was wir begehren und wünschen, können wir dadurch erlangen und zuwege bringen. Uns Christen soll nichts unmöglich sein.«

Daß Christen, um den geistigen Gehalt und die Lebenspraxis ihrer Religion zu begreifen, die jüdischen Weisheitslehren studieren müssen, dies haben viele Gelehrte des 16. Jahrhunderts nicht wahrhaben wollen. So auch noch im 18. Jahrhundert J. Brucker, dessen Werk sogar Goethe anregte. Er verdammt die »Schwindelkünste« des Paracelsus, bei denen ihn »die Juden und anderes Lumpengesindel (haben) tapfer helfen müssen«. Daß Paracelsus sich für solche Lehren interessierte, dafür führt derselbe Schriftsteller freilich einige »Milderungsgründe« an – seinen Umgang mit allerlei »zweifelhaftem Volk« sowie sein Vaterland. Die Bewohner der Alpentäler hatten also immer noch wegen ihrer Neigung zu Magie und Naturreligion einen zweifelhaften Ruf.

Paracelsus selbst spottet offen über jene Christen, die wichtige schriftliche Quelle darum ablehnen, weil sie »jüdisch« seien. Ein fanatischer Antisemit macht nach Paracelsus einen grundsätzlichen Fehler: Wenn man im Abendland konsequent auf die gesamte Tradition verzichtet, die das Volk der Bibel bewahrte, raubt er sich selbst einen Weg zur Weisheit. Deshalb meint Paracelsus: »Das (die Beschäftigung mit jüdischen Werken) war alles bei den Unerfahrenen und Unverständigen nicht ersprießlich, daher sind die höchsten Künste, Magie und Kabbala vergessen worden... Sie (die Kurzsichtigen und Voreingenommenen) haben nicht bedacht, daß Gott der Allmächtige seinem Volk, namentlich den Israeliten, mehr im Licht der Natur offenbart hat, als nach der Zeit Christi bisher geschehen ist... Es ist auch mir unmöglich, einem jeden groben Esel wie einem jungen (hilflosen und unmündigen) Kind das Mus in das Maul hinein zu streichen. Aber lies fleißig, aufmerksam und oft den Salomo, die Propheten und das Neue Testament. Dann wirst du ohne Zweifel bekennen müssen, daß darin der höchste Schatz über den Reichtum der ganzen Welt verborgen liegt.«

Will man einem Zeitalter dienen, das war die Überzeugung des Paracelsus, dann kommt man nicht umhin, in dem, was die einzelnen Religionen und Völker an Wissen bewahrten, die allem zugrunde liegende, universale Weisheit zu erkennen. Jeder, der eine der großen Quellen und Überlieferungen ablehnt und verachtet, schadet sich selbst und denen, die er beeinflußt.

In den verschiedenen Traditionen sah Paracelsus ein gemeinsames Grundmuster verborgen. Jede Kultur kann unvorstellbare Höhen erreichen, wenn sie an die ewigen Kräfte des Geistes glaubt und die Natur liebevoll erforscht.

Die Sternenkräfte

Der Mensch ist ein Mikrokosmos

Für Paracelsus ist der Mensch aus dem kosmischen Bewußtsein, aus Gott heraus geboren worden:»Denn wir sind auch Götter, weil wir seine (des Schöpfers) Kinder sind...«

Der Alchimist führt weiter aus:»Nun müssen wir also wissen, was die Engel können. Alle Dinge! Denn in ihnen ist alle Weisheit Gottes und alle Kunst Gottes.« Sie stehen der Urkraft aller Welten nahe und sind darum die Lehrer sämtlicher Weisheiten, die wir Menschen erlangen können.

Doch es ist nicht allein unsere Erde, mit der sich die himmlischen Mächte beschäftigen, denn:»Es ist eine einfältige Philosophie, nur für unser Element Erde jede Seligkeit und Ewigkeit anzunehmen. Es ist nur törichte Meinung, daß wir uns (Menschen) für das edelste Geschöpf halten sollen, da mehr Welten sind als wir allein.«

Weil die göttliche Urkraft vollkommen ist, hat sie für alle ihre »Kinder«, in welchen Welten sie auch leben, einen ewigen Geist erschaffen. Obwohl es der Mensch, verführt durch beschränkte Philosophien, gern vergißt – er selbst ist in Wirklichkeit unsterblicher Geist. »Darum muß man ihn erwecken, auf daß er zur Weisheit der Engel komme, das ist zur Weisheit und Kunst Gottes.«

Paracelsus stellt fest:»Die Engel sind Ärzte (die jedes Leiden zu heilen vermögen), sie können fliegen.« Wenn wir aber selber erwacht sind, vermag unser Geist genauso durch die Welten zu schweben. Dann steht uns ein grenzenloser Genuß offen, denn wir können nun sämtliche Wunder der Natur erforschen und damit die Ordnung des Kosmos preisen:»Darin (in allen Wissenschaften) findet nun der Mensch die wirkende Kraft (der Schöpfung). Die Kunst und das Wissen (die er für seine fortschreitende Bildung braucht) findet er bei sich selbst (im Reichtum des eigenen Geistes). So daß er sich den Engeln gleich machen kann in seinen Werken.« Weil er sich in seinem Bewußtsein immer mehr dem Göttlichen nähert, sieht er es gleichzeitig immer mehr in allen Dingen außerhalb von sich selbst:»Denn Gott hat seine Macht den Kräutern gegeben, in die Steine gelegt, in den Samen verborgen. Dort sollen wir sie nehmen und suchen.«

Je mehr wir die Geheimnisse der Natur erkennen, desto mehr wird uns dadurch unser himmlischer, göttlicher Ursprung bewußt: »Denn in der rechten erblichen Kunst (Anlage) ist der Mensch ein Engel.« Es ist unsere Aufgabe auf Erden, den in uns verborgenen Geist stufenweise zu entfalten: »Denn er (Gott) will, daß es auf der Erde, auf der Welt, sei wie im Himmel.« Darin sieht der fromme Naturforscher den Sinn unseres Daseins in der Materie. Die Entfaltung all unserer göttlichen Gaben ist für ihn das wahre »Ehren und Loben« des Schöpfers von sämtlichen Welten: »Diese Erfüllung muß geschehen. Wo nicht, so wird uns der Tag des Gerichts kommen. Weil wir das nicht annehmen und dazu erwachen, wozu wir auf Erden sind.«

Wiederum preist Paracelsus die Bergler in abgelegenen Tälern, die in ihrer Natureinsamkeit den Weg fanden, die Künste und Wissenschaften zu pflegen: »Nun was für einen Sinn hat unsere Weisheit auf Erden sonst, als daß wir miteinander leben sollen wie die Engel im Himmel. Denn wir sind Engel.«

Je reiner und stärker unser Denken wird, desto tiefgründiger werden auch die Offenbarungen, die wir über die Gesamtheit der Schöpfung aufnehmen können: »Wenn der Hildegard (von Bingen) dies träumte und einem anderen etwas anderes, das hat die Ursache, daß der Geist dazu erleuchtet wird, wozu er die Liebe der Hildegard hat. So hat diese eine Lust gehabt, zu dienen ohne Abgötterei.« Wer sich also dank seines hohen Bewußtseins seinem himmlischen Ursprung zu nähern vermag, dem werden Erleuchtung und Erkenntnis zuteil.

Er ist fest überzeugt: »Daraus folgt nun, daß die Menschen (zum Abschluß ihrer inneren Entwicklung) das ganze Wissen der Engel und Geister ergründen können ... Da der Mensch aus ihnen (allen andern Geschöpfen) geboren ist, so hat er das Erbe, all das zu wissen, was im Himmel und auf der Erde ist.«

Für die, die seine Gedanken mit dem Herzen begreifen und ihnen folgen, verspricht Paracelsus eine Wanderung von einem Genuß des Geistes zum nächsten: »Gib daher auf deinen inwendigen Garten acht. Denn wie immer der inwendige Mensch (sein unsterblicher, den materiellen Leib bewohnender Geist) geschaffen ist, er horche nur mit dem äußeren auf sich selbst.« Wir müssen demnach lernen, immer besser unserer Intuition oder inneren Stimme zu folgen.

Beherzigt nun der Mensch diesen Rat, so ist ihm seine Zukunft sicher: »Dann wird er lernen, was ihm niemand (von den Sterblichen) lehren kann. Jeder wird sich seinetwegen wundern müssen.«

Die »Liebe im Herzen« ist nach Paracelsus, dem Alchimisten und Arzt aus Einsiedeln, der Schlüssel zu jeder Weisheit. Aus Gott selbst ist unser unsterblicher Geist entstanden, in ihm ist also auch das ewige Wissen vorhanden. Besinnen wir uns auf unseren Ursprung, dann können wir in uns selbst jede Antwort finden. Der Weg zu allen Kenntnissen und Fähigkeiten, mit denen wir uns und unsere Umwelt erfreuen können, führt über das Erwachen des Göttlichen, des Himmlischen, in unserem Bewußtsein.

Paracelsus ist fest überzeugt: »Der göttliche Mensch (der Engel im Menschen, der stets mit Gott selbst und mit den anderen Engeln in harmonischer Verbindung steht) stirbt nicht, aber solange er noch nicht vollkommen ist, kehrt er wieder zur Erde zurück.« Die Theosophen, wie der bayerische Arzt Franz Hartmann, sahen hier eine Bestätigung ihrer Lehre von der Seelenwanderung. Sie neigten zu der Annahme, Paracelsus habe sie bei seinen abenteuerlichen Fahrten zu den osteuropäischen Stämmen von buddhistischen Mönchen vernommen – und dann als Geheimlehre in den westlichen Ländern neu verbreitet.

Wenn der große Alchimist aber vom Erwachen des Engels in jedem von uns spricht, sind darunter ganz sicher oft nur Bewußtwerdungsprozesse während unseres irdischen Daseins gemeint. Der Mensch vermag demnach im Wachen wie auch nachts im Traum das Paradies in sich aufzufinden. Er kann dann wieder in seinen Alltag zurückkehren und mit seinen so gewonnenen Erkenntnissen sein Leben bereichern.

Der berühmte Kräuterpfarrer Johann Künzle (1857–1945) erzählte meinem Freund Rudolf Müller (1899–1987), ebenfalls ein begeisterter Anhänger des Paracelsus, in diesem Zusammenhang folgende Begebenheit: Einmal wünschte er sich von ganzem Herzen, anderen zeigen zu können, wieviel Segen gerade über den scheinbar wildesten, urtümlichsten Gebirgstälern liegt. Da erschien es ihm im Halbschlummer, es war gerade Ostersonntag, daß ihm die Stimme des Paracelsus etwas zuflüsterte. »Zeige den Menschen«, so glaubte er zu vernehmen, »was für Wunder gerade die Bergpflanzen in sich tragen. Sie müssen unter harten Bedingungen wachsen und haben darum viel mehr an Erdkraft in sich gesammelt als ihre Schwestern in den tiefer gelegenen Gebieten.«

Johann Künzle war überzeugt, daß hier der Engel in ihm mit einem anderen Engel im Himmel geredet hatte. Er wurde später Geistlicher und auch ein sehr bekannter Kräuterarzt.

Heute erkennen immer mehr Zeitgenossen, daß der Mensch, auch wenn er sich in seinem materiellen Körper befindet, von Engeln und geistigen Lehrern Gedanken zu empfangen vermag.

Der Körper – ein Kerker für den Geist?

In einer falschen Philosophie über das Verhältnis von Körper und Geist sieht Paracelsus die Ursache für eine Fülle von Irrtümern, die die Menschen seiner Zeit unglücklich machten.

Nach Paracelsus besaß der Urmensch »völlige Erkenntnis« der Natur, weil er noch der Schöpferkraft nahestand. Die Nachkommen von Adam und Eva legten dann die Grundlagen von sämtlichen Wissenschaften mit »verborgenen« Zeichen oder Hieroglyphen auf zwei steinernen Tafeln nieder. Nach der letzten Erdkatastrophe, der »Sündflut« unserer Bibel, fand man diese Urschriften angeblich »in Armenia«. Paracelsus sieht hierin den Ursprung der Wissenschaften der alten Weisen wie zum Beispiel Hermes Trismegistos und Zoroaster. Hier liegt für ihn auch der gemeinsame Ursprung der »Chaldäer, Hebräer, Perser und Ägypter«. Die Texte, die in verschlüsselter Form jene wissenschaftlichen Informationen enthielten, sind, davon ist Paracelsus überzeugt, »nachträglich (durch) den vortrefflichen Dichter Homer in seinen Versen wundertrefflich beschrieben« worden.

Die Griechen haben dann nach Paracelsus durch »ihren eigenen Hochmut« die Weichen der weiteren Kulturentwicklung falsch gestellt. Kaum hatten sie »ein wenig« der Urweisheit begriffen, »sind sie stolz und aufgeblasen geworden, haben ihrem Verstand viel mehr und Höheres vertraut (zugetraut), als in ihrer Natur war«. Sie begannen, eine Philosophie zu entwickeln, die nur aus ihrem beschränkten Verstand stammte: »Was nicht allein bei ihnen überhand genommen, sondern als Folge auch von ihnen zu den Lateinern ausgebreitet worden ist... Von solchen (Völkern der späten antiken Staaten) ist nun die angedeutete angebliche Philosophie in ganz Europa ausgebreitet worden. Sie hat fast alle Akademien und hohen Schulen durchlaufen. Solche (Universitäten) sind ihr zu Gefallen errichtet und die Jugend in derselben (von der Urweisheit losgelösten Philosophie) unterrichtet worden. Sie wird auch heute hartnäckig darin instituiert (geschult)... Die Welt will betrogen sein. Also geschehe ihnen (den uneinsichtigen Menschen) nach ihrem Willen.«

Vor allem der im 15. und 16. Jahrhundert vielzitierte Aristoteles lehrte, so Paracelsus, den unsterblichen Geist als unglücklichen Gefangenen des materiellen Leibes anzusehen: »Denn das drückten die Alten vorzüglich aus in dem Spruche, die Seele leiste (während ihres irdischen Daseins) Buße. Wir müßten leben zur Strafe für irgendwelche schwere Verfehlungen. Denn einem solchen Zustand (vergleichbar der Folterung von Schwerverbrechern) entspricht die Verkoppelung der Seele mit dem Körper.«

Der Körper dient nach Aristoteles nur als Grab oder Gefängnis des himmlischen Geistes. Sein Verhältnis zum materiellen Leib ist demnach nur vergleichbar mit einer teuflischen Hinrichtungsart der Etrusker: »Die oft die Gefangenen dadurch quälen, daß sie die Lebenden Gesicht an Gesicht mit Leichnamen zusammenbinden und jeden Körperteil (des Gefolterten) an den entsprechenden (des Toten) anfügen.«

Auch unser unsterblicher Teil ist nach der Lehre des Aristoteles gezwungen, alle Leiden seiner Umhüllung, eben des sterblichen Körpers, täglich mitzufühlen. Das menschliche Leben ist also von Geburt an nichts anderes als eine grausame Folterung, die erst mit dem Tod endet. Aristoteles vertritt eine Auffassung, die anscheinend bereits in seinem Zeitalter sehr verbreitet war: »Daß Nichtgeborenwerden das Beste von allem, Totsein aber besser als Leben sei.«

Vieles, was uns in den Schriften des späten Mittelalters und vor allem der Reformationszeit erschreckt und abstößt, ist also nach Meinung von Paracelsus ein uraltes Gift für das Gemüt. Es verseuchte bereits die Lebenslust der Völker der späten Antike, die die in uralten Märchen und Sagen von Homer beschriebene Freude am Dasein vergaßen. Es steckte in den verdrehten, falsch übersetzten, aus dem Zusammenhang gerissenen Bibelworten, die die Erde ein Jammertal oder den Vorhof der Hölle nannten.

Als einziger Trost wurde den geängstigten Menschen, genau wie schon bei Aristoteles, die schwache Hoffnung auf ein glücklicheres Dasein nach dem Tod versprochen. Wen verwundert es, so Paracelsus, daß im modernen Abendland, genau wie im zerfallenden Römischen Reich, die Materialisten schließlich sogar auf jeden schwachen Jenseitstrost verzichteten: Sie verlachten jede Religion als Opium für das dumme Volk. Der Mensch war für sie nur noch eine zufällig entstandene Maschine. Zum einzigen Lebenszweck erklärten sie den Versuch, durch Gewalt oder List möglichst viel von den materiellen Gütern zu genießen.

Mit für seine Zeit einzigartigem Wissen um die Natur und mit unerschütterlichem Humor sieht es Paracelsus ganz anders. Das Unsterbliche und Sterbliche in uns sind für ihn nicht so verkettet wie ein Gefolterter mit dem Marterwerkzeug. Ihre Verbindung vergleicht er mit den Gefühlen der Sympathie, der Zuneigung, wie sie zwischen Liebenden herrscht.

Die Sternenkraft umfließt uns

Der unsterbliche Geist und der vergängliche Leib sind für Paracelsus mit einem Strahlennetz von feinstofflichen Kräften verbunden. Wer dies erkennt, für den kann nach ihm das irdische Dasein keine ausschließliche Qual sein, sondern er erlebt »Aurora philosophorum – das ist die schöne Morgenröte der Weisen«. Seine Augen öffnen sich für die »verborgenen Kräfte und Wirkungen in einem jeden Ding«:

»Solche und dergleichen weitere (für uns zuerst geheime Eigenschaften der sichtbaren Stoffe) sind die Bande, durch die die himmlischen mit den irdischen Dingen verknüpft und verbunden sind.«

Davon genaue Kenntnis zu haben und mit diesen Kräften arbeiten zu können, ist für Paracelsus das Glück der uralten Völker. Wenn man dieses Wissen vergißt, beginnt ein Elend, das nach seiner Meinung die Griechen und Römer der Verfallszeit ebenso erfuhren wie die entarteten Universitäten seiner Epoche: »Solche Verbindung und Einfließung der himmlischen Kräfte in die unterirdischen (also auf der Erde bestehenden) elementarischen Körper wurde von den Magiern und Weisen ›gemahea‹ genannt. Das ist die Verlobung oder Matrimonium (Eheschließung) der himmlischen Kräfte und Eigenschaften mit den unteren irdischen Körpern, gleichsam dem Mann und dem Weib.«

Für diese »himmlischen Wirkungen« sind nach Paracelsus durch die Jahrtausende »viel seltsame Namen und verwickelte betrügliche (uns leicht in Irrtümer führende) Gleichnisse und Figuren« erfunden worden. Zu diesen rechnet er den von den Alchimisten seines Jahrhunderts vielverwendeten Begriff »Stein der Weisen«, den angeblich der griechische Denker Pythagoras zuerst verwendet habe. Richtiger wäre es aber nach Paracelsus, diese Urkraft, die die Welt verwandelt, das »Überhimmlische« zu nennen. Es ist nämlich für die alten Philosophen und Magier, die sich als Erben der Urweisheit ansahen, die Energie, die den Welten das Leben schenkt und sie fortlaufend verwandelt.

Ein weiterer Ausdruck für diese Energie wird das »gülden Flüss«, das goldene Fließen, genannt. Das ist auch der Titel einer der Schriften, die Paracelsus zugeschrieben werden. Ein Alchimist und Rosenkreuzer aus dem süddeutschen Raum, der offensichtlich zu Beginn des 18. Jahrhunderts wirkte und sich Hermann Fictuld nannte, benutzte ebenfalls den Ausdruck »goldenes Fließen«, um das Naturgeheimnis, nach dem alle Weisen so unermüdlich suchten, zu benennen.

Fictuld bezeichnet den Stoff der Stoffe, ohne den die Welt undenkbar sei, als »einen Ausfluß der Güte Gottes, der sich herab in die wesentlich-wirklichen (materiellen) Dinge setzt«. Diese Kraft »gibt ihnen (den stofflichen Dingen) allen das Leben, das Wachstum. So daß es (das goldene Fließen) ihre Seele und ihr Samen ist.« Unter den Namen, die der Paracelsist Fictuld verwendet, wenn er von diesem »Fließen« redet, finden wir auch »solarische, astralische, feurige Substanz« oder »astralisches Gold Gottes«. Auch er sieht also in dem »goldenen Fließen« ein alles durchdringendes »Feuer«, die Gesamtheit der Strahlenenergien, wie sie in Sonne und Sternen wirksam sind.

Wer diese feinstofflichen Kräfte erkennt, der nähert sich nach den hermetischen und alchimistischen Naturforschern des 15. bis 18. Jahrhunderts dem Geheimnis von »Tod und Leben, Reichtum und Armut, Krankheit und Gesundheit«. Ganz ähnlich wie in den Bibeldeutungen des Paracelsus wird der Urmensch als ein Geschöpf gepriesen, das um diese astralen Energien weiß.

Ähnlich wie sein großer Vorgänger Paracelsus geht Fictuld, der sogar Goethe beeinflussen sollte, auf das geheime Wissen der Urmenschen ein: »Gott habe solches zuerst dem Adam, zu seines Leibes Gesundheit und zu seinem zeitlichen Trost, geoffenbart... Adam erkannte dadurch, daß er (selbst) ein Auszug der großen Welt (der Gesamtheit des Kosmos), ein Zusammenzug aller Kräfte (in Gestirnen und Erde) sei. Daß er ein (unsichtbares, unantastbares) Feuer zur Speisenverdauung und die edelste Arznei (zur Vernichtung von eindringenden Krankheiten) in sich selbst trage. Wer diese (Kräfte) in sich nicht kennt, wird sie auch außer sich (in der Natur) nicht finden.«

In Bayern und benachbarten Gebieten, in denen im Volk viele Überlieferungen lebendig blieben, zog man sich, um solche Energien in ihrem Kreislauf zu erleben, in die einsame Natur zurück. Man ließ offen, ob diese Lebenskräfte im Boden »herauf oder herab« kommen, also aus der Erdentiefe oder von den Sternen. Entscheidend war für die Menschen, daß ihnen dieses Erfühlen des ewigen Stroms der Energien eine wahrhaft berauschende Freude bereitete.

Die moderne Forschung findet für solche Erscheinungen, die man einst als »tanzende Elfenlichter« deutete, mannigfaltige Bestätigungen. Seit dem Forscherpaar Kirlian versucht man sie vermehrt am Menschen wie an Pflanzen sogar photographisch nachzuweisen.

Die Entdeckung der feinstofflichen Welt

Die materielle Ebene des Lebens ist für Paracelsus nur ein bescheidener Teil der von Gott erschaffenen Welt. Wir müssen nach ihm auch das Unsichtbare kennen, um unser Glück zu machen.

Neben unserem materiellen Körper besitzen wir deshalb nach dem großen Alchimisten auch den astralen oder siderischen Körper, also einen aus Sternenkräften gebildeten Leib: »Die Astra (Gestirne, Gestirnenergien) sind in den Elementen, und in den Elementen haben sie ihre Wohnung – wie eine Seele im Blut und Fleisch, wie ein Geist in einem Körper, wie eine Arznei in einem Kraut. Das Kraut ist nicht die Arznei, der Leib ist nicht die Seele. So sind auch die (materiellen, sichtbaren) Elemente nicht das Astrum (die in ihnen wirkenden Sternenkräfte).«

Das Versagen der Ärzte seiner Zeit erklärt darum Paracelsus aus der Mißachtung unseres Sternenleibs: »Denn bis jetzt sind die jungen

Mediziner ganz grob, roh und läppisch unterrichtet worden. Wir müssen aber den Bereich der (von uns beachteten und erforschten) Dinge erweitern und wissen, daß die (durch unsere gewöhnlichen Sinne erfaßbare) Welt und alles, was wir in ihrem Umkreis sehen und greifen, nur eine Hälfte der Welt ist... Beide Welten also setzen zwei Menschen (den aus materiellen Stoffen bestehenden und den aus feinstofflichen Sternenkräften gebildeten) in einem Leib zusammen. So wunderbar sind die Dinge, daß wir auch ihren von Gott unsichtbar geschaffenen Teil im Lichte der Natur ebenso erforschen können wie ihren sichtbaren Teil.«

Paracelsus versucht darum, seinen Zeitgenossen und vor allem den »jungen Medizinern« einzuprägen, daß der Mensch – wie auch die anderen Lebewesen – »noch einen zweiten Körper hat, der für die leiblichen Augen zu fein ist«. Wir müssen uns nach ihm immer vergegenwärtigen: »Den Menschen und überhaupt alle Geschöpfe sehen wir (gewöhnlich) nur zur Hälfte...«

Paracelsus lehrt, daß die Sternenkräfte, die in allem wirken, eine Strahlung aussenden, die der empfindliche Mensch wahrzunehmen vermag: »Denn jedes Ding hat ein bestimmtes Licht, in welchem es sichtbar ist – jedes Ding macht bestimmte Dinge sichtbar, die in anderem Lichte unsichtbar erscheinen.«

Oder noch deutlicher: »In der Natur finden wir das Licht, das uns die Dinge sichtbar macht, die die Sonne und der Mond nicht sichtbar machen können.« Es handelt sich also auf keinen Fall um etwas Übernatürliches, sondern um ein Objekt der Naturforschung, allerdings nur einer solchen, die sich vom einschränkenden Glauben getrennt hat, die Welt bestehe nur aus grober Materie. Erst wenn wir die um uns wirkenden feinstofflichen Kräfte erkennen, entdecken wir nach und nach das Geheimnis unserer Erde.

Da nach Paracelsus alles aufeinander einwirkt, Strahlen aussendet und empfängt, verharrt eigentlich nichts auf der ganzen Welt in starrer Unbeweglichkeit. Alles ist von Kräften durchdrungen und wandelt sich fortwährend entsprechend den jeweiligen Einflüssen: »Jeder Körper, jede Substanz, die greifbar ist, ist nichts anderes als ein Rauch, der koaguliert ist.«

Koagulation, ein von den Alchimisten häufig verwendeter Begriff, bezeichnet den Übergang eines flüchtigen oder flüssigen Stoffes in den Zustand der Verdichtung, also der scheinbaren Beständigkeit.

Beispiele für diesen Vorgang sind der Wasserdampf, aus dem sich Eis bildet, oder die Kuhmilch, aus der der Käse gewonnen wird.

Das Materielle ist für Paracelsus nur die Verdichtung des Feinstofflichen, beides steht in einer Wechselbeziehung: »Alles was körperlich ist, ist nichts anderes als ein koagulierter Rauch... Alle Dinge werden auch wieder als Rauch zergehen.« Dies betrifft selbstverständlich sowohl uns Menschen als auch alles Belebte und Unbelebte, das wir um uns herum wahrnehmen. »Der Mensch ist ein koagulierter Rauch... Er wird also auch wieder ein Dampf und Rauch werden. Er geht wieder hin, woher er gekommen ist.«

Der wache Mensch kann sich nach Paracelsus in diesen ewigen Tanz oder Kreislauf der Strahlendämpfe und Ströme von Sternenenergien hineinfühlen: »Alle Erkenntnis der Welt, die wir Menschen auf Erden besitzen, stammt aus dem Lichte der Natur. Dieses Licht der Natur reicht vom Sichtbaren zum Unsichtbaren und ist hier so wunderbar wie dort. Im Licht der Natur ist das Unsichtbare sichtbar.« In uns ist der ganze Kosmos, aus dem der Mensch erschaffen wurde. Zu den Urstoffen, aus denen er sich nach der Bibel herausbildete, gehören einmal die Stoffe, aus denen auch die Gesteine, Pflanzen und Tiere entstanden. Dann aber auch die verschiedenartigen Strahlungen, wie wir sie an den Sternen und uns selbst erkennen können.

Der Mensch, wie ihn Paracelsus begreift, lebt eigentlich doppelt. Er lebt einerseits seinen Alltag in der materiellen Welt. Er bewegt sich gleichzeitig aber auch durch eine Unzahl von Strahlenfeldern, die sein eigentliches Sternenwesen beeinflussen.

Schütze und schüre dein Lebensfeuer

Das Dasein ist für Paracelsus ein Spiel der Sternenkräfte. Wir nehmen sie dauernd aus unserer Umgebung auf und geben sie auch ab. Dieser unablässige Austausch entscheidet über Gesundheit und Krankheit.

Paracelsus versucht dies unter anderem mit einem Gleichnis zu veranschaulichen, das er selbst jedoch als recht grob ansieht. Der Alchimist, der auf seinen Reisen sicher unzählige Nächte an den Lagerfeuern des fahrenden Volkes verbrachte, vergleicht den Vorgang der Aufnahme und Ausstrahlung von Sternenkräften mit einem brennenden, dabei Licht und Wärme schenkenden Feuer: »Der Leib entspricht dem Holz, das Leben in ihm dem Feuer. Nun lebt das (menschliche oder tierische) Wesen auf Kosten des Leibes (da es aus dessen festen Bestandteilen fortlaufend Energie entnimmt). Der Leib muß also etwas besitzen, was ihn davor bewahrt, vom Leben verzehrt zu werden.«

Das Lebensfeuer, das uns erfüllt, muß dauernd ergänzt werden. Dies ist leicht möglich, da jedes Ding von verwandten Sternenkräften umgeben ist: »Merket nun, daß die ganze Welt von den Gestirnen umgeben ist, gleich wie die Schale das Ei umgibt.« Ohne diese Strahlenwelt, diese Astralenergien ist die Entwicklung und Existenz eines Lebewesens keinen Augenblick denkbar. Ohne das Wissen um solche Vorgänge gleicht das Dasein einem unauflösbaren Geheimnis, einem Buch mit sieben Siegeln.

Eine materialistische Wissenschaft vergißt darum nach Paracelsus das Wissen um den eigentlichen Urquell des Lebens. Sie kann nach ihm bestenfalls eine oberflächliche Naturkunde hervorbringen, die sich höchstens mit Leichen beschäftigt: »Daher kann ich wohl sagen, daß die Ärzte, welche sich mit der Anatomie der Kadaver beschäftigen, unverständige Leute sind. Nicht der Kadaver zeigt die Anatomie (das Wissen um die wahre Zusammensetzung eines lebendigen Wesens), er gibt nur die Knochen und die Nachbarn der Knochen an, aber die Krankheit ist noch nicht da...« Wenn man die Sternenkräfte nicht berücksichtigt, versteht man nach Paracelsus weder, wie eine Krankheit entsteht, noch wie diese beseitigt werden kann.

Unter Sternenkräften, die uns umgeben, versteht Paracelsus die Gesamtheit aller feinstofflichen Elemente, die auf uns einwirken: »Das heißt also – Ens astrale. Das ist der Geruch, Dunst oder Schweiß (die Ausscheidung) der Sterne mit Luft gemischt.« Die harmonische Auseinandersetzung des Kraftfeldes in unserem Leib mit den Strahlungen der Umwelt entscheidet nach ihm über unseren Fortbestand: »Dieses zu verlieren, wäre von keiner geringeren Bedeutung als der Verlust der Luft... Denn es gibt nichts Höheres in der ganzen Schöpfung (als dieses Kräftespiel). Nichts ist wertvoller und für die Untersuchung des Arztes wichtiger als dieses.«

Jedes Wesen ist von einem unsichtbaren feinstofflichen Feld umgeben, das je nach seinen Bestandteilen auf seinen gesamten Umkreis einwirkt. Der »Geruch« oder »Dunst« der Sterne ist um uns und übt auf alle und alles, was uns umgibt, eine Fülle von Einflüssen aus. Auch wenn unsere gewöhnlichen Sinne dies kaum wahrnehmen, sind es die Astralenergien, die über das Leben entscheiden: »Ein Raum, der verschlossen ist, nimmt den Geruch an, den du darin erzeugst... Es ist (darum) möglich, daß du über alle, die sich darin (im selben Raume mit dir) befinden, alle Krankheiten bringst und deren Heilung.« Die Wesen im selben Raum beeinflussen sich also gegenseitig – im negativen wie im positiven Sinn. Neben dem Begriff der ansteckenden Krankheiten kannten Paracelsus und seine Jünger einen mindestens ebenso wichtigen: den der ansteckenden Gesundheit.

Wir können nach Paracelsus meistens selbst entscheiden, welche Einflüsse wir aus der Gesamtheit der astralen, feinstofflichen Schwingung wählen. Sind wir in unserem innersten Wesen vollkommen gesund, wehrt unser unsichtbarer Schutzschirm alles ab, was ihm schaden könnte: »Der Mensch, der so beschaffen ist, daß dieser Dunst (der Sterne) seinem Blut schädlich ist, der wird krank. Doch der, dessen Natur diesem (feinstofflichen Einfluß) nicht zuwiderläuft, dem schadet diese Einwirkung nicht. Auch der nimmt keinen Schaden, der von Natur so edles und starkes Blut hat, daß er infolgedessen das Gift (in den ihm nicht zusagenden Strahlen und Dünsten) überwindet.«

Das Lebensfeuer durchglüht uns dann in immer stärkeren Flammen. Es schenkt sogar den andern Wesen in unserer unmittelbaren Nähe Kraft und Wärme. Jeder Raum, in dem wir uns aufhalten, wirkt dann auf andere wie ein Heilmittel.

Das kosmische Paar

Für die Strahlenwirkungen, die von den Lebewesen ausgehen, gab es in der Zeit des Paracelsus kaum genaue naturwissenschaftliche Ausdrücke. Er selbst verglich sie sehr häufig mit der Wirkung eines Magneten.

Besonders deutlich erkennt er diese »magnetischen« Einflüsse bei Pflanzen: »Wir sehen auch, wie die Bäume im Walde stillestehen, aber nichtsdestoweniger ihre vollkommene Nahrung haben. Dies ist darum, weil sie einen Magneten in sich haben, der das (für ihren Aufbau) Notwendigste an sich zieht.« In der Luft wie im Boden befindet sich eine Fülle von groben und feinen Stoffteilchen, die die Pflanze für ihr Wachstum braucht. Die magnetischen Energien bilden nun um sie herum ein wunderbares Kraftfeld. Dieses bewirkt, daß alle Nährstoffe in ihren Körper gezogen und dort verarbeitet werden.

Die Existenz eines materiellen und eines feinstofflichen Körpers beeinflußt auch die menschliche Nahrungsaufnahme. Genau wie wir durch Landwirtschaft und Kochkunst für unsere körperlichen Bedürfnisse sorgen, müssen wir auch kontinuierlich die uns gemäßen Sternenkräfte aufnehmen: »Wie der Mensch also den elementarischen Leib mit Nahrung versorgt, indem er sie bereitet, so muß er auch dem siderischen Leib gegenüber handeln und bei der Zubereitung der feinstofflichen Nahrung für dessen Magneten die größte Sorgfalt anwenden.«

Wenn wir auf dieser Erde leben wollen und dies auf eine einigermaßen menschenwürdige Art und Weise, dürfen wir weder die Materie vergessen, noch die Bedürfnisse des »Gestirnten«, also unserer von den Sternen stammenden Substanz. Beide müssen zueinander in einem Wechselverhältnis stehen wie Mann und Frau, die körperlich wie geistig vollkommen harmonieren: »Wisset also auch ferner, daß es nichts gibt, das ungepaart vollkommen sein kann. So ist der astralische Leib und der elementarische ein Paar. Daraus folgt nun, daß der Mensch vollkommen ist, wenn beide Teile beieinander sind. Dies (erst) macht den Menschen vollkommen, nämlich durch ihre Vermählung.«

Durch unsere Geburt bekommen wir beide Körper als unser wertvollstes Erbe. Doch in der Regel verstehen wir diesen Schatz nicht: »So ist auch manchmal bei beiden Körpern eine Zerrüttung.« Der materielle Leib sucht häufig ganz andere Ziele als der feinstoffliche. Durch diese Disharmonie lockert sich die Verbindung zwischen den beiden, was nach Paracelsus die Ursache der verschiedensten Leiden ist.

Das ganze phantasievolle Gebäude seiner Heilkunst basiert auf dieser Grundannahme: »Da alle Dinge zur Paarung (zu der dauernden liebevollen Verbindung) bestimmt sind, so soll das Paar (unser materieller Leib und der Sternenleib) unzertrennlich einig und einheitlichen Gemüts sein und dem Gelübde (einer ewigen Ehe) Genüge tun. Also ist der Mensch der ›großen Welt‹ vermählt, das ist beiden Körpern – das ist dem siderischen und elementarischen. Sie werden dann für eines angesehen und nicht für zwei.«

Die »große Welt«, der Kosmos, ist für Paracelsus und die andern Schüler der Alchimie die Verbindung von Himmel und Erde, der oberen und unteren Kräfte. Es wäre falsch, wie es manche Philosophen der Renaissance wollten, sich nur noch um die Befriedigung der »irdischen Genüsse« zu kümmern. Es wäre aber ebenso falsch, anderen Philosophen zu folgen und die Materie völlig zu verachten und sich nur noch um die »himmlischen Dinge« zu kümmern.

Die ausschließliche Beschäftigung des Menschen mit der Materie oder mit den Himmelskräften kommt für Paracelsus einem Ehebruch gleich. Die Folge davon wäre eine rasche Selbstzerstörung: »Wo solch ehebrecherisches Werk im Gange ist, da werden die Geister zerrüttet, da gibt es (unter den Menschen) keine Vollkommenheit in der natürlichen Weisheit.«

Die »natürliche Weisheit« ist für Paracelsus das Wissen, sein Leben wirklich zu genießen. Dazu gehört für ihn nun einmal die kluge Befriedigung unserer materiellen Bedürfnisse, damit sich unser Geist in einem gesunden Leib zu entfalten vermag. Der Geist seinerseits muß nicht alle seine Fähigkeiten ausschließlich auf Ziele richten, die jenseits unserer materiellen Welt liegen. Er sollte auch die Erde genießen, die schließlich zu seiner Freude erschaffen wurde. Seine Aufgabe ist es darum, den Leib zu lieben, der ihm die spannende und abenteuerliche Lebensreise auf diesem wunderbaren Planeten ermöglicht. Tut er dies bewußt, dann findet er eine Unzahl von alten und neuen Möglichkeiten, den materiellen Körper in seinem Daseinskampf weise zu unterstützen: »Nun soll der Mensch dafür sorgen, daß er den Körper, aus dem er (äußerlich gesehen) ist, das Gelübde der Vermählung halte.«

Harmonieren der stoffliche Leib und sein »kosmischer« Bewohner, nehmen sie aufeinander liebevoll Rücksicht, ist demnach ihre Verbindung sehr dauerhaft. Das Kraftfeld, das sie eint, ist geschlossen. Kein feindlicher Einfluß kann nun mehr eindringen.

Lernen ist erinnern

Die gelehrten Jünger des Paracelsus wußten viel vom Sternenkörper (Astralleib), der uns von innen erfüllt, von außen umgibt und uns damit gegen alle üblen Einflüsse beschützt. Das volkstümliche Feenmärchen illustriert den gleichen Sachverhalt.

Ich erwähne hier nur die wunderschöne Geschichte »Der geraubte Schleier«, wie sie Musäus im 18. Jahrhundert niederschrieb. Er schöpfte nach seinen eigenen Angaben aus der damals noch erhaltenen Volksdichtung. Der Arzt Theophrastus (!) berichtet nach Musäus von einem Schlüssel zu seiner Naturwissenschaft und Medizin: Alle Mädchen, die aus dem Feengeschlecht der Urzeit stammen, treten nach seiner Lehre nicht völlig nackt in unsere Welt. Sie besitzen bei ihrer Geburt ein Kleid, das für uns meistens völlig unsichtbar ist. »Sie bedecken ihren zarten Leib mit einem luftigen Gewande, aus verdichteten Lichtstrahlen des Äthers gewebt.«

Diese geheimnisvolle Umhüllung ist also feinstofflicher Natur und zugleich von unvorstellbarer Wirksamkeit. Mit dem Wachstum des Körpers des Feenkindes dehnt sie sich entsprechend aus. Sie besitzt, nach dem Märchen wiederum im Sinn der überlieferten Worte des Theophrastus: »... alle Eigenschaften der reinsten Feuerluft, die irdische Körperschwere zu überwinden.«

Dank dieses Kraftfeldes aus Lichtäther können sich dessen Besitzerinnen in leichtem Flug hoch über die Wolken erheben. Sie schweben »zur Zeit der Sonnenwende« auf magische Art zu den wundervollen Quellen, die in der unberührten Natur jedes der Erdteile sprudeln. Dort gewinnen sie die Kraft, ihren materiellen Körpern neue Jugend, Gesundheit und Schönheit zu schenken. Der Arzt Theophrast deutet an, daß eine solche Alchimie nur bei jenen Frauen möglich sei, die ihrer Herkunft nach von den Schöpfern der Kulturen abstammen. Das sind nach ihm die Menschen mit hohen Gaben, die in den Völkersagen als die Geschlechter der Götter und Feen fortleben.

In den gelehrten Werken des Paracelsus finden wir nun eine Überzeugung, die in diesem Zusammenhang gehört. Sie erklärt uns, warum die Ritterdichtungen des Mittelalters und auch die späteren Volksmärchen so sehr in den Geschichten über die wunderbaren Rassen der Urzeit schwelgen. Es gibt eben nach der Theorie des Paracelsus nichts in den großen Gedanken und Taten der fernsten Vergangenheit, was nicht in uns nachwirkt. Alles lebt in uns fort und kann darum, zumindest unter bestimmten Bedingungen, wieder hervorgeholt werden.

Paracelsus erläutert, daß alles im Samenstoff enthalten ist, aus dem jede Generation entsteht: »So sollt ihr denn wissen, daß das *Ens seminis* von Gott dazu bestimmt ist, alle Gestalten, Farben und Formen der Menschen in zahlloser Fülle hervorzubringen, bis diese Zahl (aller Möglichkeiten) voll wird. Dann werden wieder Leute zur Welt kommen, die so aussehen werden wie die Verstorbenen.« Oder wie es anderswo bei ihm heißt und die soeben angeführte Stelle noch besser erklärt: »Also liegen da auch im Menschen alle Handwerke, alle Künste, aber nicht alle sind offenbar...«

Die »Künste«, die in sämtlichen vorangegangenen Zeitaltern in Erscheinung traten, sind in uns. Wir müssen uns nur dieser märchenhaften Tatsache völlig bewußt werden. Dann ist es für uns möglich, alle Leistungen und Erfindungen der Vergangenheit, die wir bewundern, in erneuerter Gestalt hervorzubringen: »Das Lernen vom Menschen ist kein Lernen. Es (das Wissen, die gesuchte Kunst) ist vorher im Menschen. Es (der Vorgang des Lernens) ist nur ein Erwecken... Darum hat ein Kind alle Möglichkeiten in sich. Wie du es erweckst, so hast du es.«

Darum sieht es Paracelsus wohl geradezu als einen gefährlichen Fehler, wenn wir unsere Gegenwart für einen Höhepunkt der Entwicklung ansehen. Die sagenhaftesten Quellen zieht er als Beweis für die Überlieferung heran, daß es zu Urzeiten bereits Hochkulturen gegeben habe. Erst wenn wir ihn in diesem Sinn begreifen, verstehen wir viele seiner Aussprüche, die in seinen wichtigsten Büchern fast wie Volksmärchen tönen: »Wiewohl es auch der Fall ist, daß solche Historien (von mächtigen Rassen der Vergangenheit) ganz verworfen werden, so sollt ihr doch wissen, daß die, die diese Dinge verwerfen, auch eine ähnliche Wahrheit verwerfen, nämlich, daß sie Christi Worte verdrehen und sich selbst an seine Stelle setzen.«

Die Ursache für die Mißachtung der Volkssagen und der christlichen Grundwahrheiten liegt für Paracelsus darin, daß der Mensch an nichts mehr glauben will, was ihm auf irgendeine Weise überlegen sein könnte.

Die Märchen und die erhaltenen Schriften des volkstümlichen Forschers versichern eigentlich übereinstimmend das gleiche: Es gab

Kulturen, die sich intensiv in die Natur hineinfühlen und mit deren Kraftfülle zusammenarbeiten konnten. Es ist uns als ihren Nachfolgern möglich, die entsprechenden Fähigkeiten in uns aufzuspüren und auch zu unserem Segen zu verwenden.

Der Sternenhimmel ist in dir

Die Medizin des Paracelsus bewundert den Menschen als einen Spiegel des Weltalls. Die Grundlage seiner Heilkunst ist das Auffinden des Himmels in uns selbst.

Paracelsus führt dazu aus. »Es sind die himmlischen Kräfte, die sich auch im Menschen auswirken. Was im Himmel ist (die göttliche Urkraft), ist auch im Menschen. Denn was ist der Himmel anderes als der Mensch (der dessen Abbild ist)? Wenn er uns nützen kann, so muß er in uns sein.

Darum beten wir zu Gott im Himmel, weil dieser näher bei unserem Herzen (der Lebenssonne des Leibes) ist als die Zunge oder unsere Gedanken. Schön und groß, edel und gut hat Gott sich seinen Himmel gemacht. Denn Gott ist im Himmel, das heißt im Menschen. Er sagt doch selbst, er sei in uns und wir seien sein Tempel.

Ist er (Gott) nun in uns, so senden wir unsere Gebete zu ihm, dorthin, wo er ist, nämlich in dem Himmel, also in den Menschen. Darum muß der Arzt wohl bedenken, wie er handelt. Denn er steht dem edelsten und dem größten Gegenstand gegenüber. Dem edelsten und dem, an welchem am meisten gelegen ist.«

Die wunderbaren Alpensagen, die um Paracelsus kreisen, zeigen uns, wie sehr für ihn jeder Mensch der »edelste und größte Gegenstand« der ganzen Schöpfung war! Ob reich oder arm, vornehm oder gering, er sah in einem jeden den Tempel, in dem sämtliche Geheimnisse und Wunder des Kosmos gespeichert sind. Er unterstütze jeden, damit er immer klarer seine wahre Bedeutung erkennen könne.

Nach der Lehre des Paracelsus gibt es den Himmel im Menschen nicht nur im sinnbildlich-mystischen, sondern auch geradezu im wörtlichen Sinne. Sieben Hauptorgane befinden sich nahe der Wirbelsäule, die die volkstümliche Medizin gern mit einem Götterberg oder

Lebensbaum verglich. Von diesen »inneren Sternen« gehen nicht nur Säfte, sondern – genau wie von den Gestirnen – auch feinstoffliche Kräfte aus. Paracelsus schreibt darum: »Es gibt (im menschlichen Körper) sieben Leben, und jedes Organ hat seinen Planeten.«

Vorgestellt sei deshalb hier die Astrologie des Leibes (Astro-Anatomie) des großen Arztes, wie wir sie in seinen Schriften vorfinden. Sie entspricht der Reihenfolge der Wochentage, von denen ja jeder einem Gestirn zugeordnet wird:

(Montag) Mond = Hirn
(Dienstag) Mars = Galle
(Mittwoch) Merkur = Lunge
(Donnerstag) Jupiter = Leber
(Freitag) Venus = Nieren
(Sonnabend) Saturn = Milz
(Sonntag) Sonne = Herz.

Wie jeder himmlische Planet hat auch jeder den Organen innewohnende Stern seine berechenbare Bahn, die er durchzieht. Die Grundkraft strömt demnach von der Sonne des Leibs, dem Herzen, aus: »Und ist dieser Schein (die Ausstrahlung des Mittelpunkts der Lebenskraft in unserer Brust) auch nicht der der Sonne (oben am Himmel), so ist er doch der Schein des Leibes, denn der Leib muß (damit er gesund bleibt) an dem Herzen Sonne genug haben.«

Wie von den Planeten am Himmel gehen von den Sternen, also den Hauptorganen in uns, Einflüsse aus, die stets den gleichen Gesetzen folgen. Darum lehrt unser Arzt: »Das Gehirn geht allein zum (sonnenhaften) Herzen und vom Herzen wieder zu seinem Zentrum (im Gehirn) in geistiger Form und hat sonst (für seine Energien) keine andere Bahn.«

So ist es nach Paracelsus auch mit den andern Gestirnen in uns bestellt. Er nennt deren Auswirkungen meistens »geistig«. Er versteht darunter, zumindest nach einigen seiner Deuter, daß diese Kraftbahnen kaum mit unseren materiellen Sinnen, etwa durch anatomische Studien, festzustellen sind. Nur mit den Fähigkeiten des Geistes vermögen wir die Wirkungen der Sterne in uns zu erkennen und sogar in günstigem Sinne zu beeinflussen.

Hier noch einige Hinweise des Erforschers des inneren Himmels – zusätzlich zu den soeben erwähnten Gesetzen über Sonne (Herz) und Mond (Hirn): »Der geistige Lauf der Leber (Jupiter) vollzieht sich nur im Blute, und sonst kommt sie (die Kraft der Leber) mit nichts in Berührung. Die Milz (Saturn) hat ihre Bahn an der Seite und in den Gedärmen. Die Nieren (Venus) haben ihren Lauf durch die Harnwege und Lenden mit ihren angrenzenden Stellen. Der Umlauf der Lungen (Merkur) vollzieht sich in der Brust und Kehle. Die Galle (Mars) nimmt ihren Lauf durch Magen und Eingeweide.«

Die Bahnen oder Kraftfelder dieser Zentren beeinflussen die übrigen Körperteile: »So merket, wie die anderen Organe (des Menschen) das Leben von den sieben (Sternenenergien in uns) empfangen, ein jedes (Organ) von seinem Planeten in der ihm zukommenden Bahn.« Genau wie der Planet Venus am Himmel seine Kraft, die in ihm wirkt und die er ausstrahlt, von der Urkraft (Ens magnum) bekommt – so »entzünden« sich auch die Nieren (Venus) in uns selbst. Dies geschieht, indem sie »vom Sinne des Menschen empfangen«.

Paracelsus erklärte seinen Jüngern, daß ein weiser Mensch die Sterne regieren und damit schädliche Strahlungen aus dem Kosmos abwehren könne. Er meinte damit die Sternenkräfte in uns, die unser Geist zu steuern vermag.

Die sieben Planeten des Körpers

Sieben Lichter sollten in unserem Leib gleichmäßig und gut brennen, dies vernahm ich von einem einheimischen Fahrenden auf der Alp Seefeld. Wenn man diese »Kunst« wieder auffinde, dann fliehe von uns »manchmal sogar der Tod selbst«.

In mystischen Gemeinschaften, die es in vielen Alpentälern gab, haben sich solche Vorstellungen bis in die Gegenwart erhalten. In einer Holzhütte sah ich sogar als junger Mann ein Bild nach Jakob Böhme (1575–1624). Es zeigte Christus am Kreuz und im Kreis um ihn herum die sieben Lichter. Dazu hörte ich eine mir damals etwas dunkle Erklärung: Eine neue Menschheit werde nach und nach ein großes »Mysterium« erkennen. Alle »sieben Glückssterne« würden für jeden seiner Art erstrahlen, und so werde ihm der Pfad zu seinem Glück weit offen sein.

Ich sah auch ein Bild eines anderen deutschen Mystikers, von Johann Georg Gichtel (1638–1710). Es zeigt ebenfalls einen Menschen, in dessen Körper sich die »sieben Planeten«, zu denen man früher stets auch Sonne und Mond zählte, erstrahlen. Böhme und Gichtel waren im übrigen beide von Paracelsus und seinen unmittelbaren Schülern beeinflußt: Dank dieser Theosophen des 17. Jahrhunderts gewann die Idee, unser Leib sei ein »Himmelstempel«, neue Verbreitung.

Die Zuordnungen der Hauptorgane zu den sieben Gestirnen fand ich in der volkstümlichen Astrologie und Heilkunst des Alpenraums sehr verschieden angegeben. Übereinstimmend ist aber vor allem die Auffassung, daß es die Sternenkräfte seien, die uns am Leben erhalten. Glaubwürdig hat man es mir mehrfach erzählt, daß dies gerade im Umkreis der alten Badeorte in den Bergen sehr bekannt war. Populäre Darstellungen des Menschen, der in sich die Sternenkräfte besitzt, hingen hier häufig an der Wand.

Ein Paracelsus zugeschriebenes Buch, das in Wien entdeckt wurde, enthält eine grundlegende magische Unterweisung: »Diese sieben Geister (die Urkräfte der Planeten)... sind vor allem zu gebrauchen, und du wirst anderer nicht bedürfen als dieser. Denn in ihrem Vermögen stehen, so du willst, alle Dinge, deren du bedarfst, denn sie werden dir alle deine Geheimnisse offenbaren und dich einem geistigen und spirituellen Menschen gleich machen. Keiner anderen (helfenden Kräfte) bedarfst du, denn sie sind die obersten, und sie werden dir genügend Hilfe erweisen, in welchen Angelegenheiten du auch (solche Unterstützung) haben willst.«

Die volkstümlichen Zauberbücher, die selbstverständlich sehr häufig nur abergläubische, oberflächliche Abschriften und Interpretationen sind, erwähnen allerlei »Zeremonien«. Mit Hilfe von seltsamen Bräuchen sollen demnach die sieben Sternenkräfte viel leichter anzurufen sein. Paracelsus hat hingegen häufig über seine Zeitgenossen gespottet, die das Wecken von Kräften im Menschen von Zaubersprüchen abhängig machten. Der feste Glaube und das Vorstellungsvermögen des Menschen genügen nach der Lehre des Paracelsus, die gewünschten Wirkungen zu erreichen. Eine Übung, die ich auf der Alp Seefeld erlernte, wirkte auf mich wie eine Veranschaulichung des Kreislaufs der Kräfte, die uns Paracelsus schildert. Man muß sich dazu nur in eine Umgebung begeben, in der man sich rundum wohl fühlt.

Unter den mächtigen Balken, die das Schindeldach der Alphütte trugen, saß ich dann auf der Holzbank, entspannte meinen Körper und schloß die Augen. Ich konzentrierte mich nun darauf, keinen schwerfälligen irdischen Leib, sondern einen aus glänzenden Strahlen, einen Sternenleib, zu besitzen. In der Mitte der Brust stellte ich mir, warm und freundlich leuchtend wie eine kleine Sonne, mein Herz vor. Immer stärker ließ ich es in meiner Phantasie erstrahlen, als beziehe es endlos Energie aus dem ganzen Kosmos.

»Stelle dir vor, die Kraft aus dem Herzen steige nun zum Kopf, zum Gehirn«, sagte mein Lehrer. »Unser Denken, unser Kopf ist nicht das Wichtigste, wie die abergläubischen Menschen in den Städten meinen. Alles Gefühl, alles, was wir in unserer Tiefe wirklich im Leben wollen, kommt aus dem Herzen. Der Verstand spiegelt nur unsere Wünsche, etwa wie der Mond die Sonnenstrahlen. Er ist dazu da, mit seiner Klugheit ein Tor zum Dasein zu finden, damit wir unsere Neigungen, die aus dem Herzen steigen, vernünftig verwirklichen können – ohne damit unsere Mitgeschöpfe zu belästigen.«

Dann stellte ich mir vor, die Lebenskraft ströme zu den anderen Sternen in meinem Körper, zu den Organen Lunge, Niere, Leber, Galle, Milz. Ich sah dabei jedesmal nicht etwa konkrete Organe; ich sah Strahlenfelder, genau wie auf den alten Bildern, die mit ihrem goldenen Licht ihre Umgebung erhellten.

Wenn man diese Übung vor und nach einer Anstrengung ausführt, fühlt man sich oft tatsächlich wie neugeboren. Kann man mit dieser Meditation auch seinen Astralleib beeinflussen, wie es die Theosophie meint? Unbestritten ist, daß wir, wenn wir so entspannt mit uns selbst arbeiten, echtes Wohlbefinden erlangen.

Das Wunderelixier

Der Überlieferung nach hat Paracelsus sein Wunderelixier im Bergwald entdeckt. Kurz vor seinem Tod übergab er es einem Alpenfluß. In der Sage werden dafür mehrere Orte genannt: die Sihl bei Einsiedeln, der Inn, die Salzach bei Salzburg, die Donau bei Wien, der Rhein und die Rhone.

Man erzählt dazu folgende Geschichte: Als Paracelsus beschloß, aus der Welt zu gehen, wollte er seinen Schatz der Schätze wieder der

Natur zurückgeben. Dieses Wundermittel wird von den verschiedenen Erzählern unterschiedlich beschrieben. Einmal ist es ein Zaubertrank in einem Fläschchen, mit dem der Doktor seine unglaublichen Heilungen vollbrachte. Dann ist es sein Schwert, in das seine unvorstellbare »Macht über die vier Elemente« eingeschlossen gewesen sei. Bei der Rückgabe sollte ihm einer seiner Schüler helfen. Doch dieser dachte daran, daß er mit dem einzigartigen Wundermittel steinreich werden könnte. Statt es, wie es ihm Paracelsus befohlen hatte, in den Fluß zu werfen, versteckte er es im Gebüsch. Heuchlerisch kehrte er dann zu dem Sterbenden zurück. Er gab vor, gehorsam den Auftrag ausgeführt zu haben. Der todkranke Paracelsus erhob sich aber wutentbrannt von seinem Lager und nannte den jungen Mann einen nichtswürdigen Lügner.

Erschrocken über den Zorn des großen Alchimisten und Magiers eilte nun der Schüler tatsächlich zum Flußufer und warf in weitem Bogen die geheimnisvolle Arznei in das aufbrausende Wasser. Die Sage von Einsiedeln, die natürlich die Sihl zum Schauplatz der Ereignisse wählte, erzählt darüber: »In dieser aber fing es an zu brausen und zu tosen. Steine sprangen auf. Der Boden bebte und mit ihm das Haus des sterbenden Paracelsus.«

In der österreichischen Sage, die den Tod des Arztes sicher richtiger nach Salzburg verlegt, wird berichtet: »Als sich der Zaubertrank mit der Salzach vermischte, ward diese plötzlich helles, lauteres Gold. Seit dieser Zeit führt sie Goldkörner in ihrem Grunde.«

Nach den Geschichten aus anderen Gegenden stammt auch der Goldgehalt von Sihl, Inn und Rhein vom Wundermittel des Paracelsus. Bis ans Ende der Zeiten könne sich dessen Kraft nicht erschöpfen. Für eine der Überlieferungen besitzt dieser Glanz sogar »alle Farben«.

Eine sehr romantische Version verdanke ich der Theosophin Alice Sprengel. Es ist möglich, daß sie auf der intensiven Beschäftigung mit dem Werk des Paracelsus beruht, die im Wien der Jahrhundertwende unter den Gebildeten Mode war: Die Donau fließt bei der Kaiserstadt nicht unbedingt klar wie ein Bergbach einher. Ob aber Paracelsus seine berühmte Arznei in der Donau versenkte oder auch nur in einem ihrer Nebenflüsse, das Wunderelixier soll gerade hier besondere Wirkung zeigen. Jedoch nur Liebende können es erkennen. Sie müssen dazu bei Morgenlicht von einer Brücke ins Wasser blicken. Dann sehen sie zuerst einen feinen Dunst, der dann nach und nach dem Strom eine Farbe gibt, die sehr schwer zu beschreiben ist. Es soll ein Himmelblau sein, gemischt mit strahlendem Gold, »als wäre ein Stück Paradies in die Donau hinuntergefallen«. Sehen die Liebenden diese Strahlen, ist es ein Zeichen für großes Glück. Sogar wenn ihnen scheinbar unüberwindliche Schwierigkeiten drohten, würden sie nun genug Kraft besitzen, sie zu überwinden.

Die Liebe ist überhaupt der wichtigste Zauber, der die Menschen die Lebensenergien in den wilden Bergwassern wahrnehmen und gleichzeitig in sich aufnehmen läßt. Aus Adelboden im Berner Oberland und aus dem Appenzell hörte ich es ziemlich übereinstimmend: Wenn ein glückliches Paar an einem schönen Morgen zwischen Ostern und Johannistag »den Goldschatz im Bach oder Alpensee aufleuchten sieht, dann soll es in diesen Glanz eintauchen«. Beim Abtrocknen und Wärmen soll man sich dann gegenseitig helfen und dazu nur die Hände gebrauchen. Macht man dies richtig und ohne dabei »ein Wörtchen zu verlieren«, dann hat man für das ganze Jahr seine Gesundheit gestärkt.

Mit dem »Goldwasser« der Alpen, in welchem die Wassermädchen »ihre unterirdischen Schätze sonnen«, ist also kein materieller Reichtum gemeint. Man nennt es so, weil man in ihm die gleiche Urkraft sieht, die auch in der Tiefe der Gebirge durch alle Ewigkeiten die Edelmetalle »wachsen« läßt. Wie heißt es doch im Österreichischen über die Goldtinktur des Paracelsus: »An drei Personen hatte er die Kraft derselben erprobt, und sie alle erreichten das hundertste Jahr. Einige Tropfen davon genügten, die schwindenden Lebensgeister wieder zu beleben. Einem Menschen eingeflößt, der in der Vollkraft seiner Jugend stand, vernichteten sie im Körper sofort alle krankmachenden Stoffe.«

Der Volksmund im Alpenraum weiß zu berichten: Mit Gold kannst du dir kein Glück kaufen. Hast du aber die Gesundheit gefunden, »so besitzest du den wahren Schlüssel zur Goldstadt, die die Alten Venedig nannten«.

Gräber als Orte der Kraft

Es gibt für den alchimistischen Arzt keinen endgültigen Tod, sondern nur die ewige Wandlung. Bestandteile, die an sich unzerstörbar sind, lösen sich lediglich voneinander, um neue Verbindungen einzugehen. Was heißt sterben? Paracelsus lehrt uns: »Der Geist des Menschen kommt von Gott und kehrt zu Gott zurück. Der Astralkörper kommt aus den Gestirnen (den Sternenkräften im ganzen All) und kehrt zu diesen zurück. Der (materielle) Körper kommt von der Erde und kehrt wieder zu ihr. So wendet sich jedes Ding zu seinem Ursprung zurück.«

Der tote Körper eines Menschen ist für Paracelsus kein trauriger Anblick. Sein unsterblicher Geist ist in höhere Zustände, also zu Gott, heimgekehrt. Die gröberen Stoffe, die einem unsterblichen Wesen nur als vorübergehendes Kleid dienten, sind nun wieder frei. Sie werden in der Erde für den Aufbau neuer Organismen verwendet. Jede Blume, jeder Schmetterling, jeder Vogel auf dem Grab bekommen etwas davon.

Die Sternenkräfte, die ein Dasein lang einen himmlischen Geist mit dem irdischen Körper verbanden, werden nun ebenfalls für andere Werke verwendet. Als Kind vernahm ich in Einsiedeln von einer alten Frau: »Wenn du sehr gute Augen hast, siehst du in bestimmten Sternennächten auf stillen Friedhöfen einen märchenhaften Anblick. Um viele Grabsteine, vor allem die neuen, siehst du schwache Lichter. Es ist fast, als sei eine Festzeit, bei der man Kerzen auf die Gräber seiner verstorbenen Lieben stellt! Das sind die Seelenflämmchen.«

Diese Vorstellung ist gerade im Alpenraum noch heute recht verbreitet. Abergläubische Menschen sind fest davon überzeugt, daß es sich hier »um die Geister von armen Sündern handelt, die zur Strafe für ihre Vergehen herumspuken müssen«. Demgegenüber suchte der Österreicher Carl von Reichenbach (1788–1869) dafür eine naturwissenschaftliche Erklärung. Nach seinen Forschungen handelt es sich hier um die feinstoffliche Lebenskraft, die er »Od« nannte und die gewisse Menschen unter bestimmten Bedingungen erblicken könnten. Da sie vom stofflichen Körper, der im Boden verwest, nicht mehr gebraucht werde, löse sie sich wie ein schwach leuchtender Dampf auf.

Der deutsche Mystiker und Forscher J. U. Hübbe-Schleiden verglich dies mit den Schilderungen des berühmten amerikanischen Hellsehers Andrew Jackson Davies, der es im 19. Jahrhundert zu Millionen von Anhängern brachte. Bei einem neuen Begräbnisplatz will er in der Nacht folgendes wahrgenommen haben: »Eine wundervolle Beleuchtung fesselte meinen geistigen Blick. Ich erschaute eine elliptische Masse pulsierenden Lichtnebels. Er war so breit und so glänzend – gerade über einem frischen Grabhügel –, daß mir deuchte, die nahen Bewohner (beim Friedhof) müßten das Phänomen auch sehen und herbeieilen, um es zu beobachten...«

Auch heute gibt es zahllose vergleichbare Berichte. Es wäre sehr aufschlußreich, sie zu sammeln und auszuwerten, denn sie würden sicher viele Lehren des Paracelsus bestätigen.

Manche Völker waren von der Heilkraft der Gräber, vor allem von denen ihrer berühmten Vorfahren, fest überzeugt. Von Nachkommen des fahrenden Volkes wird erzählt, daß es Sitte gewesen sei, eine Ehrenwache an bestimmten Gräbern aufzustellen. Sogar in den Städten, in denen die Nomaden grausam verfolgt wurden, versuchten die Anverwandten des Toten, dem Brauch treu zu bleiben. In verschwiegenen Nächten verbrachte man dann einige Stunden in der Nähe des Grabes. Als großes Unglück wurde es angesehen, wenn Böswillige einen verstorbenen oder gar umgebrachten Fahrenden anonym bestatteten, so daß die Familie unmöglich das Grab auffinden konnte.

Nach den alpenländischen Sagen sind solche Gebräuche schon den ältesten Einwanderern bekannt gewesen. Um einsam gelegene, markante Felsbrocken ranken sich häufig entsprechende Berichte. In ihrer unmittelbaren Umgebung habe man einst feierlich die Leichen von besonderen Persönlichkeiten beigesetzt und dann unter dem Sternenhimmel die rituelle Totenwache abgehalten. Es sei einst die allgemeine Überzeugung gewesen, daß dadurch die Kraft des Verstorbenen auf seine Anverwandten übergehe.

Auch in den im Umkreis der Alpen gut erhaltenen Hexensagen wird uns berichtet, wie das »Nachtvolk« sehr gern auf Friedhöfen oder bei den »mächtigen Steinen« zusammenkam. Wenn es dann seine Gebete, Festmähler oder auch Reigen verrichtete, habe auf einmal ein Wunder stattgefunden: Aus den Gräbern oder dem Fels sei Lichtglanz erschienen. Er habe die Nacht erleuchtet und die dort versammelten Menschen beschienen. Alle Anwesenden hätten solches als Glückszeichen angesehen.

Zweifellos enthält auch hier der Volksglaube ähnliche Grundgedanken wie die Naturwissenschaft des Paracelsus: »Der sichtbare (aber vom unsterblichen Geist verlassene) Leib... hat noch bei sich den unsichtbaren Leib, weshalb er noch wunderbare Dinge zu wirken vermag, gleichsam als wenn er noch lebte.«

Wenn der Mensch stirbt, verströmt seine zurückgelassene »Mumie« die Sternenkräfte, die einst den materiellen Körper zusammenhielten und belebten. Durch jedes Sterben erhält die unmittelbare Umgebung somit neue Energieimpulse.

Die damit verbundenen, für den modernen Verstand völlig unergründbaren »Wunder« sind für Paracelsus keineswegs ein Zeichen für Aberglauben oder plumpe Lügen. Er weiß: »Der sichtbare Leib sowohl auch der unsichtbare (Astralleib) haben nämlich Heilkräfte.« Und: »So erklären sich auch die vielen Wunder, die von Leichnamen vollbracht werden. Schon oft wurden Wallfahrten und großes Aufsehen durch die Wundertaten von Leichnamen hervorgerufen...«

Aufgrund seiner Erfahrungen und Beobachtungen erkennt er: »Im Lichte der Natur ist es offenbar, daß es Heilkräfte gibt, nicht nur auf der Oberfläche, sondern auch im Innern der Erde. Nicht nur im Lebenden wohnen die natürlichen Kräfte, sondern auch im Toten.« Dies sei auch so bei den Heiden und islamischen Türken, die an den Gräbern ihrer Heiligen mit Erfolg um Heilung bitten: »Aber aus Einfalt und Unkenntnis der Naturkräfte, die bei uns geherrscht haben, hat man solche Dinge für übernatürlich angesehen.« Ein Wunder findet also nach göttlichen Naturgesetzen statt, die wir noch nicht entdeckt und verstanden haben.

Heilung durch die Heiligen

Paracelsus war seit früher Jugend mit Heiligenlegenden vertraut und kannte beispielsweise die Überlieferungen zu St. Meinrad, der weisen Benediktinerin Hildegard von Bingen oder zum heiligen Nikolaus von der Flüe.

Paracelsus meint: Ein Mensch, der in seinem Denken Gott nahe ist und in Harmonie mit der Natur lebt, verwandelt sich selbst. An ihm können wir das Wirken von Heilkräften bewundern. Wir alle besitzen sie in unserem materiellen Körper und im Astralleib, wenn auch in der Regel nur sehr schwach entwickelt.

Im Sinne seiner alchimistischen Naturkunde versucht Paracelsus es uns zu erklären: »Wenn nun einer mit jener Veranlagung (starke heilende Kräfte zu besitzen) zur Welt kommt, so behält sein Körper auch nach dem Tode eine besondere Kraft zurück. Wenn auch der Geist den Körper verläßt, so bleibt doch das im Körper zurück, was ihm von Natur aus angeboren ist, und (diese Heilkraft) liegt nach seinem Tode in der Erde begraben wie Safran in einer Büchse. Und die Erde wieder ist mit solchen Leichen (durchdrungen mit hoher Energie) gefüllt wie eine Apotheke mit Büchsen (voll von Medikamenten).«

Diese Kräfte dringen durch den Boden und werden von den Menschen als heilsam empfunden: »Kann die Sonne ein Glas durchleuchten und das Feuer durch den Ofen seine Wärme ausstrahlen..., so kann auch der menschliche Körper mit seiner Kraft in die Ferne wirken, während er selbst an seinem Ort liegen bleibt...«

»Darum behält also der Körper im Grabe die natürlichen Kräfte, die in ihrer Anzahl und Wirkung für uns unendlich sind.« Das ist auch der Grund, warum es bei Menschen, die zu den Gräbern der Heiligen pilgern, immer wieder zu Heilungen kommt: »Du sollst es (jedes Wunder dieser Art) für nichts anderes halten als wie eine Reise ins Heilbad.« Selbstverständlich wird nach Paracelsus die heilkräftige Strahlung der Gebeine und Reliquien noch durch den Glauben und die Erwartungshaltung der Pilger verstärkt.

Wenn man durch die Energien eines heiligen Platzes seine Gesundheit erneuert, ist dies für Paracelsus »etwas rein Natürliches«. Es ist damit zu vergleichen, »du zögest (um deine Kräfte zu erneuern) nach Pfäfers in das warme Bad«.

»Wie das Bad seine natürliche Wirkung in dir vollbringt, so auch der betreffende Leichnam. Du badest gewissermaßen (in den auf dich wirkenden Energien) auf seinem Grabe.«

Der Vergleich der heiligen Plätze mit dem Heilbad Pfäfers, dessen Wirkungen Paracelsus teilweise ebenfalls durch feinstoffliche Kräfte erklärt, ist sehr treffend. Ich besuchte beispielsweise 1986 den heiligen Berg der Stadt Kiew. In ihm liegen bekanntlich seit dem Mittelalter zahlreiche Heilige in Höhlen begraben. Durch die Eigenschaft des Bodens, das Volk glaubt »durch die in ihnen wirkenden Himmelskräfte«, sind ihre Leichen nicht verfault, sondern mumifiziert. Auch die wenig gottesfürchtigen, sondern eher marxistisch denkenden Führer durch das Heiligtum versicherten mir damals: »Durch die Jahrhunderte des Glaubens haben sich hier, vergleichbar mit einer Elektrobatterie, Kräfte zusammengeballt, die noch nicht erforscht werden konnten. Empfindliche Menschen, die durch die Gänge des Berges wandern, glauben, von einer seltsamen Wärme umströmt zu werden, fast wie in einem Dampfbad. Viele Besucher des Platzes fühlen sich hier stärker und gesünder. Dies geschieht sogar dann, wenn sie überzeugte Kommunisten sind und an keine Wunder glauben.«

Den inneren Reichtum steuern

Für Paracelsus ist jeder Mensch ein hell strahlender Stern.

Er ist sogar viel mehr als das. Ein Gestirn am Himmel übt nach der Astrologie ganz bestimmte Wirkungen auf die Lebewesen aus. Bei der Erschaffung von Adam und Eva haben aber sämtliche Planeteneinflüsse zusammengewirkt. Wir haben sie also alle in uns und können sie nach Bedarf in uns erwecken, um unser Leben zu gestalten. Paracelsus schreibt dazu: »Im Menschen sind nämlich Sonne und Mond und alle Planeten, desgleichen sind auch in ihm alle Sterne und das gesamte Chaos (die feinstofflichen Energien von sämtlichen Elementen).«

Es gibt demnach eigentlich nichts auf der ganzen Welt, was wir nicht in uns selbst besitzen. Es existieren darum in der Natur auch keine Stoffe, die für uns von vornherein giftig sind. Alle Früchte der Erde und des Himmels können wir nutzen, nur müssen wir auf die richtige Dosis achten.

»Es muß etwas im Leibe sein, das die Gestirne (die verschiedenen feinstofflichen Einflüsse) annimmt, so sie (darauf) im Leibe wirken.« Wenn nicht in unserem Körper jedesmal etwas Wesensverwandtes wäre, was die dazugehörige Sternenkraft anzieht und für unser Gedeihen anwendet, »so könnte das Gestirn nicht (von außen) hinein«.

Die Kräfte des Himmels und der Erde umspielen uns und beeinflussen die Teile des Leibes, die ihnen entsprechen: »Wie aber das Glas (eines Fensters am Haus) den Sonnenschein bricht, daß er (im Zimmer) nicht vollkommen ist wie außerhalb des Glases, so ist auch ein solches (den inneren Raum beschützendes) Mittel zwischen dem Gestirn und dem Menschen.« Ein durchsichtiger, für das Auge kaum wahrnehmbarer Schutzschirm umgibt uns. Er kann die Wirkung der Sternenkräfte, die uns umgeben, brechen, abschwächen oder aufhalten.

Unser Organismus ist so weise eingerichtet, daß wir in der Lage sind, die Strahlungen, denen wir dauernd ausgesetzt sind, abzuwehren oder auch vermehrt aufzunehmen: »Wie ein Vorhang (gegen einen zu starken Sonnenschein) vorgehängt wird, so ist es auch dem Willen des Menschen gegeben, sich solchen Werken (den uns schadenden Einflüssen der Umgebung) zu verschließen und zu verhängen.«

Für Paracelsus vermag der Weise aus dem Chaos der Kräfte, das ihn von der Wiege bis zum Grab umgibt, das zu entnehmen, was er gerade braucht. Er kann dies durch seine schöpferische Vorstellungskraft tun, durch bewußte Atmung, Bewegung in einer gesunden Umwelt, harmonisches menschliches Miteinander, Liebe zu Tieren, Pflanzen und Steinen. Wenn er auf diese Weise seinen Lebensweg geht, ist er mit der Zeit von keinem üblen »Gestirn« oder Strahleneinfluß mehr abhängig: Er stellt nun selbst ein wirkungsvolles Energiepotential dar, das die anderen Lebewesen nicht weniger positiv zu beeinflussen vermag wie ein himmlischer Stern.

Paracelsus widerlegt in seinen Schriften sowohl materialistische Weltbilder als auch den Schicksalsglauben einer primitiven Astrologie. Bei jeder Gelegenheit erwähnt er Menschen, die in Eigensucht und Geiz verkommen und damit den wahren Segen ihres Reichtums weder zu genießen noch mit den andern zu teilen vermögen. Gleichzeitig erwähnt er vielfach scheinbar arme Waldeinsiedler, Zigeuner oder Bergbauern, denen in Wahrheit alle notwendigen Besitztümer zur Verfügung stehen. Sie haben durch ihren inneren Weg die Verbindung zum Göttlichen und zur Natur erreicht und fungieren für ihre Mitmenschen als Berater und leuchtende Vorbilder.

Dem 16. Jahrhundert mit seinen sozialen Unruhen und den von beiden Seiten grausam geführten Bauernkriegen hielt Paracelsus mit seinem Leben den Spiegel hin. In einer Welt voller Standesvorurteile zeigte er allen Volksschichten, daß nur der innere Wert über den Menschen entscheidet. Der Sage zufolge machte er keinen Unterschied zwischen Arm und Reich.

Selbstbewußt schreibt er: »Denn, wenn die Schrift (des Evangeliums) sagt ›Ihr (Menschen) seid Götter!‹, so sind wir viel mehr als das Gestirn. Beerbt der Sohn (der weise Mensch) seinen Vater (den Schöpfer im Himmel), so ist er auch sein Verweser und Statthalter (auf Erden) und hat auch Macht über dessen Güter.«

Schritt für Schritt können wir Menschen also im Mikrokosmos die Verwalter der Sternenkräfte werden – als Gottes tätige Mitarbeiter oder Mitspieler.

Der bewußte Einsatz und die richtige Vermehrung menschlicher Strahlenkraft ist nach Paracelsus ein frommes und schönes Tun, das uns in jeder Beziehung weiterbringt: »Der Mensch steht (in seinem Bewußtsein) über seinem Gestirn (also den äußeren Einflüssen der strahlenden Umwelt), wie Gott über dem Firmament stand. Als er befahl, ›Werde du hier‹, ›Werde du dort‹, da stand hier (am Firmament oder Himmelszelt) ein Komet, dort ein anderes (Himmels-) Zeichen.«

Für Paracelsus kann der Mensch allein durch seine schöpferische Vorstellungskraft »das Gestirn lenken«. Er vermag sich dadurch nicht nur selbst zu heilen, sondern auch seine unmittelbare Umgebung positiv zu beeinflussen. Das hat jedoch nichts mit Schwarzer Magie oder abergläubischen Beschwörungen zu tun; solche Praktiken werden von Paracelsus verspottet und abgelehnt.

Heilung durch den Geist

Die hohe Kunst der Alchimie

Paracelsus stuft die Alchimie als eine Art Urwissenschaft ein. Er ist davon überzeugt, daß, wer sie beherrscht, das Geheimnis des Kreislaufs aller Kräfte der Natur kennt.

Der Alchimist glaubt, daß die verwirrende Vielfalt in unserer Welt aus dem Chaos der Urzeit hervorging. Alle Kräfte und Stoffe haben demnach den gleichen Ursprung. Sie sind miteinander eng verwandt und fortwährenden Wandlungsprozessen unterworfen. Nichts ist im Kosmos starr und beständig.

Paracelsus spottet über diejenigen, für die der Sinn der Alchimie nur in der Herstellung von wertvollen Stoffen liegt und die sich mit dieser Kunst nur bereichern wollen. Er streitet nicht ab, daß dies möglich sei. Ja, gelegentlich deutet er an, daß ihm das vielgesuchte Geheimnis des Goldmachens bekannt ist. Doch die Alchimie der Alten hat sich nach ihm noch ganz andere Aufgaben gestellt, um das Glück des Menschen zu vermehren.

Die Alchimie stammt aus Ägypten, wo sie als eine königliche Kunst galt. Der erste Teil des Wortes – »al« – ist der arabische Artikel, wie wir ihn auch im Wort »Algebra« finden. »Chimie« (aus dem sich selbstverständlich auch die moderne Bezeichnung »Chemie« ableitet) entspricht dem ägyptischen Ausdruck »kemi«, eine alte Bezeichnung für das Land Ägypten.

»Kemi« bedeutet aber auch »dunkel« oder »schwarz«. Man hat darum in durchaus böswilliger Absicht versucht, die »Al-Chimie« mehr oder weniger als Schwarze Kunst, also Schwarze Magie, zu begreifen. Dies ist selbstverständlich falsch. »Schwarz« nannten die Ägyptern ihr Land, weil sie für das Gedeihen ihres heißen Wüstenlandes auf den fruchtbaren dunklen Nilschlamm angewiesen waren. Symbolisch wäre also die alchimistische Wissenschaft gleichzusetzen mit der Weisheit, die Kräfte zu beobachten, die toten Sand in ein Paradies verwandeln können!

Die große Gelehrsamkeit der Ägypter, die Plato und die anderen griechischen Philosophen so sehr bewunderten, beruht fast ausschließlich auf der Beobachtung des Stromes Nil. Dessen Steigen und Fallen, das gute Ernte versprach, verbanden sie mit den Wirkungen bestimmter Sternbilder. Im fließenden Wasser und den in ihm wirkenden Sternenkräften erkannten sie den Willen des Göttlichen, dem Menschen die Erde bewohnbar zu machen.

Für die Alchimie, die sich so sehr mit ägyptischen wie auch griechischen Sagen beschäftigte, waren die göttlichen Gestalten Symbole für die Lebenskräfte der Natur. Bei Homer heißen die naturverbundenen Hirtinnen und manche berühmten Frauengestalten »Nymphen«, also mit magischen Kräften begabte Wasserfrauen. Im übrigen bezeichnet die griechische Sage unter anderem auch die schöne Helena, die begehrteste aller Frauen, als weise Tochter Ägyptens. Sie kenne die hochentwickeltste Heilkunst und die geheimsten Wunderkräfte in den Kräutern. Auch die endlosen Schrecken der Schlacht um Troja hätten ihr nichts anzuhaben vermocht.

In der deutschen Sage des 16. Jahrhunderts wirbt Doktor Faust um sie. In ihr sieht er den höchsten Preis seiner Kunst. Er wird der Gatte der wunderbaren Frau, die ihm den ganzen Zauber der Vergangenheit offenbart. Hier zeigt sich zweifellos der Geist der Renaissance, die sich als Wiedergeburt der zeitlosen Weisheit verstand. Die Alchimie der Schüler des Paracelsus suchte nach der Verwirklichung einer alten Sehnsucht, eines alten Traums: Sie wollte mit dem Weiblichen, mit den schönen Nymphen oder Feen, das heißt mit den Kräften der Natur, in liebevolle Beziehung treten.

Der englische Gelehrte Jennings wies darauf hin, daß die Alchimisten, Magier und Rosenkreuzer sich oftmals als Freunde von magischen Frauen darstellen. Viele symbolische Schilderungen von geheimnisvollen alchimistischen Vorgängen zeigen einen »Goldsucher« in Verbindung mit einer »Goldsucherin«. Gemeinsam forschen Mann und Frau nach dem »Stein der Weisen«, dem Symbol vom größten Glück der Welt.

Diese Alchimisten studierten zudem die Symbole der alten Kulturen und die Vorgänge in der Natur. Sie fanden in einem solchen Tun ihre Erfüllung und waren fest davon überzeugt, sich auf diese Weise dem Geheimnis der Gesundheit und der Verjüngung des Körpers zu nähern.

Hilfe durch Naturgeister?

Alles in der Natur ist für Paracelsus mit Leben erfüllt. Nichts um uns ist tote Materie, auch wenn wir es meistens nicht wahrnehmen können. Nach Paracelsus sind die vier Elemente – Wasser, Erde, Luft und Feuer – von »Geistern« beseelt, eine Vorstellung, die wir auch in den Volksmärchen finden.

Wenn wir die Naturschilderungen des Paracelsus vergleichen, entdecken wir, wie stark der mittelalterliche Mensch mit seiner natürlichen Umwelt, mit Tieren und Pflanzen verbunden war. Wir können darum annehmen, daß er Dinge wahrnahm und beobachtete, die wir heute zumeist übersehen.

Mit dem Rückgang bestimmter Wahrnehmungsfähigkeiten hat sich schon Paracelsus beschäftigt, wenn er über Naturgeister schreibt: »Etliche haben gemeint – wenn sie uns Menschen etwas Gutes getan haben –, es seien Engel oder dienstbare Geister, die also von Gott zu uns gesandt und dann unserer großen Sünden wegen von uns wieder genommen worden seien. Denn sie (die Geister der Elemente) haben den Menschen oft auch große Wohltaten erwiesen und viele Arbeiten für sie verrichtet.«

Große Reichtümer hat der Mensch nach Paracelsus durch diese Kräfte in Luft und Erde erlangt: »Sie haben Kunst und Geld genug und alle Schätze, Silber und Gold und alle Metalle in der Erde zu hüten und zu verwalten. Ihrer (der Elementargeister) hat man vor alten Zeiten sehr viele gefunden, gehört und gespürt, an vielen Orten. An manchen Orten, wo es jetzt ganz öde und still von ihnen ist.«

Die Okkultisten des 17. bis 19. Jahrhunderts schrieben sehr viel über die Wahrnehmung dieser Naturwesen: Sie sind demnach wunderschön – wie die Gestalten in unseren allerschönsten Träumen –, aber wir können sie mit unseren Sinnen kaum erfassen. Sie erinnern mehr oder weniger an wallende Dämpfe, die vom Boden aufsteigen. Man glaubt oft nur, ein seltsames Aufschimmern im Mondlicht zu erkennen. Plötzlich ist man aber fast überzeugt, im glänzenden Dunst so etwas wie ein Lächeln zu erkennen, vielleicht auch eine lautlose Bewegung. Wird das Bild deutlicher, sieht man wogende Gewänder, wallende Schleier gleich dem Aufleuchten der Morgenröte.

Vom Haar dieser Elfen, die die Natur beleben, geht nach den Autoren in der Nacht ein goldenes Leuchten aus. Es ist demnach fast unmöglich, die Gestalten der Elementargeister einigermaßen genau zu beobachten und damit auch zu beschreiben. Schließlich gibt es nichts in der ganzen Menschenwelt, mit was man sie vergleichen könnte. Die Begegnung mit ihnen geschieht vielmehr an der Schwelle des Bewußtseins, zwischen unserer Phantasie, dem Traum und der Wirklichkeit.

Solche Beobachtungen finden sich nicht nur in den gelehrten Büchern der fast ausnahmslos von Paracelsus beeinflußten Experten okkulten Wissens. Die Sagen und auch die volkstümliche Naturkunde der Alpen sind voll von solchen Beobachtungen. Hier noch zwei Beispiele für dieses Naturerleben, das vor allem im 17. bis 19. Jahrhundert viel selbstverständlicher war als heute: »Denn es ist bekannt, daß man am meisten an den Orten solche brennende Lichter antrifft, wo etwa sumpfige oder moosige Matten und Felder sind.«

Oder: »Auch so verursachen diese (aufsteigenden) Erddünste… auch kleine Sternchen, so sich an die Kleider hängen. Wie denn dieses vielen Leuten auf den Seen und Flüssen des Schweizerlandes widerfahren ist, daß sich solche feurigen kleinen Sternchen an die Kleider gehängt, und solche (Sternchen) haben (die Leute) von den Kleidern abschütteln müssen.«

Das Volk im Emmental und andern Berggegenden vermutete hier nicht nur seltene Naturerscheinungen, wie sie die Naturwissenschaft teilweise bereits erklären kann. Es glaubte vielmehr, daß hier die Lebenskräfte im Wasser sichtbar werden, die die Erde für ihre Fruchtbarkeit braucht.

Das »Licht der Natur«, das der moderne Mensch immer seltener wahrnimmt, soll seine eigenen Strahlenkräfte stärken. Noch immer sehen in diesen geheimnisvollen Erscheinungen viele abergläubische Menschen hilfreiche Kobolde. Paracelsus erklärt dazu: »Etliche haben gemeint, es sei… ein Zeichen großen Glücks, daß man sie (die Elementargeister) höre oder spüre, da ein großes Glück in Zukunft eintreffen würde – wie es denn auch oft geschehen ist. Aber das hat größtenteils der Glaube getan.«

Der Mensch, der sich vom lebendigen Reichtum der Natur erfüllt fühlt, ist nach Paracelsus ein wahrer Glückspilz. Er lebt in einer Welt, die er von positiven Kräften durchströmt sieht. Er vertraut auf sie, und das schenkt ihm das für die »magnetische« Anziehung von Erfolg notwendige Selbstvertrauen.

Gold für Bettler und Kaiser

Die volkstümliche Überlieferung berichtet, daß Paracelsus wie ein wilder Roßknecht, ein bettelarmer Bergler oder ein hergelaufener Zigeuner daherkam. Trotz dieses armseligen Äußeren konnte er angeblich alles, was er berührte, »in Gold verwandeln«.

Die Sagen, die von seinen Wunderkräften erzählen, sind zahllos. Einmal habe er sich beispielsweise als Gehilfe eines Schmieds anstellen lassen. Daran mag sogar etwas Wahres gewesen sein, denn Paracelsus schreibt davon, daß er sich mit all den Berufen beschäftigte, die noch die Reste uralter Überlieferungen und praktischer Erfahrungen lebendig hielten.

Doch scheint er der Sage nach beim Schmieden kein großes Geschick bewiesen zu haben, denn er verdarb in der Werkstätte seines Meisters recht viel von dem guten Eisen. Der unglückliche Schmied jammerte nun sehr und beklagte seine Verluste. Doch der Abenteurer aus den Bergen konnte den wackeren Schmied schnell trösten – indem er alles herumliegende Metall in strahlendes Gold verwandelte.

Dieses Motiv wiederholt sich in vielen Paracelsus-Legenden: Auf den ersten Blick erscheint Paracelsus als ein armer Teufel, der auf jede Arbeit angewiesen ist. Wer ihm aber einigermaßen freundlich entgegenkommt, den läßt er schnell gesund und reich werden.

Mit dem Kaiser, dessen Leibarzt und Berater er zeitweise war, soll Paracelsus einmal in der Kutsche gefahren sein. Als er ausstieg, verwandelte er spielend die Hufeisen der Pferde und die mit Eisen beschlagenen Wagenreifen in reines Gold.

Hier schenkt uns die österreichische Sage ein starkes und leicht deutbares Sinnbild: Der Goldwagen symbolisiert in diesem Zusammenhang die Sonnenkraft und bedeutet strahlende Gesundheit, die nach dem alpenländischen Volksglauben der Weise den Menschen bringen wollte.

Paracelsus soll versucht haben, mit seiner Kunst vor allem auch den Liebenden zu helfen. Denn wer den Menschen hilft, deren Verbindung der Himmel selbst beschlossen hat, der schafft nach Paracelsus die Voraussetzungen für eine bessere Menschheit der Zukunft.

In der Nähe des Roten Turmes zu Wien – so eine der Sagen – stand das Gasthaus »Zum schwarzen Adler«. Ein verdächtig zerlumpter

Mensch, eben der Weltenwanderer Paracelsus, hatte dort ein Zimmer bezogen. Im Gasthof herrschten Aufruhr und Streit, denn Josef, der Sohn des Wirts, wollte Marie, ein armes Mädchen, heiraten. Der Vater tobte, und als ihm der fahrende Arzt seine Zeche mit einem Pfennig bezahlen wollte, warf er die Münze zornig auf den Boden. Nur wenn dieser schlechte Pfennig zu einem Goldstück werde, brüllte er, dürfe der Erbe das Bettelmädchen zur Frau nehmen.

Paracelsus forderte den Zornigen auf, doch möglichst rasch das Geld aufzuheben. Wie staunte nun der Wirt, als sich dieses bereits in Gold verwandelt hatte. Voller Ehrfurcht küßte er die Wundermünze. Sein Haus nannte man von da an »Zum Küßdenpfennig«. Selbstverständlich heirateten nun Josef und Marie. Der Gasthof soll seitdem von vielen Menschen besucht worden sein, die den Schauplatz des ungewöhnlichen Geschehens bestaunen wollten. Auf einer Tafel, die man an der Wand anbrachte, konnte man über Paracelsus lange nachlesen: »Er trauet seiner Kunst, durch welche er erwarb viel großer Herren Gunst.«

Erstaunlicherweise sind Legenden dieser Art nicht nur nachträglich entstanden. Sein Schüler Oporinus erinnerte sich in einem Brief vom 26. November 1555 an seinen Lehrer: »Er brachte viel Geld durch, so viel, daß er manchmal weder Heller noch Pfennig behielt, soviel ich wußte. Und tags darauf zeigte er mir wiederum seinen Geldbeutel voll Geld, so daß ich mich nicht selten wunderte, wodurch er wieder so viel bekommen hätte.«

Sehr schön hat der österreichische Dichter Julius Alexander von Schindler (1818–1885) in einem Volksdrama das Geheimnis des Paracelsus verarbeitet. Paracelsus trotzt darin Drohungen und Intrigen der Herrscher und Gelehrten, die ihm seine Kunst rauben und sie für eigennützige Zwecke mißbrauchen wollen. Doch für ein Mädchen, das er vor der Hexenverfolgung rettet, verwandelt er noch auf seinem Sterbebett all seine Kupfergeräte in Gold.

In den meisten der Volkssagen braucht der Alchimist für solche Wunder weder Laboratorien noch den rätselhaften »Stein der Weisen«. Er selbst ist die Quelle der Goldtinktur, die alles in seinem Umkreis in eine Märchenwelt verzaubert.

Kostbare Bücherschätze

Viele Städter halten die alten Volkserzähler für naive, ungebildete Menschen. Das ist, zumindest für den Alpenraum, ganz offensichtlich falsch. Ich hatte noch die Möglichkeit, mit einer Reihe von Sagensammlern, unter anderem aus Graubünden und Südtirol, zu sprechen. Sie berichteten, daß viele Bauern von ihren Vorfahren ererbte Bücher hüteten, die ihnen als bewährte Ratgeber dienten.

Schriften, »bei denen es Zeitverlust ist, sie nur einmal zu lesen«, wurden von solchen Menschen weggeworfen. Sie hatten eben schon von den Großeltern gelernt, »daß man nur das achten soll, um dessentwillen das Drucken erfunden wurde«. Dazu gehörten von alters her die Chroniken über die Wanderungen und Abenteuer der alten Völker. Eine gedruckte Schrift des Bayern Aventin soll sogar in einer alteingesessenen Familie bei Bozen über viele Generationen hinweg aufbewahrt worden sein. »Die Vorfahren haben stets am Feierabend in ihr gelesen und damit immer Glück gehabt.«

Nicht weniger pries man die alten Kräuterbücher, denn: »Ein solches Werk gewinnt immer mehr Kraft, je länger es in einer Familie vererbt wird. Besonders wirken die Rezepte, bei denen schon einer der Großeltern mit ungelenker Hand vermerkt hat, daß sie ihm rasch und gründlich nützten.«

Das ist ein deutlicher Hinweis darauf, wie sehr man die Bedeutung der Kraft des Glaubens bei der Überwindung von Krankheiten erkannte. Kräuter, die die Menschen nur ausprobieren wollen, wirken auf sie schwach. Nehmen sie sie aber mit dem Wissen ein, daß die gleichen Naturmittel bereits von den Ahnen gepriesen wurden, setzen sie in diese ein tiefes Vertrauen. Das Ergebnis liegt dann auf der Hand: Das Medikament, das den Vorfahren gesund machte, hilft auch in der Gegenwart demjenigen, der davon fest überzeugt ist.

Diese Bücher wurden als kostbare Erbstücke mit viel Sorgfalt in Holztruhen aufbewahrt, die gelegentlich mit Blumenmotiven oder auch Planetenzeichen geschmückt waren. Dort lag in der Regel auch die Heilige Schrift. Die weltlichen Werke, die man hinzufügte, mußten darum in einem gewissen Sinn heilig sein. Gerade die Kräuter- und Gesundheitsbücher galten als fromme Darstellungen des Weges, Gott auch in der Natur zu finden.

Zu den Hauptschätzen dieser »Geheimbibliotheken«, wie es sie wohl in fast jedem Alpendorf gab, gehörte ganz sicher auch der »Paracelsus«. Selbstverständlich hat man dabei auch Schriften geehrt, die man heute mehr oder weniger als üble Fälschungen aus der Feder von volkstümlichen Alchimisten und Sektierern identifiziert hat.

Viele der Volkserzähler, die sich mit solchen »Schriften der Weisen« umgaben, würden jedoch in solchen Fällen nicht leichtfertig von bewußten Fälschungen reden. Der Bergbauer und Naturwissenschaftler aus Leidenschaft, Gadon Krebs aus Unterseen, sagte mir: »Der Name Paracelsus war in den Alpentälern zu einem feststehenden Begriff geworden. Die Leute, die im Besitz von überliefertem Wissen waren, bezeichneten so ihre alten Weisheitslehren. ›Ich will beim Paracelsus nachschauen‹, sagten sie etwa, wenn sie sich einem schwierigen Fall gegenübersahen. Das verstand dann der, der diese Worte hörte, etwa so: ›Ich will es mir mit der Hilfe meiner alten Bücher überlegen, womit ich hier noch helfen kann.‹«

Ähnliche Beobachtungen können wir auch den aufschlußreichen Notizen der Gelehrten und Dichter entnehmen, die seit dem 18. Jahrhundert die Erzählkunst der Alpen aufzuzeichnen versuchten. Die Italienerin Maria Savi-Lopez ging vor allem den Sagendichtern in den romanischen und deutschsprachigen Bergtälern nach. Unter den Bauern und Hirten, die sie aufsuchte, fand sie eine Reihe der eigenwilligsten und gleichzeitig gelehrtesten Menschen ihrer Zeit: »Ich meine jene befremdlichen Wissenschaftler, welche während der langen Winterabende das Latein erlernt und mit dessen Hilfe in alten, von den Ahnen geerbten Büchern oder vergilbten Manuskripten zu lesen begonnen hatten. Wer weiß, auf welche Weise diese Schätze einst in die Hütten gekommen sind. Für diese Älpler hat die Naturwissenschaft seit der Zeit, in welcher jene geschrieben wurde, keinen Schritt vorwärts gemacht.«

Die Märchen und Sagen, die sie ihrem Familienkreis weitererzählten, waren aus diesem Grund nicht nur voller poetischer Kraft. Sie waren auch der spielerische Ausdruck eines Wissens, das in der weisen Lehre des Paracelsus wurzelte.

Vorstellungskraft kontra Aberglaube

Die italienische Sagensammlerin Maria Savi-Lopez nennt als die besten Schöpfer und Erzähler von Alpenmärchen die erfahrenen Kenner von Heilkräutern. Es sind Menschen, die, so ihre Beobachtung, eine »unheimliche Kenntnis der zauberhaften Kräfte jeder Pflanze« besitzen: »Sie verstehen aus ihnen (den Alpenkräutern) Tränklein zu bereiten, die jedes Übel heilen.«

Einem solchen Mann, der am Beatusberg hauste, mußte ich einst als ganz junger Mann sagen, daß der von ihm empfohlene Tee bei mir kaum wirke. Der Mann lachte und antwortete: »Komm vorher zu mir, und ich zeige dir, wo das Kraut in der Natur wächst. Ich erzähle dir dazu, wie es bei uns in den Bergen besondere Kraft entwickeln muß, weil der Winter in der Höhe recht lang ist und die Pflanzen in wenigen Wochen zur vollen Entfaltung gelangen müssen. Ich erzähle dir dazu all die Märchen, die ich selbst als Kind hörte. Die Pflanze wächst nur darum bei uns mit soviel Energie, weil hier dicht unter der Erde die Höhlengänge der Erdmännlein, der Gnomen, sind. Hier rinnen auch die unterirdischen Bäche, durch die alle Wurzeln die notwendige Feuchtigkeit bekommen. Dort steigt die Wärme der Tiefen auf, in deren Flammen alle Metalle und Gesteine gekocht werden.«

Auf das Selbstverständlichste vermischte dieser Meistererzähler die verschiedensten Überlieferungen. Er wollte damit nur eine Wirkung erzielen: den Geist des Ratsuchenden beruhigen und ermutigen. Der Patient sollte dazu gebracht werden, fest an die eigene Lebenskraft und damit an die baldige Genesung zu glauben. Erst damit konnte sich die Wirkung des Tees aus Alpenkräutern voll entfalten.

In diesem Sinn fügte mein Kräuterarzt hinzu: »Ich kann dir noch die Legende berichten, wie der liebe Gott durch die Berge zog und alle segnete. Weil die Menschen der Alpen oft hart arbeiten mußten, sollte ihnen dafür viel Gesundheit, sogar in jedem Unkraut, zuwachsen. Wenn dir nun nach all diesen Geschichten mein Tee nicht hilft, ist dir wohl überhaupt nicht zu helfen.«

Die Autorin Savi-Lopez schildert, nach meiner Auffassung sehr zutreffend, wie sich die weisen Erzähler in ihre magischen Märchenbilder richtig hineinsteigern konnten. Ihre Ausdrucksweise übte dann immer mehr Zauber aus. Sie versetzten sich wirklich in die Welt der

Elementargeister, die sie mit ihren Worten beschworen. Sie nahmen Kontakt auf mit jenen märchenhaften Welten, die sie ihren Hörern dann so lebendig zu schildern vermochten.

Dies war ganz sicher bereits in der Zeit des Paracelsus der Fall. Im »Buch der Gesundheit« – während des ausgehenden Mittelalters im süddeutschen Raum sehr beliebt – ist der Geschichtenerzähler selbst ein Heilmittel. Er hilft beispielsweise, den Kranken in einen gesunden Schlaf zu versenken. Er muß nur, auch dieser Hinweis ist dort notiert, »der Natur« des Menschen zusagen, auf den er wirken soll.

Neuere Forschungen bestätigen, daß die grausamen Hexenverfolgungen des Mittelalters von den Alpenländern ausgingen. Der Jugend wurden damals durch strikte puritanische Moralgesetze sämtliche Lustbarkeiten verboten. Sie zog sich in abgelegene Berghütten zurück, um hier im Mondschein zu musizieren und zu feiern. Doch ich glaube fast, die Sage von den Hexenfesten entstand auch aus viel stilleren Anlässen. Die Erzählkunst von Menschen, für die die Natur im Sinn des Paracelsus voll von Wunderkräften war, verwandelte eine ruhige Mondnacht für die Lauschenden in ein Märchen. Wurden sie dann von den unerbittlichen Inquisitoren unter der Folter nach dem Geschauten und Erlebten befragt, vermischten sich für sie Wirklichkeit und Traumbilder.

Der Naturforscher Halle sah im 18. Jahrhundert die Phantasien, in denen die einheimischen Hexen lebten, noch ganz im Sinn der Geschichten um die Elementarmächte. Die vermeintlichen Hexen waren für ihn einfach Frauen, die sich täglich ihren Zauberträumen von schönen Erlebnissen im Reich der Luftgeister, der Sylphen, hingaben.

Paracelsus bezeichnete sehr gern die damals verfolgten Hexen und auch das fahrende Volk als seine Lehrer. In ihnen sah er sicher nicht nur die geschickten Bewahrer der einheimischen Kräuterweisheit. Er sah in diesen naturverbundenen Zeitgenossen weise Frauen und Männer, die den Weg wußten, wie man dem Trübsinn zu entgegnen vermag.

Die Sage, daß die Menschen in Pestzeiten »bei den festen Bergen« Zuflucht suchten, hat ihre Berechtigung. Sie suchten Schutz bei lebenserfahrenen Bergbewohnern, denen sie den Besitz von Arzneien gegen »jedes Übel« zutrauten.

Unermüdlich kämpft Paracelsus andererseits in seinen Schriften gegen abergläubische Vorstellungen, denn für ihn stellen sie eine Gefahr für die Gesundheit und das Glück des Menschen dar. Durch die Kraft seines Glaubens kann sich der Mensch zwar heilen – aber auch Schaden zufügen.

Unter Aberglauben versteht Paracelsus keineswegs das uralte Wissen über die Kräfte der Natur. Diesen Erfahrungsschatz versuchte er auf seinen Reisen und in Gesprächen mit weisen Frauen und Männern kennenzulernen und auf seinen tieferen Gehalt hin zu untersuchen. Von Irrglaube spricht er, wenn dem Volk Glaubenssätze, die nicht auf der Erfahrung beruhen, vorgesetzt werden. Aus diesem Grunde ist er fest davon überzeugt, daß in volkstümlichen Vorstellungen von Hexen und Wassernymphen viel weniger Aberglaube steckt als in den religiösen Streitereien seines Jahrhunderts.

Was unter Aberglauben zu verstehen ist, erfuhr ich durch meine Tätigkeit als Bibliothekar und später als Schriftsteller. Immer wenn ein bestimmtes Datum nahte, erhielt ich Anfragen von Zeitungen und Radiostationen, und zwar wenn in einem Monat der dreizehnte Tag auf einen Freitag fiel.

Zuerst versuchte ich, das »gefährliche« Datum zu verniedlichen. Doch meine Gesprächspartner hielten mir entgegen, daß ihre Leser oder Hörer eine klare Antwort verlangten: »Was nützt den Leuten eine gelehrte Erklärung über die Entstehung des Aberglaubens, wenn sie fest davon überzeugt sind, daß das Datum wirkt und ihnen Unglück bringt.« Durch ihre Furcht vor angeblich unheilvollen Daten neigen viele Menschen auch noch heute dazu, sich selbst zu sabotieren, das heißt, Mißgeschicke und Unfälle durch ihre geistige Einstellung zu materialisieren.

Nach einer österreichischen Sage starb Paracelsus, der doch die allerbesten Heilmittel kannte, am eigenen Lachen über die Dummheit der Menschen. In seinen Büchern schreibt er, daß es eigentlich lachhaft ist, wie sich die Menschen durch ein falsches Denken das Unglück selbst heranziehen. Wir sollten vielmehr lernen, uns von den schädlichen Vorstellungen zu befreien, und unseren Geist mit Bildern der Freude erfüllen, die unser ganzes Wesen in eine optimistische Stimmung bringen.

Der Arzt ist selbst eine Arznei

Der Arzt ist für Paracelsus eine Art ritterlicher Held, der das Leben vor dem Verfall rettet. Er ist auch ein Priester: »Zuerst war die Arznei in den Händen der Propheten und diese hießen darum Propheten, weil sie mehr wußten, als das gemeine Volk verstand.«

Der Arzt sollte nach Paracelsus unermüdlich den Wundern der Natur nachgehen und die geheimnisvolle Geschichte der Völker erforschen: »Ich erkläre, daß der Arzt vor allem Himmel und Erde kennen soll, ihre Materie, Art und Wesen.« Dazu muß er eine entsprechende Begabung besitzen und sich unermüdlich auf sein hochgestecktes Ziel vorbereiten. Die Liebe zu allen Geschöpfen spornt ihn während seiner Ausbildung an. Dann fließt ihm mehr und mehr göttliche Hilfe zu, die er für seine schier übermenschliche Aufgabe braucht: »Denn Gott läßt sein Wort und sein Geheimnis nicht durch einen Falschen offenbar werden.«

Der Geistliche und Dichter Jeremias Gotthelf (1797–1854) hat in seinem volkstümlichen Roman »Anne Bäbi Jowäger« auch die medizinische Kurpfuscherei des 19. Jahrhunderts darzustellen versucht und dafür die Verhältnisse in seinem geliebten Emmental mit herangezogen. Die Erinnerung an ihn ist lebendig geblieben, ein alter Bauer berichtete mir: »Er trank sein Bierchen und hörte, was die Leute sagten – sogar das, was sie lieber nicht aussprachen.«

Es sei ein Unglück für unsere Zeit, schreibt Gotthelf, daß sich die Berufe des Priesters und des Heilkundigen auseinanderentwickelt hätten. Die Ärzte versuchten nur noch, den materiellen Leib ihrer Kranken zu behandeln, viele von ihnen hätten für die Seele im Menschen nur Spott übrig. Die Geistlichen wiederum erzählten den Gläubigen nur von jenseitigen Dingen. Sie kümmerten sich zu wenig um die äußeren Nöte, unter denen das Volk leide.

Gotthelf erwähnt an dieser Stelle Paracelsus, den er wohl mehr aus den Volkssagen kannte als aus dem Studium von dessen damals sehr wenig verbreiteten Werken. Immerhin ist er für ihn das einzige Beispiel für einen Arzt, der Seele und Körper des Menschen als Einheit betrachtet. Diesem Vorbild müßte das Volk nacheifern. Gotthelf ist davon überzeugt, daß neue Entdeckungen und Forschungen eine solche Entwicklung fördern würden. Er geht in diesem Zusammenhang bezeichnenderweise auf die damaligen Studien über den »Magnetismus« ein, also über feinstoffliche Strahlungen, durch die sich alle Wesen unaufhörlich wechselseitig beeinflussen.

Im Alpenraum, dem Reich der wunderbaren Naturbäder, war diese »paracelsistische« Auffassung in alten Volksschichten weit verbreitet. Wenn man einen Arzt konsultierte, dann hieß es: »Der Arzt muß nicht nur Arzneien verschreiben, er muß selbst eine Arznei sein.« Suchte man für eine Kur einen Badearzt, dann schaute man weniger auf seine gelehrten Publikationen und wohlbestandenen Examina: Er mußte in der Welt herumgekommen sein und Erfahrungen gesammelt haben. Er mußte also den Menschen in all seinen Höhen und Tiefen begreifen können. Der Arzt sollte darüber hinaus einfach eine starke persönliche Ausstrahlung besitzen. Im Umkreis der Alpen war man überzeugt, daß man einem Arzt seinen Beruf ansehen müsse.

Gerade unter den Badeärzten des 19. Jahrhunderts gab es sehr viele Persönlichkeiten, die das Werk von Paracelsus kannten. Sie studierten die heute schwerverständlichen Bücher der Rosenkreuzer. Sie waren die Anhänger ihrer vom Materialismus verkannten Zeitgenossen und Kollegen, die noch immer den Alchimisten zu ihrem Vorbild nahmen: Justinus Kerner, Rademacher, Zimpel, Franz Hartmann. Viel von der bis heute im Volk verbreiteten Alpenmedizin mag auf die Wiederentdeckungen und Erfahrungen dieser Badeärzte zurückgehen.

Unter diesen Menschen gab es offenbar wahre Psychiater, lange bevor man dieses Wort kannte. Etliche waren begnadete Künstler, Dichter und Maler, deren Freizeitwerke die Augen ihrer Badegäste für die Schönheit der Natur öffneten. Sie waren der gute Geist heiterer Feste mit gesunden kulinarischen Spezialitäten aus der Umgebung, bei denen oft die fahrenden Musiker zum Tanz aufspielten. Sie wußten, ganz im Geist von Paracelsus oder Gotthelf, daß gute Laune ein wunderbares Heilmittel ist.

Solche Menschen des 18. bis frühen 20. Jahrhunderts, über die wir alle Berichte retten sollten, lebten noch die Worte des Paracelsus: »Nun merket, daß Gott unter allen Künsten und Fakultäten den Arzt am liebsten hat, ihm am liebsten befiehlt und gebietet.«

Im individuellen Chaos gesund bleiben

Die Ansichten des Paracelsus über die unsichtbare Welt des Feinstofflichen regten die europäische Naturwissenschaft an. Einige seiner Lehren werden jedoch wohl erst in der Zukunft verstanden werden.

Nach den griechischen Göttersagen herrschte vor der Erschaffung unserer Erde das Chaos. Der Alchimist Pernety faßt zusammen: »Das war für die Alten der Stoff des Universums, bevor er eine bestimmte Gestalt bekam ... Das ist der Grund, warum die hermetischen Chemiker (also die alten alchimistischen Forscher, die den Lehren des Hermes Trismegistos folgten) überzeugt waren, ihr Werk ... mit der Entwicklung des Universums vor der Schöpfung vergleichen zu können.« Im Zustand des Chaos ist alles über den Raum verteilt. Die Elemente existieren bereits, aber sie sind für den Menschen nicht erfaßbar und voneinander gesondert.

Paracelsus ist überzeugt, daß dieses Chaos in seiner Gesamtheit gar nicht zu einer Welt geformt werden muß. Die Urstoffe umschweben uns noch immer und können von unserem Körper angezogen und für seinen Aufbau verwandelt und verwendet werden. In diesem Sinn dauert die Weltschöpfung bis heute fort, und wir alle sind in bescheidenem Umfang ihre Mitarbeiter. Das Chaos um uns wird von den Energien, die von den Gestirnen strömen, bewegt. Wir nehmen es in uns auf und leben dadurch.

Paracelsus erläutert dies folgendermaßen: »Das Chaos liegt zwischen Himmel und Erde und ist eine Speise der Lungen in der gleichen Weise, wie die Gewächse der Erde eine Speise des Magens sind.« Mit unserem Atem nehmen wir diese Urstoffe und Sternenstrahlen in uns auf und erhalten dadurch unseren Körper: »Der Mensch muß nämlich mit diesem Chaos seine Lungen ernähren. Das Chaos wird nun durch die Kraft der Sterne regiert. Wie diese es beherrschen, so ist es (in seiner Zusammensetzung und Wirkung). Wie diese Art des regierenden Chaos der Luft gegeben wird, so beeinflußt sie die Lungen.«

Der von den Lehren des Paracelsus stark geprägte Naturwissenschafter Jan Baptista van Helmont (1577–1644) gab dann dem alchimistischen Begriff »Chaos« den Namen »Gas«. Dies war bahnbrechend für die Entwicklung der modernen Chemie, engte aber gleichzeitig den ursprünglichen Begriff ein. Paracelsus versteht unter dem Chaos nicht nur die gasförmigen Elemente, die die Luft erfüllen, sondern die Gesamtheit der feinstofflichen Einflüsse, die uns umgeben und die wir für unser Überleben brauchen. Darunter nehmen für ihn die Strahlungen der Gestirne einen sehr wichtigen Platz ein.

Nach seiner Theorie wohnt jedes Lebewesen in einer Kugel (Globus), die von den lebensnotwendigen Gasen und Strahlungen gebildet wird. Die Mischung dieser feinstofflichen Materie und der »Kraft der Sterne« wird von zwei Polen bestimmt: dem Himmel und der Erde. Nicht jedes Lebewesen braucht jedoch die gleichen Lebenselemente.

Paracelsus hat als einer der ersten vor allem in der Umgebung von Bergwerken die Schäden beobachtet, die gewisse Strahlungsfelder und Gase auf die Menschen ausüben können. Manche Gegenden sind darum gefährlich, zumindest für einige Lebewesen. Wenn in einem bestimmten Raum Gesundheitsstörungen auftreten, müssen wir ihn meiden. Zumindest wenn wir in unserem Inneren keine Gegenkräfte mobilisieren können, um die schlechten Einflüsse abzuwehren oder auszugleichen.

Der Volksmund hat eine Reihe von treffenden Redensarten bewahrt, die auf die Sprache der Alchimisten und der Schüler des Paracelsus zurückgehen mögen. Noch heute kann man beispielsweise hören, wenn einem Menschen sein Arbeitsplatz und die Kollegen nicht zusagen: »Ich kann sie einfach nicht riechen, ich kann dort nicht atmen.« Wenn jemand bei einer Aufgabe versagt, obwohl er ihr eigentlich durch seine Ausbildung und Begabung gewachsen sein sollte, sagt man noch immer: »Er war offenbar nicht in seinem Element.«

Am besten drückt Paracelsus seine Lehre von den Gasen und Strahlen in unserer Umwelt in seinem berühmt gewordenen Satz aus: »Denn ein jeder bleibt in seinem (ihm gemäßen) Chaos gesund, in einem andern stirbt er.«

Manche seiner Erläuterungen über die Bäder und Kurorte werden uns jetzt noch besser verständlich: Wir können uns zu Hochleistungen bringen, wenn wir mindestens einmal im Jahr die Gegend aufsuchen, deren »Chaos« uns ganz zusagt. Der Mensch muß herausfinden, in welcher natürlichen Umgebung und unter welchen Mitgeschöpfen er wirklich frei und genußvoll atmen und sich in seiner Haut richtig wohl fühlen kann. Dann vermehren sich seine Kräfte ins Unermeßliche.

Geist und Seele gestalten das Schicksal

Wenn Paracelsus von unserem »Fleisch« redet, meint er darunter die Gesamtheit der Kräfte, durch die es uns wohl ergehen kann. Daß diese Energien aber im Gleichgewicht bleiben, dafür sorgt nach seiner Lehre unser Gemüt: »Das Herz ist alle Kraft des Menschen, so über die Natur in ihm ist. Das Fleisch, das ist all die Kraft, so von Natur da ist...«

Über die materiellen Bestandteile, auch über die feinstofflichen Lebensströme im Körper, übt die Natur ihren Einfluß aus. Das Ewige in uns, das wir im Herzen finden können, ist unser größtes Potential. Wenn wir dies ganz erkennen, können wir uns durchaus von der Macht der äußeren Zufälle befreien.

Es ist für uns nicht möglich, reine Gedanken zu hegen und gleichzeitig ein Leben voller Niedertracht zu führen. Das Ewige und Vergängliche haben, zumindest während unseres irdischen Daseins, aber nur einen Weg. Unsere Träume und Vorstellungen müssen wir also bis zu einem gewissen Grad zu verwirklichen suchen.

Paracelsus drückt diese Idee wie folgt aus. »Dabei wird uns zu verstehen gegeben, daß wir in Gott sollen leben mit allen unseren Kräften und Mächten – beiden, denen der Seele und des Leibs. Das ist (folgendermaßen zu verstehen): Was die Seele tun soll, das soll mit ganzem Leib geschehen. Also, daß Leib und Seele ein Ding sei und daß das Herz alles beschließe und nichts voneinander geteilt wird. Die Gebote, die da gegeben sind dem Ewigen in uns, die sollen auch Gebote sein dem Vergänglichen. Das ist: Der Leib soll unter der Seele sein. Die Seele soll den Leib regieren und der Leib nicht die Seele.«

Gelingt es uns, im Geist wie im Körper den innersten Geboten unseres Herzens zu folgen, verwandeln wir nach Paracelsus schrittweise unsere ganze Umwelt. Echte Freude wird dann in uns einziehen, genau wie wir sie auch bei den Tieren zu erkennen vermögen: »So wir mit unserem Herzen und mit unserem Fleisch uns in Gott freuen, so werden wir ihn in unserer Wohnung haben. Uns wird es gleich gehen wie den Spatzen, die finden sich (aus ihrem eingeborenen Gefühl heraus) selbst Nester. Und die Tauben finden sich selbst Häuser, da sie ihre Jungen hinlegen. Also werden wir es (unser Auskommen in der Welt) auch finden in Gott. So unser Herz und unser Leib zu ihm stehen (wir uns also bewußt als sein Bildnis erkennen). Und wir uns in ihm erfreuen und ihn suchen.«

Dann brauchen wir kein irdisches Paradies auf der Weltkarte mehr zu suchen, in das wir auswandern könnten. Wenn wir das Göttliche in uns selbst gefunden haben, dann vermögen wir das Ewige in uns auch ins Vergängliche auszustrahlen. Die »Kräfte und Mächte«, über die wir verfügen, sind nun immer mehr auf das gleiche Ziel gerichtet. Entsprechend unseren Möglichkeiten und tiefen Wünschen bildet sich nun um uns eine Welt, die uns völlig entspricht. Wir können dann auch nicht mehr zwei verschiedenen Herren dienen. Es ist unmöglich, in seinen Gedanken bestimmte Dinge anzustreben und in der Wirklichkeit das Gegenteil davon zu leben.

Über die vollkommene Harmonie, die wir nach und nach erreichen werden, versichert uns Paracelsus im Rahmen seiner Bibelstudien: »So wir werden in der Wahrheit wandeln und Gerechtigkeit, so wird uns unser Land, darinnen unser Haus steht, genug geben... wir werden uns lassen genügen an dem, was uns Gott gibt in unseren Landen.«

An der selben Stelle spottet er über seine Zeitgenossen, die abwechselnd nach Antwerpen, Venedig, Frankfurt und Brüssel »rennen«, weil sie jeweils davon überzeugt sind, nur dort liege das Heil der Welt. Auch ist es nach ihm nicht nötig, von Schwaben nach »Alacutten« zu wandern. Eine Ausgabe, die wir besitzen, nennt diesen geheimnisvollen Ort gar »Calekutt«. Ist hier Kalkutta im fernen Indien gemeint? Auch diese Gegend taucht in den Reiseberichten des 15. und 16. Jahrhunderts als Traumland auf, in dem man alle Reichtümer und Weisheiten zu finden hoffte.

Wir hören hier den Paracelsus heraus, der seinem Hörerkreis in volkstümlichem Lokal die elementaren Lebensweisheiten nahezubringen versucht. Unermüdlich verwendet er zum besseren Verständnis populäre Beispiele: Wir müssen unser Lebensglück nicht vom Besitz des »Weins von Candia« abhängig machen! Wenn wir die Gedanken unseres Herzens gefunden haben, entdecken wir, daß wir mit Leichtigkeit Dinge besitzen, die ebenso »wohlschmeckend« sind. Wir brauchen keine Sehnsucht nach den fremden und fernen Gegenden zu haben, wie es im 16. Jahrhundert Mode wurde. Die Märchen von Kalkutta und der »Wein von Candia« schenken uns nicht mehr Freuden, als wir sie in unserem vertrauten Umkreis zu entdecken vermögen.

Wenn das Herz im Menschen erwacht, regiert in ihm die Liebe. Er erkennt dann, daß Gott auch seine »Wohnung«, seinen Lebensraum, voller Freude erschuf. Er ist nun unterwegs, auf daß seine Seele ihren materiellen Umkreis »regiere«.

Der Weise ist König in seiner Welt

Paracelsus lobt die Weisheit der Astrologie. Er ist aber fest davon überzeugt, daß wir in uns die Kunst entwickeln können, schlechten Einflüssen und ungünstigen Planetenkonstellationen auszuweichen.

Er meint, daß die Türken und Tataren, die damals die Hälfte von Europa beherrschten, die Fähigkeit besaßen, die Christen leicht zu Sklaven zu machen. Man ist dann ein folgsamer Untertan, so seine Überzeugung, wenn man den Reichtum seiner Fähigkeiten nicht bewußt auszuschöpfen versteht. Man dient fremden Herren, weil man sich als machtloser Sklave des Schicksals fühlt. Der Schöpfer hat uns aber alle zu frohen Erben seines Paradieses bestimmt und nicht zu fatalistischen Knechten.

Ob man Sklave oder freier Mensch ist, das ist nach Paracelsus für Mann und Frau ein persönlicher Entschluß. Man ist niemandem untertan, wenn man sein tiefstes Wesen entdeckt hat und aus ihm heraus lebt. »Obschon jemand ein Kind des Saturn ist (also des Planeten, durch dessen Einfluß der Mensch einen eher trübsinnigen Charakter erhält) und Saturn (nach seinem Horoskop) sein Himmelskörper, so kann er sich doch noch dem Saturn entziehen, ihn überwinden und ein Kind der Sonne werden...«

Für die Befreiung von ungünstigen Einflüssen braucht man zuerst einen freien und festen Entschluß. Um uns dies noch besser zu erklären, erzählt Paracelsus die Geschichte von einem Mann, der als Bergarbeiter sein kärgliches Brot verdient. Ich glaube, in dieser Geschichte steckt viel Selbsterlebtes – genau wie in seinem Bericht über die Macht der Türken und Tataren: »Jemand (ist es wohl Paracelsus selber?) dient einem Bergherrn (dem Besitzer von Bergwerken). Er wagt eine Zeitlang bei harter Arbeit Leib und Leben.« Nun meditiert er über seine Lage und kommt zum Schluß: »Warum willst du also dein Leben in den Bergen unter der Erde verzehren, hart arbeiten und dazu noch Leib und Leben in Gefahr setzen? Ich will Urlaub nehmen vom Bergmeister und mich in anderer Herren Dienste begeben, wo ich ein gutes Leben habe, gutes Essen und Trinken, schöne Kleider, keine harte Arbeit, gute Besoldung und mich nicht zu sorgen brauche, daß mich der Berg bedecke.«

Unter der Arbeit in der düsteren und gefährlichen Berghöhle versteht Paracelsus in seinem Gleichnis das Dasein unter ungünstigen Sternenkräften. Unter dem liebenswürdigeren und großzügigeren Herrn, den sein freiheitsliebender Arbeiter wählt, meint er die Macht günstigerer Einflüsse: »So kann er (der kluge Mensch) durch solche Mittel selbst zu einem Herrn (seines Lebens) werden, während er sonst sein Leben lang als Knecht und Taglöhner hätte bleiben müssen, hart arbeiten und übel essen.«

Um besser die Sprache des astrologiekundigen Paracelsus zu begreifen: Paßt es einem nicht mehr, unter der Last des düsteren Saturns zu vegetieren, der unter anderem als Herr des Bergbaus und der Metallarbeiten unter Tage galt, dann muß er eben einen Weg suchen, mehr strahlende Sonnenkraft in sich aufzunehmen. Der Mensch braucht nun einmal die Sternenenergien, die von allen Seiten auf ihn einströmen. Er braucht sie nicht weniger als der Fisch das Wasser. Er kann aber, entsprechend seiner Entwicklung, die für ihn notwendigen Kräfte auswählen.

Dies ist eigentlich die Hauptweisheit, die Paracelsus in einer Zeit des Umbruchs zu verbreiten suchte, in einer Welt, die sich dem unabwendbaren Unglück und Weltuntergang ausgeliefert sah: »Es ist nun notwendig zu wissen, wer das Gestirn (die Gesamtheit der äußeren Einflüsse) regieren und meistern kann und wer von dem Gestirn regiert wird. Wisset, daß ein weiser Mann das Gestirn regieren und meistern kann, und das Gestirn nicht ihn. Das Gestirn ist ihm unterworfen, es muß ihm folgen und er nicht dem Gestirn.

Einen viehischen Menschen (der nichts von der Fülle seiner Gaben weiß) aber regiert, meistert, zwingt und nötigt das Gestirn. Er muß dem Gestirn folgen wie der Dieb dem Galgen, der Mörder dem Rad (der grausamen Hinrichtung), der Fischer den Fischen, der Vogler (Vogelfänger) den Vögeln und der Waidmann dem Wild. Die Ursache ist nur das, daß dieser (viehische, unbewußte) Mensch sich selbst und seine eigenen Kräfte, die in ihm verborgen sind, nicht erkennt und nicht zu gebrauchen versteht. Er weiß nicht, daß das Gestirn (die strahlende Urkraft) in ihm ist, daß er (selber) die kleine Welt (das Abbild des ganzen Kosmos) ist. Und daß er auch das ganze Firmament (Himmelreich) mit allen seinen Kräften in sich hat. Darum wird er ein viehischer und unweiser Mensch genannt. Er muß in harter Dienstbarkeit ein Knecht aller irdischen und vergänglichen Dinge sein.«

Erst wenn wir nach Paracelsus völlig die Sternenkräfte in uns entdecken und zu verwenden lernen, können wir uns als wahrhaft freie Menschen ansehen. Das ist nach ihm das eigentliche Ziel der geschichtlichen Entwicklung

Bei den Jahrmarktärzten

Paracelsus galt lange als Quelle der Inspiration für jene seltsamen Ärzte, die gleichzeitig auch wandernde Komödianten waren. Erst heute entdeckt die Kulturgeschichte diese bemerkenswerte Kombination von Lachen und Medizin.

Die Jahrmarktsdoktoren im Europa der frühen Neuzeit waren häufig gleichzeitig die Anführer von umherziehenden Schauspielertruppen. Sie führten in Dörfern, Städten und Schloßhöfen Komödien und Dramen auf, zu denen ganz sicher die Geschichte des Magiers Faust gehörte wie auch die Werke von Shakespeare. Gleichzeitig boten die Theaterdirektoren mit ihrem medizinischen Wissen, das vielfach an den besten Universitäten erworben worden war, den Menschen Rat bei leiblichen und seelischen Leiden an.

Es ist uns überliefert, daß sich die Bevölkerung nach den Greueln des Dreißigjährigen Krieges erst wieder beruhigt fühlte, als die »fahrenden Schüler« erneut die Länder durchzogen. Genau aus dieser Zeit besitzen wir das Bildnis eines Jahrmarktarztes. Die schriftliche Erklärung zu der 1650 entstandenen Darstellung nennt ihn ausdrücklich einen Meister der Künste, die man damals als Geheimwissenschaften ansah. Er sei ein Kristallseher, Taschenspieler, vielseitiger Gaukler, »Zaubersegner und Zigeuner«. Viele der Anhänger von Paracelsus ließen sich damals am liebsten ähnlich bezeichnen. Unser Jahrmarktarzt wird aber auch als »fahrender Schüler« und »Rosenkreuzer« charakterisiert.

An der Seite des Mannes, der an seinem Stand auf dem Jahrmarkt seine Heilmittel anbietet, sehen wir auch seine Frau. Dies stützt die These, daß die nomadisierenden Ärzte fast nie ganz allein ihre Kunst ausübten. Auf dem im Freien aufgestellten Tisch des Arztpaares erkennt man Heilmittel in Büchsen und Fläschchen.

Mitten unter den Arzneitiegeln kratzt sich auch ein kleiner Affe, ein damals sehr beliebter Begleiter der Fahrenden. Solche Tierchen mögen Ursache für die Sage sein, daß Heiler wie Paracelsus stets Kobolde mit magischen Kräften als Freunde besessen hätten. Im übrigen sollten die possierlichen Tiere ganz sicher die Bewunderung und das Lachen der Menge hervorrufen.

Wir werden hier wieder an die wichtigste Medizin der damaligen Zeit erinnert: Man mußte, wie es schon Theophrast empfahl, das Volk vor allem belustigen und damit dessen Lebensmut beschwören.

In einem alten deutschen Bericht über einen Hexenprozeß lesen wir über die unglücklichen Angeklagten, daß sie recht gut verdient hatten. Wohl deswegen wurden sie von Neidern verleumdet. Der Mann war ein fahrender Musikant und seine Gattin eine geschickte Kräutersammlerin. Beide schienen im Volk sehr beliebt gewesen zu sein, weil sie die Seelen mit Freude erfüllten und volkstümliche Heilmittel verbreiteten.

Als ich im Berner Land nach entsprechenden Sagen suchte, erklärte mir der bekannte Seelenarzt Dr. Hans Zulliger: »Das Volk weiß noch, wie genau die Jahrmarktsheiler zu beobachten verstanden. Wenn sie einem Leidenden helfen sollten, achteten sie scharf darauf, ob seine Augen bei ihrer Musik oder ihren Scherzen noch aufleuchteten.« Die Unterhaltung, die sie an ihren Ständen boten, war also Teil der Diagnose. Wenn jemand keine Spur mehr von Neugier und Lebenslust zeigte, sahen sie seinen Fall als hoffnungslos an. Sie waren nun davon überzeugt, daß jedes Goldelixier bei ihm verschwendet sei.

In diese Welt der wandernden Gaukler und Heiler gehört wohl auch das »Märchen vom großen Doktor«, das aus der Sammlung der Brüder Grimm stammt: Wenn der Arzt an das Bett eines Kranken tritt, achtet er darauf, wo er den Tod sieht. Steht er am Fußende, kann er ihn mit Hilfe des Lebenswillens des Kranken überwinden. Steht er aber am Kopfende, ist der Fall fast hoffnungslos. Erfüllt also der Todeswunsch, die Selbstaufgabe, schon das Denken, ist mit äußeren Mitteln kaum noch etwas auszurichten.

Das Märchen nennt für einen solchen Fall das einzig hilfreiche Mittel: Der Kranke muß sich wandeln, »umdrehen«, das heißt, seinen Geist wieder auf die Erde zu seinen Füßen richten. Er muß von neuem Spaß an der Welt finden.

Lehrbücher der Magie

Mehrfach versichert uns die Sage, Paracelsus habe Bücher aus uralter Zeit besessen. Wer ihn gastlich aufnahm, dem schenkte er eines davon – »und brachte ihm damit Glück ins Haus«.

Carl Kiesewetter (1854–1895), ein großer Kenner okkulter Werke, erwähnt in diesem Zusammenhang eine verbreitete altdeutsche Handschrift. Sie trägt den Titel: »Ein Büchlein Theophrasti Paracelsi von Olympischer Geister Zitierung.« Diese Schrift, die nach Kiesewetter im 16. oder 17. Jahrhundert entstand, ist wahrscheinlich Paracelsus nur untergeschoben worden. Immerhin finden wir in ihr bereits die Behauptung, nach der der wandernde Arzt solche Bücher seinen Schülern »Zum neuen Jahr« zu schenken pflegte. Noch heute scheint mir im ganzen Alpenraum die Überzeugung verbreitet zu sein, nach der es ohne ein solches Geschenk gar kein Eindringen in die »Weisheit von den geheimen Naturkräften« geben könne.

In Bozen wurde mir diese Lehre folgendermaßen erklärt: »Niemand kann nach den alten Weisheiten wirken, wenn er nicht ein wirklich aus großen Zeiten stammendes Buch bekommt. Es muß ihm auch von einem echten Meister geschenkt werden, der das Echte vom Gefälschten zu unterscheiden vermag. In dem Augenblick, wenn der Schüler das kluge Buch in seine Hände bekommt, ist ihm, als öffne ein Schlüssel die geheime Schatzkammer seiner Seele. Er braucht in den vergilbten Seiten gar nicht viel herumzulesen. Im Wachen und im Traum kommen ihm nun die richtigen Gedanken. Er weiß nun in seinem Herzen, wie er weiterstudieren muß.«

Auch in den volkstümlichen deutschen Ausgaben der Lehrbücher der Magie, die im 19. und 20. Jahrhundert verbreitet wurden, finden wir ähnliche Hinweise. Der Inhalt sei eigentlich fast so alt wie die menschliche Kultur. Die Ägypter und die orientalischen Völker hätten ihn bereits gekannt und damit ihre wunderbaren Leistungen vollbracht. Über Wandervölker – die Zigeuner werden hier meistens ausdrücklich genannt – seien dann diese Schriften zu uns gelangt.

Die Griechen nannten ihre Schriften, die gelegentlich bereits einen ähnlichen Inhalt haben, »hermetisch«. Verfasser war ihrer Meinung nach der Gott Hermes, den sie gern mit dem ägyptischen Gott Thot, dem Schöpfer der Weisheit, gleichsetzten. An dieser Stelle sei an eine Sage erinnert, die im 15. und 16. Jahrhundert weit verbreitet war: Für Paracelsus, Aventin und andere Gelehrte war der Held »Teut« der Ahn von »teutschen« Stämmen. Man nahm an, daß dieser geheimnisvolle »Teut« mit dem ägyptischen Verfasser all der geheimnisvollen Bücher der Urzeit identisch sei.

Ein weiteres Beispiel für die intensiven Forschungen der Gelehrten des 16. Jahrhunderts nach geheimem Wissen finden wir bei dem Dichter Georg Rudolf Widmann. Von diesem besitzen wir, ebenfalls aus dem 16. Jahrhundert, eine erstaunliche Lebensgeschichte des Doktor Faust. Ausführlich schildert er, wie ein Magier damals zur Entdeckung und Entfaltung seiner Fähigkeiten kam. Dazu habe er vor allem die Bücher der Alten nach entsprechenden Anregungen durchgesehen. Widmann erwähnt bei dieser Gelegenheit die Schriften, die Faust angeblich besaß und nun aufmerksam las. An erster Stelle nennt er das Werk des persischen Magiers Zoroaster.

Ich erwähne dieses Beispiel vor allem darum, weil es mit einer meiner eigenen Nachforschungen übereinstimmt. Bei den Mönchen des Klosters Einsiedeln fragte ich an, ob sich bei ihnen noch eine zeitgenössische Urkunde über das Wirken des Paracelsus befinde. Der Bibliothekar konnte mir nur ein Renaissancewerk zeigen, in dem als Besitzervermerk »Theophrastus« steht: Eine Stelle in dem Buch ist unterstrichen, in der von der Bedeutung des Zoroaster die Rede ist.

Paracelsus hat bekanntlich über all die damals kursierenden Zauberbücher gespottet: Er war überzeugt, daß der wichtigste Schlüssel für die Entfaltung der feinstofflichen Kräfte nicht in irgendwelchen okkulten Sprüchen verborgen liegt, sondern unser fester Glaube entscheidend ist. Unser Geist eröffnet uns alle Naturwunder, heißt es auch in den »Schlüsseln Salamonis«, die angeblich seit den Tagen des Paracelsus in Salzburg aufbewahrt werden.

All die Bücher um Hermes, Thot, Salomo, Zoroaster, Plato und andere Weise der Frühzeit hatten für Paracelsus wohl nur eine Bedeutung: Der Schüler sollte durch sie erkennen, daß zu allen Zeiten begabte Menschen magische Fähigkeiten entwickeln konnten. Dies sollte nun den Glauben an die eigenen schlummernden Talente ins Unermeßliche steigern.

Hier finden wir eine Erklärung, warum es nach Paracelsus gut ist, von der Weisheit des ganzen »Platonischen Jahres« zu wissen: Sehen wir die Macht des menschlichen Geistes in vergangenen Zeitaltern, haben wir überhaupt keinen Grund, an ihm in unserer Gegenwart zu zweifeln.

Worte wirken Wunder

Die erhaltenen Werke des Paracelsus weisen ihn als einen phantastischen Kenner der Überlieferungen aus allen Zeiten aus. Nach den alpenländischen Sagen bildete sich um ihn stets ein Kreis begeisterter Zuhörer.

Sehr anschaulich schildert uns dies eine altbezeugte Überlieferung von St. Gallen. Wir erfahren durch sie, wie »der in ganz Europa hochberühmte Doktor Theophrastus Paracelsus... vor dem Multertor saß und mit ihm manch ehrbarer Bürger, wie das noch heutigen Tages zur Abendzeit gepflegt wird... Da erzählt ihnen der Doktor vielerlei von seinen Reisen und Fahrten durch Lamparten (Lombardei), Böhmerland und Ungarn. Auch wie er in Polen mit den Zigeunern gezogen, ihre Kunde von heilsamen Kräutern und Wundsalben zu erforschen. Des weitern bereiste er Kroatien und Skandinavien und sammelte kostbare Erfahrungen zum Frommen der Leidenden.«

Paracelsus bot offenbar seinen Patienten als Ergänzung zu seinen Heilmitteln noch einen zusätzlichen Hochgenuß, denn er erzählte all die köstlichen Geschichten, wie sie auch das fahrende Volk kannte. Jedes der Kräuter, die Paracelsus verschrieb, verband er mit Berichten über seine spannenden Abenteuer. Der Bericht über seine Tätigkeit in St. Gallen faßt zusammen: Er »erzählte ihnen (den lauschenden Bürgern in der Wirtschaft) von der Menschen in fremden Landen Tun und Treiben zu aller Ergötzen«. Wo er auch auftrat, verbreitete er also nach dem Zeugnis der Alpensagen eine humorvolle Stimmung. Die ansteckende Fröhlichkeit war das beste Mittel, um bei den Patienten den fehlenden Lebensmut zu wecken.

In einem der schönsten Volksmärchen des 18. Jahrhunderts wird uns der ganze Sachverhalt seiner Wunderheilungen noch plastischer geschildert: Ein edler Ritter ist völlig in trübsinnige Gedanken verstrickt. Matt liegt er im Bett einer Herberge danieder. Eine Krankheit scheint dem melancholischen Mann alle Kraft zu rauben. Traurig erwartet er darum den baldigen Tod.

Da besucht ihn der große Arzt Theophrastus, der gerade der Leibarzt eines Fürsten ist. Der Leidende hält dem Arzt seinen Arm hin, denn er erwartet, daß der Heilkundige nun seinen Puls fühlt und prüft. Der lächelt aber nur zu einer solchen Begrüßung: »Vermeint nicht, edler Ritter, daß ich gekommen bin, durch Salben und Latwergen eure Gesundheit zu befördern...«

Bevor ihm der Kranke noch etwas über sein Befinden berichten kann, sagt schon Theophrastus: »Eure Gesundheit ist auf den Fittichen der Liebe entflohen, sie kann nur auf denselben zurückkehren.« Der Ritter denkt nun nach und muß dem Arzt gegenüber zugeben, daß ein großer Liebeskummer die eigentliche Ursache für seinen Zusammenbruch ist.

Um den Leidenden aus seiner Verzweiflung zu erlösen, überschüttet ihn nun der Arzt mit einer Fülle von Sagen aus längst verflossenen Zeiten. Er berichtet ihm von all den Hirten und Helden, die nach den alten Dichtern wider jede Erwartung ihr Glück doch noch machten. Als Grundweisheit des gelehrten Märchenerzählers wird uns schließlich überliefert: »Liebe ohne Hoffnung ist freilich bitterer als der Tod, aber laßt eure Hoffnung darum nicht schwinden. Es begibt sich nichts Neues unter der Sonne. Was sich schon begeben hat, das kann sich auch wieder begeben.« Die phantastischen Märchen handeln hier also nicht nur von Dingen aus der guten alten Zeit. Sie schildern in ihrem Kern Vorgänge, die sich in Gegenwart und Zukunft ereignen können.

Spätere Jahrhunderte haben die Freude des Paracelsus an all den Feengeschichten kaum verstanden. Der Dichter Conrad Ferdinand Meyer (1825–1898) schildert in seinem »Ulrich von Hutten« die Zweifel, die man gegenüber den medizinischen Kenntnissen des Paracelsus hegte. Dem so gesprächigen und phantasievollen Mann hat man den echten Gelehrten nicht recht geglaubt. Dieses Mißtrauen wird bei Meyer noch recht fein ausgedrückt, viele oberflächliche Schriften aus dem 16. bis 19. Jahrhundert schwelgen dagegen bekanntlich in Grobheiten. Paracelsus erscheint in ihnen als das Urbild des geschwätzigen

Jahrmarktgauklers. Sogar der Besitz des medizinischen Doktortitels einer anerkannten Universität wird ihm darum mißgönnt und streitig gemacht.

Der Ritter im oben erwähnten Märchen des 18. Jahrhunderts erlebt es ganz anders: »So philosophierte mir der Arzt (Theophrastus) meinen Kummer aus dem Herzen heraus. Die Worte seines Mundes gingen mir glatt ein, und waren für mich mehr Würze und Heilkraft darin als in den Büchern der Apotheker.«

Lebenslust verscheucht die Todesschatten

Im Frühling, im Wonnemonat Mai, erneuert sich die ganze Natur. Die in Märchen und Bräuchen überlieferte Volkstradition war überzeugt: Wer hier mitmacht, wird das ganze Jahr über keinen Tag altern.

Der gefürchtete Tod überfällt uns nach Paracelsus nicht plötzlich. Die alten Kunstwerke zeigen den Tod traditionell mit einer Sense, wie sie der Bauer bei der Ernte verwendete. Das sollte heißen: Er fällt uns erst, wenn unsere Zeit gekommen ist. Damit der Tod zu uns kommt, müssen wir für ihn »reif« sein. Es gibt schließlich keine Ernte im Frühling oder im Sommer.

Paracelsus schreibt in diesem Sinne über den Tod: »Er lauert neben uns und wartet auf die Kämpfe in unserem Leibesinnern, die ihm Gelegenheit gewähren, einzubrechen. Denn er selbst kennt nicht die Stunde, wann er eingreifen und wann er töten soll.« Nicht der Tod bestimmt also den Zeitpunkt, zu dem wir die Erde verlassen müssen. Wir selbst sind es, die unser Ende herbeibeschwören.

Unser Körper ist sozusagen ein Fürstentum, das sich Schritt um Schritt selbst aufgibt: »Wenn nun der Tod sieht, wie das Reich (unser sichtbarer und feinstofflicher Leib) zerfällt, stellt er sich ein.« Dies geschieht nach Paracelsus ziemlich genau nach den Gesetzen weltlichen Geschehens: »Genau so, wie ein Staat, dessen Teile auseinanderstreben, in fremde Hand gerät.«

Ähnlich sieht es der Arzt beim menschlichen Körper. Wenn dieser nicht mehr nach den Gesetzen der Natur lebt, lösen sich in ihm nach und nach die Verbindungen der Kräfte und Stoffe, die ihn bilden, auf. Jedesmal wenn dadurch ein Organ eine gravierende Schwächung erfährt, kann sich hier der Tod einnisten. So schreitet er Stunde um Stunde, Tag um Tag voran. Wie bei einem Reich, das zerfällt, unterwandert nun der äußere Feind ein Gebiet nach dem andern.

Immer weniger fühlt sich nun der Geist in seinem Körper wohl, so wenig wie die Regierung eines Landes, dessen Provinzen von Aufständen erschüttert werden. Dadurch sinkt der allgemeine Lebensmut, und dies bewirkt, daß nun die wichtigsten Körperfunktionen eine zunehmende Schwächung erfahren. Jetzt ist der Tod völlig in sein Opfer eingedrungen, so daß ihn kaum noch ein Arzt zu vertreiben vermag: Jetzt ist der Anfang vom eigentlichen Ende da! Die Auflösung, die nichts mehr aufhalten kann, bringt den unglücklichen Körper ins Grab. Die Baustoffe, die ihn bildeten, trennen sich in der Erde wieder voneinander. Andere Geschöpfe werden diese Reste verwenden, um ihre Leiber aus ihnen zu bilden.

In den Fastnachtszügen, die viele Elemente der alten Frühlingsfeste enthalten, gab es eine wichtige Gestalt – den »Fastnachtsdoktor«. Mit seinen komischen Tänzen, Sprüngen und Scherzen erheiterte er vor allem die Frauen und Mädchen. Er bespritzte sie etwa mit Wasser, was ihm niemand verübelte, denn wurde man dadurch so richtig naß, sollte dies sogar Liebesglück und Fruchtbarkeit bedeuten.

Im übrigen war es seine Hauptaufgabe, dafür zu sorgen, »daß es bei den Fastnachtsspielen keine Toten gab«. In sehr vielen Alpengegenden existierte seit jeher ein recht munteres Volkstheater. Gerade wenn die Leute im Frühling aus ihren dunklen Häusern wieder ins Freie gehen konnten, hatten sie ihre besondere Freude daran. Die meistens sehr abenteuerlichen, sinnesfrohen und lustigen Spiele sollten die Zuschauer inspirieren und animieren. Das Fastnachtstreiben war also eine freundliche Einladung zu einem neuen Jahr der Unterhaltung und Lebenslust.

In diesen Theaterstücken ging es manchmal recht wild zu, und so lagen nach allerlei fröhlichen Scheinkämpfen oft viele der Besiegten anscheinend mausetot auf dem Boden. Doch sogar wenn es sich dabei um Bösewichte handelte, durfte es beim Einzug des Frühlings keinen Gedanken an den Tod geben. Der abenteuerliche Wunderdoktor, den manchmal ein echter Arzt spielte, sprang so lange um die Opfer herum, bis sie lachen mußten und völlig geheilt »auferstanden«. Vor allem im Österreichischen assoziierte man im Volkstheater dieser Art den Vertreiber des Todes mit dem großen Paracelsus. Man erinnerte sich an seine Lehre des Theophrastus, nach der es gegen das Gespenst des Todes ein Heilmittel gibt: die Erneuerungskraft im Menschen.

Paracelsus wird modern

Im Griechischen heißt »Glaube« ursprünglich »nomicein«. Das bedeutet, genau übersetzt, »anerkennen«: Wer also nicht von ganzem Herzen anerkennt, daß es die himmlischen Kräfte wirklich gibt, kann nicht mit dem Glauben heilen.

Auch in der Oper »Cosi fan tutte« von Wolfgang Amadeus Mozart wird uns recht lustig gezeigt, wie die fahrenden Ärzte des 18. Jahrhunderts mit diesem Wunderglauben arbeiteten. Der Doktor, hier ist es das verkleidete Kammermädchen Despina, bezeugt zuerst ihren Zuhörern ihre Bildung und Welterfahrung – ähnlich wie es nach den Alpensagen auch Paracelsus tat:

»Ich kann das Griechische, kann das Arabische, kann das Vandalische und stocke nie.«

Despina schwört dann auf die Geheimnisse im »Magneten« und in der »Sympathe«, das heißt, auf die sich gegenseitig beeinflussenden Kraftfelder. Hier sollen, wenn die Kranken daran glauben, die Energien verborgen sein, die den »verglimmenden Lebensrest« neu zu entflammen vermögen:

> »Dringt, Wunderkräfte,
> durch Mark und Säfte,
> Dies ist Magnetkraft,
> die neues Leben schafft...«

Die Kranken werden sich danach wie in einen seligen Traum, wie in ein himmlisches Feenland versetzt fühlen. Wie in den alten alchimistischen Märchen wird auch hier die Kunst des »Magnetismus« als »Goldes wert« gepriesen. Der Innsbrucker Mediziner Professor Dr. Andreas Resch verweist auf eine wachsende Zahl von Spontanheilungen bei Krebs. Die bösartigsten Geschwulste verschwinden in vielen Fällen ohne medizinische Behandlung und ohne ersichtlichen Grund. Der gleiche Wissenschaftler machte mich auch auf den erstaunlichen

Bericht von Professor Dr. Jeanne Achterberg aufmerksam. Es handelt sich hier um eine Frau, die an schweren Unterleibsblutungen litt. Alle herkömmlichen Mittel hatten nicht geholfen, und die Ärzte wollten nun die Gebärmutter operativ entfernen. Die Patientin erbat sich jedoch Bedenkzeit. Sie begann, sich innerlich in eine »positive Vorstellung« zu versetzen. Dazu visualisierte sie vor ihrem inneren Auge weißes Licht, das seine heilenden Strahlen auf ihre Gebärmutter warf. Am Ende der Woche, in der sie mit aller Geisteskraft daran gearbeitet hatte, war die Blutung vollkommen gestillt. Das war vor fünf Jahren. Seither hatte die Patientin keinen Rückfall erlitten.

Unbestreitbar helfen uns, wenn wir unsere Selbstheilungskräfte aktivieren wollen, die Überlieferungen unserer Kultur. Professor Arnold Keyserling hatte in der indischen Stadt Kalkutta das folgende Erlebnis: In ein Taxi hatte sich ein giftiger Skorpion eingeschlichen. Rasch nacheinander verletzte das Tier dessen Insassen, zwei dicke europäische Damen und einen chinesischen Touristen. Die unglücklichen Frauen kamen mit schrecklichen Schmerzen ins Spital, wo man sie nach den Regeln der Schulmedizin mühsam wieder auf die Beine brachte. Der Chinese eilte dagegen zur nächsten Straßenecke, wo er einen Landsmann entdeckt hatte. Der tat genau das, was er aus der uralten Tradition seines Volkes wußte. Über der Wunde des Verletzten sprach er einige rituelle Worte, und siehe da, alles kam in Ordnung. Schmerzen hatte der Chinese gar nicht mehr gespürt.

Selbstverständlich hätte den beiden Europäerinnen die Behandlung des Asiaten kaum geholfen, da sie nicht gelernt hatten, auf solche Methoden ihr Vertrauen zu setzen! Arnold Keyserling erzählte darüber hinaus noch die Geschichte, wie sich die Ägypter von Schlangenbissen heilten. Man las ihnen eine Geschichte vor, in der ein Kranker durch die Kraft der Gottheit geheilt wurde. Gab sich der Verletzte völlig dieser Vorstellung hin, war er schon gerettet: »Wenn man das (das gleiche Heilungsmärchen) einem Europäer vorliest, ist er nicht geheilt.«

Die Wirkungen des Glaubens auf den Körper sind wissenschaftlich recht schwer zu erforschen. Umfragen ergaben jedoch ein erstaunliches Ergebnis: Bis zu achtzig Prozent der Kranken, die Fachärzte konsultieren, setzen gleichzeitig auf Vertreter anderer Heilarten ihr Vertrauen. Es ist also fast unmöglich, sachlich festzustellen, was vor allem zur Genesung beigetragen hat.

Unbestritten ist aber für eine zunehmende Zahl von modernen Forschern, wie sehr die Entspannung des Geistes und das Vertrauen auf die Lebenskräfte zur Heilung beitragen.

Im mechanistischen Weltbild des 18. bis 20. Jahrhunderts glaubte man, den Menschen ähnlich wie einen beschädigten Apparat flicken zu können. Heute versteht man immer besser die Aufforderung des Paracelsus: »Heile durch den Geist.«

Mensch und Natur sind eine Einheit

Der tiefere Sinn von Krankheit und Gesundheit

Im Glauben und in der starken Vorstellungskraft fand Paracelsus die Schlüssel für ein langes und gesundes Dasein. Ist es ein Widerspruch, daß er gleichzeitig mit beispiellosem Fleiß alle Naturreiche nach wunderbaren Arzneien durchforschte?

Gott hätte es nach ihm leicht so einrichten können, daß wir unmittelbar durch seine Wunderkraft unsere volle Gesundheit erhalten würden. Wenn er es nicht tat, hat es seine ganz bestimmte Bewandtnis: »Der Kranke soll auch wissen, daß die ärztliche Kunst einen Vorteil und praktischen Nutzen hat. (Sie besteht), damit der Mensch die göttliche Hilfe nicht nur in Wunderwerken bei Gott selber findet.« Er soll sich eben nicht nur dem Himmel zuwenden und diesen als seine einzige Rettung ansehen. Schließlich ist er von allen Seiten von der sichtbaren und für seine Sinne teilweise noch unsichtbaren Schöpfung umgeben, die sein Kunstwerk ist.

Er muß sich nicht unfaßbare Wunder herbeiwünschen, er ist schließlich in seinem Alltag bereits von Wunderwerken umgeben. Der Arzt ist also, wenn er uns mit seinen Mitteln hilft, auch unser Lehrer und Wegweiser beim Kennenlernen der Welt. Überall schauen wir dank ihm »Arzneimittel, welche uns durch ihre Wirkung die göttliche Liebe vermitteln sollen«. Jedesmal wenn wir unsere Gesundheit zurückerobert haben, begreifen wir das Wirken der Kräfte um und in uns tiefer. Die Medizin hat den zusätzlichen Vorteil, daß sie uns immer besser hilft, die Erde zu verstehen und zu lieben.

Wenn Paracelsus von einem seltenen Tierhorn redet, das gegen Vergiftungen verwendet wurde, sagt er von dem Wundermittel (Arkanum): »Denn Gott hat ihm die Ehre gegeben... das in seiner Natur. (Damit) daß wir Gott sehen und spüren sollen, seine große Treue (und gegenüber). Daß er uns die Kraft gibt für (den Sieg über) das Gift, damit uns unser Feind hat töten wollen.« Die Genesung nach der Einnahme eines starken, heilenden Wirkstoffes ist also für Paracelsus fast ein mystisches Erlebnis. Wenn wir geheilt werden, »sehen und spüren« wir geradezu Gott. Je mehr wir gute Arzneien entdecken, desto klarer erkennen wir, daß die ganze Natur eine unermeßliche Schatztruhe ist.

Wer dies als Arzt völlig erfaßt und erfahren hat, dem sind nun keine Grenzen mehr gesetzt: »Der da wird gerecht mit (der Natur, sämtlichen Geschöpfen Gottes) umgehen, dem wird es auch wohl in der Natur gehen.«

Er wird sich in seiner Heilkunst immer besser entfalten können, genau wie die hohen Zedern des Libanon, die dem Himmel zu wachsen.

Das Heilen mit Hilfe der Arzneimittel aus der Natur ist für Paracelsus ein praktischer Gottesdienst. Ein solcher Arzt preist den Schöpfer nicht nur in der Seele, sondern er findet und lobt ihn ebenfalls in allem Heilkräftigen, das er in der Materie vorfindet. Das Kraut Wegwarte oder das durch die Alchimie gesuchte Goldelixier sind ihm in ihren Wirkungen gleichermaßen köstliche Wunder.

Allen Menschen, gelehrt oder ungelehrt, ist Paracelsus von Herzen dankbar, denn sie helfen ihm, den Reichtum der verschiedenartigsten Heilmittel zu verstehen. Die Heilmittel machen den Menschen nicht nur wieder gesund, sondern sie bringen ihn auch gleichzeitig in engen Kontakt zur Natur. Sie schenken dem Menschen Freude an der Natur, die voll der auserlesensten Gaben ist.

Paracelsus faßt zusammen: »Also sind Kräfte, die Gott wunderbarlich gegeben hat auf mancherlei Wege. Damit wir alle Zeit Gott loben und ehren. Denn ihr (der Arznei) Werk ist Gottes Werk. Es (das Werk der Heilung) ist nicht von Zaubergeistern.«

Einen wichtigen Zweck von Erkrankung und Genesung sieht der große Arzt in der Entwicklung einer von Freude geprägten Lebenseinstellung im Menschen.

Was die »Zaubergeister« angeht, so bestreitet er keineswegs deren Existenz. Pflanzen und Gestein sind für ihn schließlich von »wunderbarlichen« Kräften erfüllt. Wie kaum jemand anderer erkennt er sogar in den Volksmärchen Hinweise auf den geheimnisvollen Kreislauf der Naturkräfte. Aber er findet es falsch, die allmächtige Schöpferkraft hinter allen Erscheinungen zu vergessen – und wie manche abergläubische Menschen irgendwelche Kobolde anzubeten.

Den Begriff »Zaubergeister« versucht er darum auch gleich einzuordnen: »Wir müssen zugeben, daß Gott Diener hat. Hat er Diener, so haben sie (alle) Ämter, Kräfte und ihre Tugenden.« Wir dürfen

diese dienenden Energien in der Natur weder überschätzen noch mißachten: »Wir loben Gott und seine Geschöpfe alle. Denn sie tun seinen Willen.«

Jeder Weg, den wir zur Steigerung unserer Gesundheit wandern, ist
für Paracelsus ein tiefes Erlebnis. Die Seele erkennt jedesmal die
Fülle der Möglichkeiten, die ihr zur Verfügung stehen.

Starres Gestein birgt Leben

Zuverlässig ist uns überliefert worden, daß Paracelsus auf seinen
Wanderungen vielfach Bergwerke aufsuchte. Es ging ihm nicht, wie
die oberflächlichen Alchimisten meinten, um das Rätsel der Herstellung von Gold. Er suchte nach dem Geheimnis des Lebens.

Der gute Arzt, das ist seine feste Überzeugung, »muß die Mutter
sehen, aus der die Minerale wachsen«. Er muß ebenso die »Künstler
in Scheidung und Bereitung der Natur« kennenlernen und zu seinen
Verbündeten machen. Meint er damit die erfahrenen Bergleute, die
er der Sage nach von den Alpen bis zum Ural kennengelernt haben
soll? Oder spricht er von den unsichtbaren Kräften, die er als »Elementargeister« versteht, die in der Erde wirken?

Er stieg auf seinen Reisen in das »Chaos« hinab, in dessen Tiefen
sich die Werkstätten der Natur befinden. Unter der Erdoberfläche
wohnt für ihn die »große Mutter«, die ohne Unterlaß die Stoffe hervorbringt, die alle Geschöpfe zum Leben benötigen. Paracelsus
wollte die ewigen Schöpfungsvorgänge besser begreifen und für die
Heilkunde umsetzen. Er versenkte sich auch in die Sagen der Bergleute und suchte hinter phantastischen Volksdichtungen deren zeitlosen Sinn.

Von einem zeigt er sich stets überzeugt: Alles, was die Natur im
Dienste des göttlichen Schöpfers hervorbringt, ist Leben. Auch die
Mineralien sind Wesen, die entstehen, sich entwickeln, wieder vergehen. Sie kennen die Vorgänge von Ernährung und Ausscheidung. Wir
glauben stets den gleichen Stein zu erblicken, aber auch er verändert
sich durch einen Stoffwechsel, der ihm eigentümlich ist. Genau wie
die göttlichen Kräfte für alle lebendigen Geschöpfe die ihnen gemäßen Nahrungsmittel bereitstellen, so tun sie es auch für die Minera-

lien. Nur unsere oberflächliche Betrachtungsweise ist schuld, daß wir sie als »tote Stoffe« ansehen.

Paracelsus fragt: »Wer speist die Steine?« Seine Antwort lautet: »Das mineralische Chaos.« Unter Chaos versteht er die Gesamtheit der Einflüsse, die jedes Wesen für sein Entstehen und Fortleben braucht. Wie bereits erwähnt, können wir darunter die verschiedenen Gase verstehen, die die Naturwissenschaften immer genauer erforschten. Oder aber die Fülle der feinstofflichen Wirkungen, der Strahlungen jeder denkbaren Art, die uns nach und nach begreifbar wird.

Was wußte man im 16. Jahrhundert über all die Strahlungen, die nach der Lehre des Paracelsus die Steine von sich geben und auch aufnehmen? Auffallend häufig wird in den alten Werken darauf hingewiesen, daß auch in dunkeln Räumen von den Edelsteinen ein Licht ausgehe. Es ist dann die Rede von einem schwachen Gefunkel dieser Kostbarkeiten, von einem Glanz, der sich ausbreitet. Man versicherte, daß man solche Vorgänge festgestellt habe, auch wenn sich in der Nähe keinerlei Lichtquelle befand, die der Stein hätte widerspiegeln können. Solche Berichte über das »Strahlen der Mineralien« verankerten in den Menschen den festen Glauben an deren Heilwirkung. Erst als vor allem das 18. Jahrhundert solche Beobachtungen als Selbsttäuschung und Aberglauben verurteilte, verschwanden die »Heilsteine« mehr oder weniger aus den medizinischen Lehrbüchern.

Auf ziemlich einsamem Posten standen im letzten Jahrhundert die kühnen Forschungen des österreichischen Naturwissenschaftlers Carl von Reichenbach. Der geniale Chemiker hatte eine Reihe von Stoffen entdeckt, unter anderem Kreosot und Paraffin. Doch bekannt wurde er vor allem wegen seiner Versuche mit dem »Od«, das er als die vergessene Lebensenergie des Weltalls ansah. Menschen mit sehr empfindsamen Sinnen sollten in Dunkelkammern, in die kein äußeres Licht dringen konnte, die Emanationen von Gegenständen wahrnehmen können. Vor allem mit Magneten und Kristallen unternahm er unermüdlich seine umstrittenen Experimente. Vieles, was man lange als Aberglaube angesehen hatte, sollte durch sie eine sachliche Erklärung erhalten.

Obwohl die gründlich dokumentierten und veröffentlichten Versuche in die Tausende gingen, kamen sie für ihr Jahrhundert zu früh. Erst heute werden sie in russischen und amerikanischen Labors zumindest teilweise nachvollzogen. Der Entdecker des »Od« mag manches im Geist einer veralteten Wissenschaft gedeutet haben. Eins ist jedoch sicher, für sehr viele Menschen schuf er eine Brücke für das Verständnis des paracelsischen Weltbildes: Alles ist lebendig. Alles auf der Erde nimmt ständig Strahlenkräfte auf und gibt sie wieder an seine Umwelt ab.

Paracelsus erklärt: »Die Steine essen und trinken. Wenn sie es nicht täten, es bliebe ihr Körper nicht. Der Diamant ißt verborgen. Der Magnet offensichtlich. Was zeigt uns der Magnet durch sein Essen an? Er zeigt uns offenbar seine Kraft an. Das ist, er zieht an und ißt. So essen alle Steine und Gesteine, und nichts ist ohne Essen.«

In den unsichtbaren Phänomenen von Anziehung und Abstoßung, die wir beispielsweise bei Magneten beobachten können, sieht also Paracelsus Äußerungen der Lebenskraft.

Stärke dein Kraftfeld

Paracelsus erklärt seine starke Konstitution damit, daß er in der Bergeinsamkeit unter den Tannzapfen aufgewachsen sei. In Alpenwäldern habe er der Sage nach sein Lebenselixier gefunden.

Im kleinen Gebirgsland Appenzell soll sich Paracelsus der Überlieferung nach fast ebenso gern aufgehalten haben wie in seinem geliebten Kärnten. Manche der dort verbreiteten Geschichten über Kräuter und Steine soll, wie mir erzählt wurde, auf ihn selbst zurückgehen. Er habe sie ersonnen und dem Volk auf möglichst unterhaltsame Weise erzählt, »damit die alte Weisheit nie vergessen werde«. Die Appenzeller waren ihrem Lehrer noch lange dankbar. Gelegentlich behaupteten sie sogar, er sei ihr Bruder und Verwandter, also ihr Landsmann gewesen.

Im Appenzell weiß man noch, zumindest wurde es mir berichtet, als ich dort ein paarmal Sagen erzählte und Vorträge hielt, daß das Glück in den Alpenhütten und Bergwäldern gefunden werden kann. Das war einst keine romantische Schwärmerei, sondern eine konkrete Erfahrung. Wenn jemand die Heilkräfte der Umwelt kennenlernen wollte, zog er sich für eine Woche in die Einsamkeit der Berge zurück. Dort, fern dem lauten Treiben, war er völlig auf sich selbst angewiesen. Er konnte in aller Ruhe meditieren, ohne durch Nebensächlichkeiten abgelenkt zu werden. Er entwickelte die Fähigkeit, sich ein inneres Bild mit aller Kraft zu vergegenwärtigen.

In einer Appenzeller Sage, die wie eine Anleitung für Alpenärzte tönt, wird von einem weisen Mann erzählt, der in einer Alphütte bei Hirten zu Gast ist. Der Weise hört von den Sorgen eines jungen Hirten und findet dann in seiner Umgebung drei verschiedenfarbige Steine. Deren Wirkungen erklärt er nun sehr ausführlich: »Je nach Verschiedenheit ihrer Farbe haben sie die Kraft, Wünsche zu erfüllen. Dieser rotleuchtende Stein verhilft zu Ansehen, Macht und Ehre. Dieser grüne verschafft seinem Besitzer Reichtum und Wohlstand. Dieser hellglänzende Kristall verspricht dir ein glückhaftes Heim und Familie.«

Auch darüber, wie die Kraft dieser drei Wunschsteine eingesetzt werden kann, wird berichtet: »Diese Steine haben somit auch dein Glück in sich, sofern du mit diesem und mit ihnen richtig umzugehen weißt. Sie weben Tag und Nacht an deinem Glück, so lange du sie in ihrer stillen Wirksamkeit nicht mutwillig störst oder gar zu einem bestimmten Tun zwingen willst. Genieße froh das Glück, das sie dir verleihen; doch sei nie ihr Herr oder Sklave.«

Der Hirt entdeckt in jedem der drei Steine ein geheimnisvolles Leuchten. Er schenkt ihnen sein Vertrauen, und siehe da, sein Schicksal wendet sich von nun an in eine günstige Richtung.

Ich bewundere diese Gebirgssagen und ihre berufenen Erzähler, denn alle Voraussetzungen der Alpenmedizin sind in ihr erwähnt. Sie entsprechen genau den Lehren des berühmten Paracelsus.

Steine haben nach dem Volksglauben eine Eigenstrahlung, die aber von außerordentlicher Feinheit ist. Steine wirken allerdings nicht automatisch, wenn wir sie als Glücksbringer tragen. Der Mensch muß, um diese Kräfte in sich spüren zu können, sich ihnen bewußt öffnen. Dies setzt voraus, daß er alle Zweifel aus seinem Denken verjagt und lernt, sich zu konzentrieren. Nur im Abstand zum verwirrenden Treiben der Welt findet er in sich selbst den Weg, »wahrhaftig frei und glücklich zu sein«.

Die Notwendigkeit eines festen Glaubens wird auch sonst in den Gebirgssagen stets betont. Es wird uns zum Beispiel erzählt, wie die freundlichen »Erdmännchen« den mit ihnen befreundeten Älplern wirksame Heilmittel schenkten. So hätten sie es auch gegenüber einer

Kranken getan: »Doch wer weiß, was der Gemahl für eine düstere Laune hatte. Er traute halb und halb dem Mittel nicht. Deshalb genas die Frau auch nicht, und es wurde stündlich schlimmer mit ihr. Schon lag sie in den letzten Zügen ...« Eine trübe Laune, Zweifel und Hoffnungslosigkeit genügen, die Kraft eines Heilmittels zu bremsen. Das ist die Überzeugung des Paracelsus wie der Volkstradition.

Die geistig-seelische Verfassung ist auch beim Umgang mit den Kraftsteinen und ähnlichen Mitteln ausschlaggebend. Wir entscheiden selbst, ob sie für uns nur wertlose bunte Spielzeuge sind – oder Quellen der grenzenlosen Naturkraft.

Die Lehre von den Steinen des Glücks

Die Farben der Steine, auf die wir meditieren, erzeugen jedesmal eine Fülle von Gedankenverbindungen. Diese wecken die entsprechenden Kräfte in uns und geben uns Kraft, bestimmte Lebensfragen zu lösen.

Von den rotleuchtenden Steinen wird bekanntlich noch heute versichert, daß sie die »feurige Marskraft« beschwören. Wir verlieren, wenn wir sie betrachten, alle Schüchternheit, anerzogenen Minderwertigkeitsgefühle und jede Verzagtheit. Wir fühlen unser Blut auf einmal durch unsere Adern rollen.

Im Tiroler Volksglauben sagt man vom roten Karneol: »Er ist gut gegen Furcht und Schrecken.« Der Appenzeller Hirt aus der bereits erwähnten Sage will mit Hilfe des roten Steins, den ihm der weise Gebirgler schenkte, erzwingen, in ein hohes Amt seines Landes gewählt zu werden. Da er den Wunschstein damit maßlos mißbraucht, verliert nun dieser das in ihm glühende Feuer. Er ist sozusagen entladen und nun für ihn völlig nutzlos.

Ähnlich ergeht es dem jungen Mann auch mit dem grünen Kraftstein. Grün ist in den meisten Überlieferungen die Farbe des Jupiter, des Planeten des Wohlstandes und des königlichen Lebensgenusses. Alle Gedanken, die wir zum Beispiel mit dem Betrachten eines leuchtenden Smaragds verbinden, gehen in die Richtung von Wachstum und fröhlichem Gedeihen. Gelegentlich wird sogar in den alten Rezepten empfohlen, am Mittwoch abend (wenn der Jupitertag Donnerstag naht) eine grüne brennende Kerze zu betrachten, die in einem grünen Stein aufleuchtet. Tut man dies gesammelt und ruhig, dann wird man nach und nach die geistige Voraussetzung für eine Verbesserung seiner wirtschaftlichen Verhältnisse entwickeln.

Doch dem Hirten in der Appenzeller Sage genügt nicht der sichere Wohlstand, den er dank des grünen Kraftsteins nach und nach erreicht. Er will einen gewaltigen Gewinn am Spieltisch erzwingen – und schon hat sein Glücksstein all seine Energie verbraucht. Tot und glanzlos liegt er in seiner Hand. In seiner wilden Jagd nach noch mehr Reichtum verliert der Held des Märchens fast alle seine Angehörigen, für die er ja eigentlich den Wohlstand herbeiwünschte.

Aber die Alpensage hat zur Freude ihrer Zuhörer doch ein gutes Ende. Der letzte der drei Steine, der lichte Bergkristall, wird von ihm nie mißbraucht – und er rettet ihn. In ihm schaut er noch immer »den hellstrahlenden Glanz der eben aufgegangenen Sonne... Und das Spiegelbild des Bergkristalls zeigte ein sich küssendes, glückstrahlendes Menschenpaar und die Berge der Filderalp im goldenen Sonnenlicht des jungen Tages«. Der Bergkristall erweist sich hier als der von der Überlieferung gepriesene »Zauberstein des Eheglücks«.

Trotz des Scheiterns der ersten beiden magischen Versuche des Hirten, seine weltliche Macht und den finanziellen Gewinn durch Kraftsteine zu steigern, erkennt er nun das Wesentliche: Es bleiben ihm immerhin die liebevolle Ehe und die daraus entsprossenen Kinder. Die tiefe Zuneigung der Paare nährt die heilende Energie des reinen Bergsteins. Diese genügt wiederum, allen von den beiden Liebenden begonnenen Unternehmungen den notwendigen Schwung zu schenken.

Noch in meiner Kindheit wurde vom fahrenden Volk der Alpen empfohlen: »Willst du die Kräfte der Steine studieren, beginne mit dem Bergkristall. Du verlierst dich dann nicht in gefährlichen Wünschen, deren Erfüllung dir zwar einige Erfolge bringen, die aber fast immer Verluste auf anderen Gebieten nach sich ziehen. Der Kristall, auf den man sonntags beim Sonnenaufgang meditiert, zeigt dir, was du wirklich brauchst.« Der Bergkristall schenkt uns den ruhigen Glauben an das stete Wachstum aller inneren Kräfte.

Beim Kerzenlicht in einer Alphütte vernahm ich, zusammen mit zwei Volkskundlern, eine ganz »paracelsisch« klingende Geschichte: Die klugen Frauen der »Erdleutchen« spinnen und weben aus bunten Edelsteinen märchenhafte Stoffe. Es entstehen daraus für ihre menschlichen Freunde unsichtbare Kleider, die diese vor jedem schlechten Einfluß beschützen.

So raunt bis heute die Volkssage vom Kraftfeld des Menschen, das er dank der Weisheit der Wunschsteine verstärken kann.

Die Beschwörung von Heilkräften

Jedes gute Mittel aus der Natur hilft uns nach Paracelsus doppelt. Es hilft uns zuerst einmal gegen ein bestimmtes Leiden. Es stärkt aber gleichzeitig auch unseren Glauben daran, daß wir von allen Seiten Hilfe für unsere Gesundheit erhalten.

Die in diesem Geist betriebene Heilkunst wird geradezu als ein Vergnügen verstanden: »Gott gibt euch selige Frucht hingegen (indem er die ganze Natur als Schatzkasten voller Wundermittel offenbart) und mästet euch in Freuden und mit Lust.« Die ganze Fülle der Kräfte in unserer Umgebung zeigt er freilich nur denen, die ihm ebenfalls »mit Freuden und mit Lust« entgegentreten. Die Naturforschung und Medizin sind also für den Arzt ein wahres Freudenfest.

Grundlage für die Arbeit mit Kräutern und andern Arzneimitteln der Erde ist nach den alpenländischen Traditionen auch ein fester Glauben und intuitives Wissen. Die Kräuterfrauen, vielfach aus den zwangsweise angesiedelten Nomadenfamilien stammend, waren davon überzeugt, daß die »alten Arzneien« nur unter bestimmten Voraussetzungen wirken: Man dürfe Kräuter nur dann einnehmen, wenn sie nach Vorschrift gepflückt seien. Die Pflanzen sollten nur nach besonderen Vorbereitungen eingesammelt werden. Die Kräuterfrau sprach traditionell ein Gebet, indem sie vor allem die Gottesmutter Maria um Hilfe bat. Ganz fromme Sammlerinnen wiederholten Gebete oder die Namen der Heiligen beim Ausgraben oder Abpflücken der Pflanzen. Eine alte Dame aus München, die als Kind einer Kräuterfrau auf ihren morgendlichen Wanderungen folgen durfte, erzählte mir: »Wichtig ist es schon, am Abend vor dem Kräutersammeln alle seine Gedanken auf die Natur und ihre Schätze gerichtet zu haben. Hatte dann die Pflückerin in der darauffolgenden Nacht einen guten Traum, dann war sie überzeugt, in der Frühe nur die allerbesten Pflanzen zu finden.«

Für den Städter sehen zwar zum Beispiel alle Schlüsselblumen genau gleich aus, doch nur wenige Pflanzen haben nach den volkstümlichen Naturforschern eine ganz besonders starke Kraft. Findet man sie gefühlsmäßig aus der Menge ihrer Artgenossen heraus, was die geborene Kräutersammlerin angeblich spielend kann, dann ist der aus ihnen gebraute Tee »dutzendmal stärker«.

Was die abendliche geistige Vorbereitung anging, so sprach man zuerst ein allgemeines Gebet. Die Kräuterfrau aus der Umgebung von München hatte dabei besonders »das heilige Paar Maria und Josef« gebeten, ihr einen guten Traum zu senden. Dann schloß sie die Augen und stellte sich vor, sie wandere durch die Gegenden, wo sie am kommenden Morgen Kräuter sammeln wollte.

Die Kräuterfrau ging in ihrer Phantasie zu den Waldkräutern auf Pfaden, die denen in der Wirklichkeit nur entfernt ähnelten. Vielmehr glitzerte es überall, als könne man jetzt durch ein Wunder über Smaragde und Rubine schreiten. Die Menschen, die ihr entgegenkamen, sahen ganz festlich aus – »wie die Heiligen in der Kirche«. Sie grüßten freundlich und wünschten der Kräuterfrau einen erfolgreichen Tag.

Es kam vor, daß diese in ihrer Vorstellung sogar Leute antraf, an die sie zur Zeit gar nicht bewußt dachte. Geschah dies, so wußte sie: »Ich rutsche jetzt langsam in den Traum hinüber.« Bei ihrer Phantasiewanderung zum Wald schlief die Kräuterfrau regelmäßig ein, und wie sie es sich lebhaft vorgestellt hatte, wanderte sie nun weiter dem Walde mit den vielen Pflanzen zu. Nur war es jetzt keine bildhafte Phantasie mehr, sondern ein echtes Traumgesicht.

Diese Bilder der Nacht waren häufig ein bunter Wirbel, an den sie sich am Morgen nur bruchstückhaft erinnern konnte. Manchmal ging sie im Traum durch den ihr wohlbekannten Wald, der jetzt von einem Goldschimmer durchdrungen war. Oft erhielt sie dabei wichtige Hinweise. Sah sie zum Beispiel im Traum ein Kraut in der Nähe einer bestimmten Tanne, dann ging sie selbstverständlich am nächsten Tag zu diesem Platz. Sie war überzeugt, auf diesem Wege viele Pflanzen aufgefunden zu haben, die sich nachträglich als besonders heilsam erwiesen.

Paracelsus berichtet auch von den Kräutersammlern seiner Zeit. So habe man von ihnen etwa gehört: »Der kann dieses oder jenes Kraut beschwören, daß es dieses oder jenes vermag.« Der große Alchimist gibt dazu seine sachliche Erklärung: »Das Beschwören der Kräuter verleiht diesen keine andere Kraft, als sie schon vorher gehabt haben. Wäre dies einmal doch der Fall, so ist eben auch hier Gott der Urheber.«

Nicht das »Beschwören« erzeugt für Paracelsus die Heilenergie der Pflanzen, wie dies abergläubische Menschen meinten. Es kann aber den Menschen in einen Zustand erhöhter Bereitschaft versetzen, die vorhandenen heilenden Kräfte in seinen Körper aufzunehmen.

Das tägliche Brot

Jede Mahlzeit ist für Paracelsus ein heiliges Mysterium, gleichzeitig ein urchristlicher Gottesdienst – und ein mächtiger alchimistischer Vorgang. Sehr aufschlußreich scheint uns darum sein Hinweis zu sein, er sei vor allem in seinem Bergtal dank des Haferbreis groß geworden.

Was war nun im Alpenraum des Paracelsus das tägliche Brot von Adel und Volk? Von den weisen Männern und Frauen, den »Hexen und Hexenmeistern« erfahren wir durch Volkssagen, »daß sie an ihren geheimen Nachtversammlungen in den Bergen stets das Brot meiden«.

Die alten Bauern im Oberland wußten noch in meiner Jugend, daß es einst in ihren Gegenden nur selten Brot gab, Haferbrei (Habermues) sei das eigentliche Grundnahrungsmittel gewesen.

Für die Landwirtschaft des antiken Griechenland scheint der Hafer nur eine Art Unkraut gewesen zu sein. Man staunte später, daß sich die Stämme, von denen dann die Umwälzung der Völkerwanderung ausging, mit dem Hafer ernährten. Vor allem der Naturforscher Plinius schildert den Haferbrei als eine Spezialität der Germanen.

Noch im 19. Jahrhundert war der Haferbrei die Nahrungsgrundlage der alemannischen und schwäbischen Bauern – nicht viel anders als zu Zeiten des Paracelsus. In meiner Kindheit sagte man in der Stadt Bern und Umgebung: »Chumsch cho habere?« »Kommst du Hafer essen?« Das bedeutete ganz einfach: »Kommst du zur Mahlzeit?«

Der volkstümliche Glaube spricht einem Haferfeld magische Naturkräfte zu. Es schenke seinem Besitzer Glück und Segen. Nach den bayerischen und österreichischen Sagen wird dieses Kraftfeld stets von der »Habergeiß« gehütet. Das ist ein schalkhafter Kobold – Paracelsus würde sagen ein »Elementargeist« – mit einem Ziegen- oder auch Katzenkopf.

Nach der Lebensphilosophie des Paracelsus soll sich der Mensch von den Pflanzen ernähren, die in seiner Heimat am besten gedeihen. So ist es nicht verwunderlich, daß er den Hafer gerade für jene Menschen passend findet, die in rauheren, kälteren, bergigen Gegenden zu Hause sind. Der zähe Hafer sei ihnen hier ein treuer und lieber Lebensgefährte. Der Hafer galt gerade in den Alpen als vielgeschätztes Nahrungsmittel und ermöglichte hier ganz offensichtlich eine körperlich-geistige Entfaltung und eine Kulturblüte, die der in klimatisch begünstigteren Ländern nicht nachstand.

Auch in diesem Fall erkennen wir die Weisheit der Anhänger des Paracelsus: Je mehr wir von unserem täglichen Brot, unserer Nahrung wissen, desto mehr wird sie für uns zu einem kraftvollen Heilmittel.

Das Beispiel Kalmus in der Kräutermedizin

Die Volksdichtung überliefert eine sehr wichtige Überzeugung, die wir auch im Werk von Paracelsus finden: Zwischen den Menschen und allen Naturdingen herrschen die Gesetze der Sympathie, der gegenseitigen Zuneigung. Je mehr ein Mensch die Pflanzen liebt, sie zu verstehen sucht, desto mehr bringen auch sie ihm eine Art unbewußte Zuneigung entgegen.

Die Sage, daß die Pflanzen Paracelsus wie einen Freund begrüßten, wurde in Tirol besonders ausgeschmückt. Erzählt wird, wie jedes der Kräuter von seinen Tugenden berichtet, als Paracelsus die Wiese betritt. Wir erkennen damit wieder einmal, was die schönen Alpenlegenden sein konnten. Sie waren für die Hörer sehr häufig Einführungen in das gewaltige Gebiet der Naturwissenschaft und Heilkunst des Volkes.

In diesem Sinn hat es mir ein Sagensammler aus den Graubündner Alpen versichert: »Ich weiß von ganz alten Leuten, die sämtliche Kräuter ihres Landes schon vor der Schulzeit kannten. Aber nicht ihre Eltern hatten ihnen botanischen Unterricht erteilt. Alles, was sie über die Pflanzen wußten, stammte aus unterhaltenden Legenden.«

Unter all den Tiroler »Paracelsus-Kräutern« wollen wir eins besonders hervorheben, den Kalmus. Nach einer schönen Legende des Kräutermannes aus dem Berner Oberland hat es »der liebe Gott selber den Menschen gebracht, als ihre bittere Not immer schlimmer wurde«.

Der Botaniker Marzell verweist darauf, daß die Pflanze Kalmus in den slawischen Sprachen »Tatarok« heißt. Offenbar war sie lange bei den tatarischen Nomaden bekannt, bevor sie die Europäer, als eine erfreuliche Folge der Tataren- und Türkenkriege, kennenlernten.

Haben tatsächlich weise Leute gleich Paracelsus, die in den »Tatarenländern des Ostens« nach neuen Erfahrungen suchten, diese Wunderpflanze zu uns gebracht? Nach Clusius kam sie zuerst 1574 nach Wien. Sie wurde in dem Garten der Kaiserin Elisabeth gepflanzt und wanderte von da aus in den Besitz der Adeligen und Reichen. In seinem 1588 erschienen Werk »Hortus medicus et philosophicus«, versichert uns der Arzt Joachim Camerarius, daß der Kalmus erst »vor einigen Jahren in die heimischen Gärten gekommen« sei.

Bald wurde er zu einem wichtigen Bestandteil des frommen Volksglaubens. In Süddeutschland wird der Weg der Fronleichnamsprozession mit den schönen Kalmusblättern bestreut. Auch Gisela Köstler verweist auf den malerischen Brauch: In Berggegenden streute man zu Pfingsten auf die Fußböden der Häuser und auf die Türschwellen frische Kalmusblätter. Aus diesem Grund besitzen wir für die Wunderpflanze den heute eher seltenen Namen »Pfingstwurz«. Diese Blätter, über die man beim Einzug des neuen Frühlings schritt, sollten die Menschen im ganzen Jahr vor Krankheiten schützen.

Überliefert ist auch das »Kalmusbad« in der Alpenmedizin. Vor allem in Kärnten, dem Lieblingsland des Paracelsus, war es sehr beliebt. Jede Schwäche soll durch dieses »Paracelsus-Kraut« in die Flucht zuschlagen sein – am besten in Verbindung mit dem Wasser der Gebirgsbäche.

Man badet demnach entweder in einem See oder Fluß, an dessen Ufern der Kalmus besonders gut gedeiht. Dafür bekannt und bei den Kranken beliebt war zum Beispiel die Gegend um den Ausfluß des Ossiacher Sees zu St. Andreä bei Villach. Hat auch Paracelsus, als er sich dort aufhielt, diesen medizinischen Volksglauben kennengelernt? Vielleicht fand er gerade hier eine Bestätigung für seine Lehre über den Zusammenhang von heilenden Wassern und Kräutern.

Pflanzen und Quellen beziehen nach ihm gleichermaßen ihre Kräfte aus dem Boden. Kennt man die Wirkung der Pflanze, dann versteht man nach ihm auch den Einfluß des dort gelegenen Bades.

Selbstverständlich mußte man auch in Kärnten für eine Begegnung mit der Heilkraft des Kalmus nicht ausschließlich an entsprechende Naturplätze wandern. Man schnitt die Stengel des Krauts, die man in irgendeinem Sumpf gefunden hatte. Sie wurden nun in den Badezuber getan und mit sehr heißem Wasser begossen: Das »Feurige« sollte nun die Wirkstoffe aus dem Kraut ziehen und sie dem Menschen zuführen, der damit zu Kräften kommen wollte. Das Kalmuswasser soll im übrigen auch ein Wundermittel in den einst so berühmten Aarebädern in der Berner Matte gewesen sein.

Paracelsus und die Tierwelt

Für die Volkssage ist es eine ausgemachte Tatsache: Paracelsus konnte mit den Tieren reden. Wenn er die Wildnis der Alpen durchstreifte, habe er die Sprache der kleinen und großen wilden Geschöpfe verstanden.

Paracelsus lehrt, daß alle Lebewesen, hoch und niedrig, eine große Familie bilden. Über die Verbindungen der Urzeit sind sie für ihn alle miteinander verwandt. Ihr physischer Körper setzt sich aus vergleichbaren Grundsubstanzen zusammen, von den gleichen Lebenskräften durchströmt.

Seinen Schülern vermittelte Paracelsus das Gefühl und das Wissen um solche Zusammenhänge. In den Tieren sollten sie ihre Brüder und Schwestern erkennen, deren Leben sie auf keinen Fall ohne Not zerstören dürften.

Sogar die Alpenjäger, die als besonders wildes Volk galten, lebten in dieser Vorstellungswelt. In Tirol und auch in Graubünden sollen sich die Schützen bekreuzigt haben, wenn durch ihre Schüsse ein Tier getroffen wurde und tot niederfiel. In Tirol hatten die rauhen Wilderer den Brauch, für jedes niedergestreckte Wild in ihren Bergkirchen eine Kerze anzuzünden. Ohne darüber viel zu reden, waren sie sicher, daß auch das Leben ihrer Opfer auf geheimnisvolle Weise weiterbestehe.

Sie waren davon überzeugt, der Mensch sei so geschaffen, daß er für seine Hochleistungen ebenso Fleisch brauche wie etwa Wildkatze, Bär oder Wolf. Sie meinten aber, daß sich der Jäger »gegenüber dem Vieh des Waldes« als guter Herr und Meister erweisen müsse, »wie es ihm der Schöpfer selber noch im Paradies geboten habe«. Gerade von den großen Alpenschützen wird uns zuverlässig bezeugt: »Sie taten alles, damit für jedes ihrer Opfer ein junges Tier durch die Berge streife.« Jemand, der nicht so handelte, mehr tötete als er gleichzeitig beschützte, beging nach ihnen eine schwere Sünde. Es soll sogar Gastwirte gegeben haben, die solchen »Teufelsjägern« nichts abkauften. Gerade in der Umgebung der Alpenbäder wurde darauf geachtet, daß nur »auf rechte Weise« erlegtes Wild auf die Speisetafel kam: »Sonst würde es den Menschen, die in den Bergen ihre Gesundheit suchen, nicht neue Urkraft bringen, sondern die Krankheit.«

Wenn man die Jäger, die so dachten, nach dem Grund ihrer schönen Bräuche fragte, antworteten sie mit dem Hinweis auf alte Sagen. In vielen von ihnen, die von Generation zu Generation getreu weitergereicht werden, »können ja die Tiere im Gebirge und Wald reden.« Wenn es jemand bezweifelte, dann wurde auf die weisen Menschen der Vergangenheit verwiesen, »die vom Wild vielerlei gelernt hatten, die Orte besonders heilkräftiger Quellen und auch der besonders starken Kräuter«.

Rudolf Steiner, der Begründer der Anthroposophie, hat die Weisheit des Paracelsus folgendermaßen zusammengefaßt: »Wenn der Mensch hinaussieht auf die Tierwelt, muß er sich sagen: das habe ich selbst in mir getragen und abgesondert aus meinem Wesen.«

Auf den Spuren von Paracelsus verbreitete sich im Abendland des 20. Jahrhunderts die Grunderkenntnis von der Verwandtschaft aller Lebewesen. Es ist zu hoffen, daß die Gegenwart und nahe Zukunft daraus endlich den richtigen Schluß zieht: Unsere Umwelt zu lieben und zu behüten.

Tiere sind ein Spiegel des Menschen

Aufgrund der Schriften des Paracelsus lernen wir, daß der Mensch alle übrigen Wesen in sich birgt. Die Erdenstoffe, aus denen Gott der Bibel nach Adam und Eva erschuf, sind in diesem Sinn zu begreifen. In den Leibern der ersten Menschen, damit auch in unseren, sieht der Gelehrte die Gesamtheit der vorherigen Schöpfung enthalten. Um die Funktion unseres Körpers, unserer Organe besser zu verstehen, sollten wir darum die Tiere unserer Umgebung beobachten.

Auf verschiedene Weise erklärt er diese Theorie: »Nun ist der Mensch auch ein Kind (das jüngste Wesen der Schöpfung) in der Beziehung, das ist, er ist das letzte Geschöpf und nach allen (anderen) erschaffen worden. Da er nun das letzte ist, so ist vor ihm das erschaffen worden, aus dem er (nachträglich) erschaffen werden sollte.« Oder: »Und das Vieh ist vor dem Menschen erschaffen und die viehische Vernunft ist (unter allen tierischen Arten) verteilt worden. Dann ist der Mensch aus ihnen gemacht worden. Er ist die letzte (zuletzt aus der Gesamtheit der Schöpfung hervorgegangene) Kreatur, des Viehes Kind und Geburt.«

Mit scharfer Beobachtungsgabe, die er auf all seinen Reisen bewies, und auch mit Humor sieht er die einzelnen menschlichen Begabungen in den Tieren vorgebildet und teilweise überentwickelt: »Denn wie man von den fünf Sinnen spricht, von Sehen, Riechen, Hören, Greifen (Tasten), Schmecken, so wißt, daß die Tiere darin den Menschen weit übertreffen. So die Eule, die bei Nacht sieht, wie andere Vögel bei Tag; (so auch) der Geier, der durch seinen Geruchssinn alle (anderen Vogelarten) übertrifft. So greift der Affe den Puls an allen Adern besser als der Mensch – und wo er den Tod greift, oder eine faule (schleichende) Krankheit, da putzt er sich die Nase.« (Ist dieses Pulsgreifen der abgerichteten Affen ein Grund, daß sie von den fahrenden Ärzten recht gern als Begleiter mitgenommen wurden?)

Viel verdankt nach Paracelsus der Mensch dem angeborenen Sinn der Tiere, was die Kräfte der Heilkräuter angeht: »Darum wundere dich hier nicht, daß die Schlange die Arzneikunst beherrscht. Sie besitzt sie länger als du. Du hast sie von ihr und lernst sie von ihr. Denn aus der Materie ihrer viehischen Natur bist du geschaffen, darum seid ihr beide gleich.« Der Mensch soll sich darum, was die in ihm vereinigten natürlichen Fähigkeiten angeht, nicht über die andern Wesen der Erde stellen. In Bescheidenheit und Ehrfurcht soll er sie beobachten und von ihnen lernen: »Nun folgt daraus, daß die Tiere des Menschen Spiegel sind und der Mensch sich in ihnen erkennen und sehen soll, daß er so ist wie sie und sie wie er.«

Er darf, wenn er sich dies alles gut überlegt hat, nicht über die Tugenden der Tiere erstaunt sein – weder über die große Treue des Hundes noch über die unübertreffliche Musik der Vögel: »Der Mensch soll sich dessen nicht verwundern, daß sein Vater (das Tier, das sein Ursprung und damit sein Ahn ist) das kann. Das Vieh soll sich billiger über seinen Sohn (den Menschen) verwundern, daß er so ganz viehisch ist und lebt.«

In den Tiefen unserer Seele, in unserem Unterbewußtsein lebt für Paracelsus die ganze Schöpfung. Wenn wir dieses ererbte Wissen verachten, fristen wir armselig und »viehisch« unser Dasein. Verstehen wir dagegen all die Begabungen, die aus vormenschlichen Zeitaltern stammen, in uns zu erkennen und zu nützen, dann sind wir erst richtige Menschen: »Und aller Tiere Weisheit, Klugheit, List, Vorsicht, Vernunft, Verstand etc. ist alles im Menschen zusammengeknüpft..., alles ist (in ihm) in eine Haut gebracht, was sonst im Vieh verteilt ist. Soweit die ganze Welt mit Vieh (den verschiedensten Tierarten) ausgestattet ist, ist das alles (deren sämtliche Anlagen) in einem (menschlichen) Hirn zusammengefaßt. So daß kein Tier auf Erden ist, dessen Verstand und Vernunft nicht im Menschen wäre. Und so ist der Mensch das höchste Tier und das größte Tier, und er übertrifft alle Tiere. Denn bei den Tieren gibt es das nicht, daß einer in sich allein die ganze tierische Vernunft hätte. Ein jedes Geschlecht (der Tiere) hat (vom möglichen Gesamtwissen aller Lebewesen) seinen Teil. Aber im Menschen sind alle Geschlechter (der Tierwelt) und Teile (der über sie alle verteilten Vernunft).«

Wir verstehen nun, warum Paracelsus die frommen Einsiedler bewunderte, die in der Abgeschiedenheit der Wälder viele Jahre verbrachten und vielfach mit den wilden Tieren echte Freundschaft pflegten.

Der Mensch steht nach Paracelsus hoch über den Tieren. Dies aber nur, wenn er sie alle liebevoll zu beobachten und von ihnen zu lernen versteht. Dann nähert er sich schrittweise wieder dem Glück von Adam und Eva im Paradies.

Echte Tierliebe schenkt Lebensenergie

Gerade in den Hirtenländern, in denen Paracelsus aufwuchs, glaubte das Volk an die für den Menschen positive Lebenskraft der Tiere. Wenn man mit ihnen liebevoll umging, sollte dies auch den Menschen selbst stärken.

Im 18. Jahrhundert staunten die ersten Volkskundler der Alpen, wie sich hier die Hirten und die Tiere als Freunde ansahen und jeweils die Nähe des anderen suchten: »Wodurch zwischen Mensch und Vieh ein freundliches Zutrauen entstanden ist. Auch haben oft in Einöden ganze Herden mir durch mannigfaltige Bewegungen ihre Freude über die Ankunft eines Menschen bezeugt, sind über Zäune und Gräber gesprungen und mußten mit Gewalt abgetrieben werden.«

Wohlbezeugt ist noch immer der alpenländische Volksglaube, daß das Anschmiegen an Kühe oder Baumstämme die Lebenskraft des Menschen stärkt. Die Kuren mit frischer Milch oder mit Ziegenmolke galten im 19. Jahrhundert als vortreffliches Heilmittel. Doch man glaubte auch, daß es noch wirksamer sei, sich dabei im Kraftfeld der Tiere aufzuhalten.

Paracelsus hatte eine Vorliebe für Pferde. Sein Geburtsort Einsiedeln war im Mittelalter für die Pferdezucht berühmt. Im Klostergestüt lernte Paracelsus ganz sicher sehr früh das Reiten. Der Sage nach soll er es dann bei seinen Fahrten in den Osten vervollkommnet haben, da er durch die Länder der damals besten Pferdekenner kam: der Kosaken, Tataren und Zigeuner.

Auf alte Legenden anspielend, erzählt er von »sabäischen«, also die Sternenkraft studierenden Magiern. Sie haben seiner Ansicht nach die tiefsten Einblicke in das Geheimnis der Lebenskraft besessen und dadurch gewußt, wie man sein Dasein nach Belieben verlängern und noch besser auskosten kann! Sie erkannten auch die »magische Kraft der Pferde« und seien in dieser Beziehung die Lehrer der Christen und Mohammedaner gewesen.

Sie hätten gewußt, wie man mit Hilfe der Magie reitet: »Indem durch den Himmel bewirkt wird, daß ein Roß schneller geht, als ein Bolzen von einer Armbrust, und nicht müde wird.« Dies ist für Paracelsus ein wichtiges Beispiel dafür, wie der Mensch mit den Sternenkräften arbeiten kann. Mit diesem Wissen braucht er feindliche Einflüsse in keiner Weise zu fürchten. Er muß nur »die Liebe zum Gestirn haben«.

Die Sternenkraft (Astrum) strömt nach Paracelsus durch die ganze Natur. Von den Tieren können wir lernen, wie wir sie immer besser in uns aufnehmen und einsetzen können.

Stets überwindet der neue Frühling den alten Herbst

Das Wasser, der Mond, das Weibliche hängen für die uralte astrologische Naturkunde eng zusammen. Die Ebbe und Flut der Meere galten dafür als einleuchtender Beweis, genau wie die Periode der Frau, die ungefähr einem »Mond« von achtundzwanzig Tagen entspricht.

Für Paracelsus ist diese Überzeugung, die bis heute im Volksglauben überlebte, eine Grundlage seiner Wissenschaft. Der abnehmende Mond zieht in immer stärkerem Maße die schlechten Einflüsse an sich, bis er sich und seine Kräfte erneuert.

In seiner Abhandlung über das berühmte Bergbad Pfäfers erklärt er: »Der Mond hat seinen Termin (die vollkommene Zeit seiner Erscheinungsarten) auf vier Wochen. Dann entsteht ein neuer und ist doch ein (immer derselbe) Mond. Wenn der Mond älter als vier Wochen würde, würde seine Bosheit (die von ihm ausgehenden zerstörenden Strahlungen) so groß, daß alle Gestirne (die guten himmlischen Einflüsse) unterdrückt werden. Darum, wenn er am höchsten ist in seinem Vorhaben, muß er wieder absteigen und sich verjüngen.«

In diesem Rhythmus verjünge sich auch das Bad Pfäfers: »Gott hat bestimmt, daß im Sommer alle Körper wachsen und leben sollen, die den Kräften der Sonne unterworfen sind. Mit dem Sommer wachsen... Kräuter und anderes. Sie sterben auch mit ihm. So merket auch vom Bad Pfäfers, daß seine Verjüngung im Frühling beginnt und ihr Ende im Winter erreicht. Es (die verjüngende Kraft des Gebirgsorts und seines Wassers) wächst mit den Kräutern und stirbt mit ihnen. Wie die Kräuter vom Aufgang der Sonne gezwungen werden, daß sie aus der Erde wachsen müssen – so wird auch durch die Macht und Wirkung der Sonne das Bad Pfäfers gezwungen, hervorzukommen und sich zusammen mit den irdischen Gewächsen zu zeigen. Mit dem Termin der irdischen Dinge muß es wieder vergehen und seinen

Samen in die Erde setzen, welcher durch die Kraft der Sonne wieder verjüngt wird, zu seinem alten Wesen.« Die Gebirgsquellen unterliegen hier einem Kreislauf, der dem des Himmels, des Sonnenjahres oder auch des Mondmonats entspricht.

Ein solches Auf und Ab der Energien beherrscht nun nach Paracelsus sämtliche irdischen Dinge: »Durch den Tod des Älteren entspringt das Jüngere. So sind jedem Ding ein Ziel und Termin bestimmt. Während dieser Zeit muß es seinen Höhepunkt erreichen, und dann kann es nicht mehr herrschen (weil seine Kräfte rasch abnehmen)...« Diese Auffassung wurde im 16. bis 19. Jahrhundert zur Grundweisheit des ganzen Badelebens der Alpen, wobei sich viele der besten Ärzte ausdrücklich auf die Weisheit des Paracelsus beriefen.

Im Herbst des Lebens überwinden bei allen Geschöpfen die Kräfte des Abbaus die Aufbauenergien. Dies ist nach dem Alchimisten Paracelsus schon deshalb notwendig, damit kein Wesen übermächtig wird, und dadurch das kosmische Gleichgewicht stört: »Wenn die Nesseln über ihren Termin wachsen würden, wie scharf (brennend) würden sie werden? Wenn die Rosen ihren Termin überschreiten würden, wer könnte ihren Geruch aushalten? Gott hat daher dem Guten und dem Bösen sein Ziel gesetzt, damit nichts zu hoch aufsteige.«

In den Bergbädern und Alpenflüssen, die im Frühling freier und mächtiger strömen, erkannte man den Kreislauf aller Dinge. Zu Beginn des kalten Winters zeigte sich den Schülern des Paracelsus eine deutliche Abnahme der Kräfte, also der drohende Tod, zu Frühlingsbeginn hingegen die Neugeburt allen Lebens.

Also versuchte der Mensch bewußt, sich in diesen Kreislauf einzugliedern. In der Region Bern sagte man noch im 19. Jahrhundert: »Wenn der Mai kommt, sind Städte und Schlösser ausgestorben.« Oder auch: »Wenn du im Frühling jemanden suchst, geh den kleinen Bädern (Bedli) nach.« Wer es sich irgendwie leisten konnte, gönnte sich zu Beginn der warmen Jahreszeit eine Badekur im Gebirge. Dadurch glaubten die Menschen, sich wie die Kräuter mit der erneuerten Erdkraft zu erfüllen. Auch im österreichischen Waldviertel vernahm ich in der Umgebung von Burg Rastenberg: »Wer ins Maienbad geht, wird im darauffolgenden Jahr keinen Tag älter.«

Paracelsus verglich diese Wirkungen wiederum mit denen des Magneten: »Wie Gott die Kraft des Magneten, Eisen an sich zu ziehen, geschaffen hat, so hat er auch diesem Wasser von Pfäfers eine anziehende Kraft gegeben, alle Krankheiten aus den Muskeln des Körpers auszuziehen... Das Wasser ist die Arznei, die der Chirurg bei allen verzweifelten Krankheiten gebrauchen soll. Wenn die natürliche Wirkung nicht vonstatten gehen will, so wirkt dieses Bad. Wenn gefragt würde: warum? Die magnetische Kraft ist ein Beispiel dafür.«

Der fromme Gelehrte wird durch das Gebirgsbad geradezu an das Evangelium erinnert. Er verweist auf die Abschnitte, in denen heilsame Bäder erwähnt sind. Engel haben in bestimmten Zeiten deren Wasser »bewegt« und dadurch den von überall herbeiströmenden Leidenden die Gesundheit geschenkt.

Das Wunder, das sich hier in den Alpen jährlich vollzieht, übertrifft nach ihm sämtliche Erklärungen: »Die Materie, von der die Krankheit stammt, wird (wie durch einen Magneten) ausgezogen und dann verzehrt.«

Jedes Heilbad liegt in einer Glücksgegend

Die wunderbaren Naturbäder sind also für Paracelsus Orte, an denen die Kräfte aus der Tiefe und von den Sternen zu einer Einheit verschmelzen. Der große Arzt beobachtet, daß an solchen Plätzen besonders wirksame Heilkräuter wachsen. Er geht sogar so weit, die Wirkung der Bäder mit den Vorzügen der verschiedenen Heilkräuter gleichzusetzen. Die Kraft von Bad Gastein vergleicht er mit der von Melisse und Kamille. »Döpplitz, Baden in Österreich, Villach etc. gleichen den Kräften von Ligusticum.« Die Bäder in Baden und im Schwarzwald sollen in ihrer Heilkraft der Kamille vergleichbar sein.

Darüber hinaus konstatiert er: »Es gibt auch viele gewöhnliche Brunnen, welche die Art der Bäume, Schwämme, Kräuter etc. der Gegend des Feldes oder Berges in sich haben, wo sie fließen und entspringen.« Der Badearzt Paracelsus ist sogar überzeugt, daß das Wasser dieser Orte – wie die dort gedeihenden Pflanzen – an Energie zu- und abnimmt: »Diese Brunnen... sind ein Gewächs (der Erde), das dem (pflanzlichen) Gewächs ihrer Gegend gleicht. Sie behalten die Kraft, Tugend und Eigenschaft dieser Kräuter, Bäume etc. (die in ihrem unmittelbaren Umkreis wachsen).«

Eine Sage aus der Gegend von Tarasp, die über die Entstehung der dortigen Heilquellen berichtet, enthält die gleichen Grundgedanken. In ihr wird geschildert, wie in ferner Urzeit ein heftiges Gewitter über dem Ort tobte und dann ein sehr schöner Regenbogen entstand, durch den der Luftwagen einer Göttin oder Fee nahte. Dieses himmlische Wesen schenkte dem Bergvolk nun eine Heilquelle, und jene Gegenden, durch die sie mit ihrem magischen Fluggefährt fuhr, »prangen noch heute in den seltsamsten und heilsamsten Alpenpflanzen«.

Der Besitzer des Kurhotels von Tarasp-Vulpera lud mich freundlicherweise ein, das Gebäude und dessen Überlieferung zu studieren. Die heilkräftigen Wirkungen, die man hier finde, so sei den Gästen erzählt worden, beruhten nicht auf der besonderen chemischen Zusammensetzung des Quellwassers. Vielmehr werde hier die Gesundheit des Menschen auf vielfältige Art gestärkt. Die reine Alpenluft sei ebenso wichtig wie das Heilwasser. Der Spaziergang in den Wäldern sei ein Labsal für die Lunge. Die frische Milch, der Käse und die würzigen Bergkräuter seien wichtiger Bestandteil einer gesunden, kräftigenden Kur.

Hier lebte also fast bis in unsere Gegenwart die Weisheit der Paracelsus-Medizin weiter. Wenn wir in die einzigartige Atmosphäre dieser alten Badeorte eintauchen, begreifen wir, was Paracelsus zu vermitteln versuchte: »Denn wie die Länder still liegen, so liegen auch ihre Gestirne, die ihnen gegeben sind, still.« Das heißt, die Strahleneinflüsse, denen man an jedem Ort ausgesetzt ist, bleiben ungefähr gleich. Und: »Die Luft (in der die Sternenstrahlen wirken) ist in jedem Land anders... Alle Länder haben ihre eigene Luft, und diese bleibt ihnen.« Im Heilbad wirkt also nicht nur das Wasser, sondern die ganze Gegend, das ganze umfassende Kraftfeld.

Deine Umwelt ist dein Verbündeter

Der Mensch wird nach Paracelsus doppelt geboren. Zuerst einmal aus dem Stoff, den seine Eltern für seine Geburt liefern. Dann aus der Nahrung, die er täglich zu sich nimmt. So bekommen wir auch unsere Heimat doppelt: erstens durch den Ort, an dem wir das Licht der Welt erblicken, zweitens durch das Land, das wir bewußt lieben lernen.

Im Mittelalter entwickelten die Menschen eine erstaunliche Wanderlust, die wir dank Paracelsus immer besser verstehen. Vom fahrenden Volk, den damals so zahlreichen Nomaden, wollen wir hier gar nicht reden. Doch sogar die so seßhaften Bauern neigten dazu, auszuziehen, um neue Gebiete zu besiedeln. Zu erwähnen sind auch die Wanderungen frommer Pilger, die sehr häufig jahrelang dauern konnten. Handwerksburschen in Stadt und Land verbrachten ihre Jugend auf Wanderschaft. Ähnlich wie die stolzen Ritter wollten sie von großen Meistern lernen. Um diese zu finden, durfte kein Weg zu beschwerlich sein.

Das Leben ist damit für Paracelsus der großartige Versuch, sich selbst zu finden – oder zumindest einen wichtigen Schritt zu diesem Ziel zu tun: »Mein bisheriges Wandern war für mich ersprießlich, weil kein Meister im Hause wächst und weil keiner seinen Lehrer hinter dem Ofen hat. Nicht alle Künste sind im Vaterland eines Menschen verschlossen, sondern sie sind in der ganzen Welt verteilt. Sie sind nicht in einem Menschen allein oder an einem einzigen Ort, sondern sie müssen zusammengesucht werden. Sie müssen dort gesucht und genommen werden, wo sie sind.«

Paracelsus scheint stolz darauf gewesen zu sein, aus Einsiedeln zu stammen. Unermüdlich trieb ihn dann sein Wissensdurst durch die weite Welt, er wollte sie in ihrer ganzen Vielfalt erkennen und genießen. Viele seiner Anlagen hat er bekanntlich aus seinem Berglertum erklärt. Lesen wir nun seine Schriften, so merken wir, wie sehr ihn seine Heimat beschäftigte. Mit besonderer Liebe und Aufmerksamkeit hat er heimatliche Gebräuche und Eigenarten beobachtet. Jedesmal staunte er über Vorzüge, die jedes der untersuchten Alpentäler von anderen unterschieden. Wenn man seine begeisterten Sätze liest, fragt man sich, ob Paracelsus bei all seinen Untersuchungen noch ein weiteres Ziel verfolgt hat. Suchte er womöglich eine Landschaft, die ihn an einige Vorzüge seines Geburtsortes Einsiedeln erinnerte? Eine Gegend, die ein Stück Heimat war, aber gleichzeitig noch einige andere Eigenschaften hatte, die er für seine weitere persönliche Entwicklung brauchte? Schließlich betrachtete er seinen eigenen Leib als das allerbeste Instrument für seine Forschungen. Also hat er sicher oft darüber nachgedacht, inwieweit ein bestimmtes Land ihm zusagte.

Vom norditalienischen Veltlin stellt er ganz in diesem Sinne fest: »Es ist ein so gesundes Land, auch das, was in ihm wächst. Es ist gesund, daß nicht viele gesündere Orte gefunden werden können, so weit ich gewandert bin.« Er preist es überhaupt in den allerhöchsten Tönen. Seine Vorzüge »hat weder Germanien, weder Italien, weder Frankreich, weder der Westen noch der Osten in Europa«. Er staunt, daß hier die Einheimischen, die »geborenen Einwohner« wie er schreibt, die »Podagra«, Kolik und anderen Übel gar nicht kennen würden.

Nicht weniger begeisterte Worte findet er dann auch für das Engadin, in das unser Erforscher der Naturwunder einst über den Bernina-Paß wanderte. Er lobt die aus der Erde sprudelnden Heilquellen, die er in St. Moritz kennenlernte. Was die Erde hier für die Menschheit bereitstellte, übertrifft nach seinen begeisterten Worten alle ihm bekannten Wundermittel. Nichts Vergleichbares habe er »in Europa erfahren«.

Die Wirkung des Heilwesens ist groß: »Der (Mensch) desselbigen Tranks trinket, wie einer Arznei gebührt, der kann von Gesundheit sagen und weiß von keinem Stein noch Sand (in seinem Leib) nicht, er weiß (von) keiner Podagra, keiner Arthetica . . .« Schadstoffe, die sich in seinen Organen abgelagert haben, werden nun ohne Komplikationen rasch ausgeschieden. Dies geschieht für Paracelsus auf ähnliche Weise, wie es in der Tierwelt stattfindet, die er häufig als Beispiel heranzieht.

Für den Menschen sonst unverdauliche Dinge können von den Kräften des Magens verdaut werden, nicht anders als bei einer Amsel, die imstande ist, eine giftige Spinne zu verschlingen und restlos zu verdauen. Das Engadiner Heilwasser hilft überhaupt gegen zahlreiche Dinge, »so Krankheit im Menschen machen«.

Entscheidend ist es jedoch, das heilende Quellwasser in sich aufzunehmen, »wie einer Arznei gebührt«. Paracelsus will damit ausdrücken, daß man nie vergessen sollte, daß es unsere inneren Kräfte sind, die es uns ermöglichen, von den äußeren Medikamenten überhaupt Nutzen zu ziehen. Dies würde bedeuten: Je mehr eine Landschaft für uns lebt, als ein Wunder erkannt, beseelt ist, desto mehr kann alles, was sie hervorbringt, für uns ein Segen sein.

Das Lieblingsland Kärnten

Von allen Bergländern, die er erforschte und schätzte, stuft Paracelsus Kärnten als eine wahre Apotheke Gottes ein: »Was Bergwerke und Arznei betrifft, so ist Kärnten das erste Land gewesen.« Selbst meint er damit ein größeres Gebiet als das kleine österreichische Bundesland in seinen heutigen Grenzen. Kärnten ist für ihn ein gewaltiges Reich, dessen Stämme einst die erste Stelle im Herz der Alpen und in ihrem Vorraum einnahmen. Er bringt es sogar mit ganz Schwaben in Verbindung, wobei er das früher gemeinsame Löwenwappen als Beweis anführt.

Das Land Kärnten, das ursprünglich eine einheitliche Kultur und eine verwandte Natur gehabt habe, sei später geteilt worden: »Ein Teil wurde Steiermark gegeben, ein Teil Friaul, ein Teil der Kirche wie dem Erzbischoftum Salzburg, ein Teil dem Bistum Bamberg etc. Wenn ein Reich so geteilt wird, muß es Verheerungen erdulden.«

Wir finden hier eine häufig dargelegte Auffassung des Naturphilosophen und Forschers: Eine bestimmte Landschaft bildet eine große Einheit, einem gewaltigen Lebewesen vergleichbar. Es ist darum von Nachteil für dessen Einwohner, wenn es von feindlichen Mächten zerstückelt wird.

Die niederströmenden Kräfte des Himmels und die vielfältigen Eigenschaften des Erdbodens erzeugen nach Paracelsus gerade im Land Kärnten eine Fülle von Naturwundern: »Da hier so viele Bergwerke in diesem Lande sind, kann man gut daran denken, daß da eine Vereinigung und Verbindung der Planeten des Firmaments mit den unteren drei Dingen, die in den Elementen liegen, ist. Die Vereinigung der oberen Gestirne und der elementarischen Körper erzeugen oder gebären diese Erze an ihrer Stätte, wie es Gott bestimmt hat.«

In den Ländern, die er als seine eigentliche Heimat bezeichnet, ist also nach Paracelsus der gewaltige Vorgang der Schöpfung nicht abgeschlossen. Noch immer sieht er hier die Energien aus Himmel und Erde beim »Erzeugen und Gebären« der irdischen Stoffe tätig sein. So wie diese aus der Schmiedewerkstatt der Natur hervorgehen, glaubt er sie ganz und gar erfüllt von neuen Kräften.

In Gegenden, wo es reiche Bodenschätze gibt, wo nach edlen Metallen und Steinen gegraben werden kann, sind für Paracelsus die

Wasserquellen besonders wirksam. Vielleicht gehen auf solche Theorien des Arztes und Alchimisten viele Alpensagen zurück, die den »geheimnisvollen Goldglanz« der Bergwasser als Hinweis auf den »Schatz des Theophrastus« ansehen.

Gerade auch in Bezug auf Kärnten verweist er auf sprudelnde Brunnen »mit trefflichen heilenden Kräften«: »Über diese Kräfte zu schreiben, habe ich mir vorgenommen. Auch über andere Gewächse (Entfaltungen der Lebenskräfte in den Erdelementen) in diesem Lande, die bei andern Nationen nicht gefunden werden, kann mit Recht ein Büchlein geschrieben werden. Im alten Kärnten, eine Meile von Friesach, in der Einöde (heute Bad Einöd) ist ein Sauerbrunnen, der von Natur warm ist. Solche Sauerbrunnen, die ihre Säure in der Wärme behalten, gibt es nicht in großer Zahl in Deutschland.«

Wo die Schöpfung sich stets neu vollzieht, dort wachsen auch die natürlichen Heilkräfte ins Unendliche. Aus seiner Schrift über Kärnten wie auch in anderen Büchern finden wir eine Fülle von entsprechenden Hinweisen: »Das Lavental im Herzogtum Kärnten hat seinen Namen vom (lateinischen Wort für) Waschen empfangen. In diesem sind die Flüsse so goldreich gewesen...«

Wegen dieses Reichtums an unterirdischen, durch Sternenkräfte in der Erde entstandenen Schätzen ist Kärnten für Paracelsus ein Sonnenland: Die Einwanderer, kurz nach der Sintflut, »haben sich auf einem Felde niedergelassen, das jetzt Solfeldt (Feld der Sonne) genannt wird. Hier hatten sie stattlich ihre Wohnungen, und sie haben einen Tempel gebaut und ihn Sonnentempel genannt. Die Sonne ist nämlich ihr Abgott gewesen...«

Aus dieser Zeit stammen nach Paracelsus die Sinnbilder – »drei schwarze Löwen in einem goldenen Felde«. »Diese Löwen hat Suevus, der erste König der Schwaben, geerbt. Wegen des verwandten Blutes hat Samo, der (als Herrscher) Carynthiam (Kärnten) besessen hat, auch diese Löwen im Wappen geführt.« Der Löwe ist nun nach der Lehre des Paracelsus das Sinnbild für eine Urkraft, die sich am Himmel als Sol oder Sonne und auf Erden als das Metall Gold äußert.

Der Alchimist erklärte im übrigen das deutsche Wort »Kärnten«, das »Quarenden« der Windischen, aus dem lateinischen »Caritas intima«. Der Name ist für ihn der Ausdruck der »Liebe zu diesem Lande«, die bereits die ersten Einwanderer in ihren Herzen empfanden und die sich darum in den Tälern Kärntens niederließen.

Die zweite Heimat des Paracelsus

Der Mensch sollte nach Paracelsus seine Umwelt verstehen und lieben. Die Ursache von Völkerwanderungen und Kriegen ist für ihn aus dem Wunsch der Stämme zu erklären, in einer Natur zu leben, die ihnen in jeder Beziehung zusagt.

In seiner köstlichen Schrift »Chronik und Ursprung des Landes Kärnten« berichtet er uns: »Was aber andere Städte, Märkte, Flecken und Dörfer betrifft, so stammt ihr Anfang vom Bergwerk und von den Bodenschätzen her, und sie sind nach Gegebenheit des Bodens geordnet.« Die Ortschaften liegen nach ihm jeweils an jenen Stellen, wo aufgrund der Sternenstrahlen die für den Menschen besonders wichtigen Bodenschätze erzeugt werden. Auch von den malerischen Seen von Kärnten versichert er, daß sie »in diesem Lande auf goldreichem Boden liegen«. Wir vernehmen überhaupt: »In diesem (dem Herzogtum Kärnten) sind die Flüsse so goldreich gewesen, daß von allen fremden Nationen Künstler und Bergleute kamen.«

Die Liste der Einwanderer und Eroberer, die sich in Kärnten festsetzen wollten, ist bei Paracelsus sehr lang. Da sind einmal die Germanen und »Slavonen« (Slawen), denen er denselben Ursprung zuschreibt. Dann kommen die Völker aus dem Süden, die das Alpenland zu einem Zentrum ihrer Macht ausbauen wollten: »Auch Kärnten ist von den Römern eingenommen und besetzt worden. Es wurde mit Schlössern und Schätzen geputzt (ausgeschmückt) und von den Römern mehr geliebt als andere Länder.« Eine Reihe der Kärntner Adelsgeschlechter stammt nach Paracelsus von den Römern ab.

Attila ist, so Paracelsus, mit seinen Hunnen bis in das Herz Europas vorgestoßen, und die Türken haben dann »dieses Land Kärnten und seine Nachbarschaft oft jämmerlich überfallen«. Aber auch in der fernen Vergangenheit gibt es kein berühmtes Volk, von dem Paracelsus nicht Spuren in seiner Bergheimat entdeckt. »Es ist in den Chroniken gefunden worden, daß viele Philister (das Volk Palästinas) in diesem Lande gewohnt haben. Es ist auch Kaiser Friedrich III. angezeigt worden, daß (der biblische Held) Simson in diesem Lande gewesen sei.« Aus ihrer Kenntnis der Erdschätze sind die verschiedensten Stämme eingewandert, »und aus Liebe zum Erze sind sie in dem Lande geblieben«.

Wie auch die bereits erwähnten Volkssagen der anderen Alpenräume berichten, sind nach Kärnten nicht nur Völker aus dem Süden und Osten vorgedrungen: »Dann sind von Mitternacht Friesen und Sachsen in großer Menge wegen der Bergwerke nach Kärnten gekommen. Es ist von ihnen eine Stadt gebaut worden, die jetzt Friesach heißt, da sie von Friesen und Sachsen erbaut wurde.« Paracelsus kann offenbar gar nicht alle Gruppen von Einwanderern einzeln aufzählen. Er erwähnt die Ligurer und fügt hinzu: »Nicht nur diese, sondern noch viel mehr Städte und Bergwerke sind errichtet worden, und von der Ferne sind Leute in dieses Land gezogen.«

Wenn Paracelsus also ein Land und dessen Bewohner verstehen und seinen Wert preisen will, sieht er in ihm nicht eine einheitliche Nation. »Von allen fremden Nationen« sind nach ihm Menschen eingewandert, angezogen von der gleichen Liebe zu den Kräften der Erde.

Aus dieser einzigartigen Verbindung der Stämme erklärt der Gelehrte eine noch in seiner Zeit feststellbare Tatsache: Es gab eine auffallend große Zahl von Menschen die für die natürlichen Energien und Strahlungen besonders empfindliche Sinne besaßen. Ausdrücklich erwähnt er die »Geomantisten«, also diejenigen, die in der äußeren Gestalt einer Landschaft deren verborgene Eigenschaften erkennen können. Auch die Rutengänger, Kristallseher und andere »Künstler« werden aufgezählt, die mit ihren speziellen Methoden den Geheimnissen von Kärnten nachgingen. Alle diese Forscher dachten offenbar wie Paracelsus, der schreibt: »Wenn die Berge in Kärnten wie ein Kasten mit einem Schlüssel aufgesperrt würden, wo würde man größere Schätze finden?«

Durch das Zusammentreffen der verschiedenen Kulturen ist für Paracelsus in Kärnten ein einzigartiges Wissen um die Umwelt erblüht: »Ältere Bergwerke (als in Kärnten) können die Chroniken nämlich nicht anzeigen, sondern diese Kunst (die Bestandteile des Bodens zu erkennen) ist zuerst in diesem Land (Kärnten) gelehrt und dann in andere Länder getragen worden... Es findet sich auch, daß die ersten Künste in der Arznei am subtilsten in Germanien hier vorgenommen worden sind. Das beweisen die alten deutschen Büchlein, die vor Christi Geburt gesammelt worden sind; zu diesen Zeiten ist die Extraktion der Quinta essentia (Quintessenz) schon begonnen worden.«

Andere Länder mögen auf den ersten Blick malerischer wirken.

Aber in Kärnten und den angrenzenden Berggebieten ist nun einmal in Adel und Volk das reiche »Wissen von solchen zierlichen Künsten« entstanden. Von überall sind Menschen angezogen worden, die gerade hier den Rätseln der Schöpfungsgeschichte der Erde nachgehen wollten. Sie verstanden die wunderbaren Vorgänge der Erde und erkannten deren Gesetze. Überall entdeckt Paracelsus die Spuren ihrer Kunst, Steine und Metalle zu bearbeiten: »Es wurden (in Kärnten) Münzen, Bildnisse und Gebäude gefunden und gesehen, die mit wunderbaren Zierden geschmückt sind.« Durch den Austausch von Erfahrungen vergangener Hochkulturen entstand nach Paracelsus ein tiefes Wissen um die in allen Dingen verborgenen Heilkräfte.

Paracelsus liebte und wählte Kärnten bewußt als seine zweite Heimat, weil er hier im Volk das uralte Wissen um die »Quinta essentia« fand. Das war für die Alchimisten die geheimnisvolle, in den vier Elementen verborgene fünfte Urkraft, die sie gelegentlich dem Magnetismus gleichsetzten.

Jeder Ort ist heilig

Gibt es besonders heilige Orte? Gibt es wirklich Plätze, an denen sich der Mensch deutlich als Mittelpunkt eines mächtigen Strahlenfeldes empfindet? Gibt es Erdstellen, an denen wir den Strom der Lebenskräfte besser spüren? Auch mit diesen Fragen hat sich der Arzt Paracelsus mehrfach auseinandergesetzt.

Er hat dabei den Wahrheitsgehalt des Volksglaubens herauszufinden versucht, genauso wie er stets das abergläubische Beiwerk der alten Überlieferungen bekämpfte. Die zahllosen Zauberbücher, die im 15. und 16. Jahrhundert die Märkte überschwemmten, waren für ihn ein Zeichen für die Macht des Glaubens. Auch dumme Beschwörungen, durch Jahrhunderte falsch abgeschrieben und weitergereicht, konnten, wie er feststellte, gelegentlich erstaunliche Wirkungen auslösen – weil die Leute an sie fest glaubten. Gelegentlich genügte dies, um in ihren Körpern die erstaunlichsten Kräfte zu entfesseln.

Besorgt beobachtete der Alchimist jedoch, wie durch die dauernden Religionsstreitigkeiten die Bindung an die christliche Kirche sehr stark erschüttert wurde. Die große Verbreitung von Zauberbüchern war ein Hinweis darauf, daß viele in ihrer Not Dämonen anriefen, die noch aus der ägyptischen, babylonischen oder hebräisch-gnostischen Vorstellungswelt stammten. Die Menschen brachten ihnen Opfer und beschworen ganze Sturmnächte hindurch die ihnen unverständlichen Namen. Sie hofften in ihrer Verzweiflung, von diesen Mächten aus vorchristlicher Zeit Schutz vor Feinden und gleichzeitig unvorstellbaren Reichtum erbitten zu können.

Mit den Anhängern des neuen Zauberglaubens versuchte der große Seelenarzt Paracelsus vernünftig zu reden. Er stritt nicht die Kräfte ab, die der Mensch durch seine Vorstellungskraft auszulösen vermag. Er verachtete aber den maßlosen und nach ihm für alle Beteiligten schädlichen Egoismus, der aus diesen Anleitungen sprach. Vom Standpunkt seiner magischen Naturwissenschaft aus versuchte er, die in Mode gekommenen Zauberpraktiken zu entlarven. In den Verfassern der Zauberbücher erkannte er keine großen Eingeweihten, sondern die menschliche Torheit und Not ausnutzende Scharlatane.

Die Bücher der Zauberer, die damals Einfluß auf das ratlose Volk ausübten, beschäftigten sich sehr häufig mit besonderen magischen Orten. Sie mußten in Wald oder Gebirge gefunden und dann mit speziellen Ritualen für den Zauber geweiht werden. Erst dann sollten sie für die Anrufung der mächtigen Dämonen geeignet sein. Gerade aus den Alpenländern sind uns nicht nur Sagen, sondern auch Gerichtsdokumente über solche Praktiken überliefert worden. Ob durch sie jemand zu viel Gold kam, können wir anhand solcher Urkunden nicht nachweisen. Sicher ist jedoch, daß das Zubehör für die vorgeschriebenen Zeremonien oft sehr teuer war. Viele Menschen kamen dadurch um ihr letztes Hab und Gut.

Man muß nach Paracelsus keinen Platz eigens beschwören, weil er nach ihm bereits heilig ist – und dies von Anbeginn der Schöpfung. Wir brauchen für magische Zwecke keine Kräfte in einen Platz hineinzuzaubern, wir müssen nur erkennen, daß sie in ihm sind.

Paracelsus lehrt: »Von der Heiligung des Ortes, der Instrumente und desgleichen und aller Geschöpfe auf Erden ist nicht viel zu melden, zu reden und zu lehren nötig. Weil uns Gott der Allmächtige gleich am Anfang und bei der Erschaffung der Welt alle Dinge genügend geheiligt hat. Denn er selbst ist heilig. Darum ist alles – was er bestimmt und macht – auch durch ihn geheiligt.«

Die wahre Magie kann der Mensch nur in sich selbst vollbringen.

Sie besteht darin, daß er erkennt, daß auch der Ort, an dem er lebt und wirkt, aus dem Schöpfungswunder stammt. Auch er ist aus heiligen Kräften entstanden, und genau diese Energien können von uns erfühlt und zu unserem Glück verwendet werden.

Wer diese einfache Wahrheit erkennt und nicht anwendet, begeht nach Paracelsus eine große Dummheit. Paracelsus beschimpft damit keineswegs seine Zeitgenossen, die Trost in einem oberflächlichen Zauberglauben suchten. Er sieht in ihnen weder Sünder noch üble Ketzer, sondern bedauert lediglich ihr beschränktes Denken: »O du großer Erznarr und unverständiger Mensch, der du nicht wert bist, daß du Mensch genannt wirst – der du solch handgreiflichen Lügen Glauben schenkst.«

Die »handgreifliche Lüge«, die nach ihm jedes menschliche Wesen erkennen sollte, ist das Mißtrauen, daß etwas nicht schon von Natur aus heilig sein könnte. Alles ist nach Paracelsus ein Schöpfungswunder, dessen Tiefe und Vielseitigkeit unser Verstand gar nicht voll ausloten kann. Da wir aber zu »allen Geschöpfen auf Erden« gehören, die in ihrem Grundwesen heilig sind, können wir dies schließlich selbst erspüren.

Nach Paracelsus vermag jeder Mensch, dies in seiner Umwelt herauszufinden. Wenn er sie liebevoll durchwandert und erforscht, schaut er ihre Wunder. Dann ist es ihm möglich, die in jedem Ort verborgenen Möglichkeiten für ein größeres Glück und eine bessere Gesundheit wahrzunehmen.

Finde das Heilmittel im nahen Garten

Der Mensch ist für Paracelsus stets in Wandlung begriffen. Er bildet sich aus den Kräften seiner Umgebung immer neu. Die Schöpfung ist kein einmaliger, abgeschlossener Vorgang. Wir sind vielmehr Teil eines kontinuierlichen Schöpfungsprozesses und helfen mit, uns und unsere gesamte Umgebung zu gestalten.

Der Kreislauf unserer Körpersäfte (Humores) steht im unmittelbaren Zusammenhang mit dem Strom der feinstofflichen Energien, der uns umgibt. Wir müssen deshalb auch die anderen Länder der Erde durchreisen und dort Erfahrungen sammeln: »Die englischen Humores sind nicht ungarische und die neapolitanischen nicht preußische. Deshalb mußt du hinziehen, wo sie sind. Je mehr du sie suchst und je mehr du sie erfährst, desto größer ist dein Verstand in deinem Vaterland.«

Der echte Heilkundige sollte die Bildung der Stoffe und ihre Auswirkungen in der Natur selbst kennenlernen. Deshalb muß er reisen und in die Tiefe, zu den Werkstätten der Kräfte, steigen. Er muß auch mit dem Volk reden. Von ihm kann er ebenfalls lernen und so nach und nach seine Weisheit vergrößern.

Paracelsus fügt hinzu: »So ist es auch notwendig, daß der Arzt ein Alchimist sei. Will er das sein, so muß er die Mutter sehen, aus der die Minerale wachsen. Die Berge gehen ihm nicht nach, sondern er muß ihnen nachgehen. Wo die Minerale liegen, da sind die Künstler. Will jemand Künstler in der Scheidung und Bereitung der Natur suchen, so muß er sie an dem Ort suchen, wo die Minerale sind. Wie kann jemand hinter die Bereitung der Natur kommen, wenn er sie nicht sucht, wo sie ist? Soll mir das verargt werden, daß ich meine Minerale aufgesucht habe? Daß ich ihr Gemüt und Herz erfahren habe? Ihre Kunst mit meinen Händen gehalten habe, die mich lehrt, das Reine vom Kot zu scheiden, wodurch ich vielem Schlechten beikommen kann?«

Jeder Mensch ist ein vollkommenes Wunder, das unter den besonderen Sternenkräften gedeiht, die sein Heimatland auszeichnen. Wir verstehen einen Menschen erst, wenn wir seine Umgebung kennen, aus der er seine Lebenskräfte bezieht. Wir müssen eben in das »Gemüt und Herz« der Natur geschaut haben, die unsere mütterliche Beschützerin ist: »Kennt sich der Arzt nur in einer Gegend aus, so kann er den Fremden nicht helfen. Denn Arzt sein kann man nur in einem Gebiete, das man kennt. Deshalb auch folge nicht blindlings den arabischen, barbarischen oder chaldäischen Ärzten, noch diese uns.«

Der gute Arzt sollte seinem Patienten mit »Sympathie« entgegentreten, das heißt, innere Zuneigung und tiefe Wesensverwandtschaft fühlen. Er begreift den Kranken dann nicht nur aufgrund seiner medizinischen Fachkenntnisse. Auch mit seinem »Herzen«, das ist verständlicherweise ein Lieblingsbegriff des Paracelsus, fühlt er, was dem andern fehlt. Der Leidende und der Helfer sollten nach Möglichkeit einander nahestehen und aus den gleichen Kraftquellen schöpfen.

Darum ist für Paracelsus der Arzt ein eifriger Erforscher der natürlichen Umgebung, in der seine Patienten leben und arbeiten müssen: »Nun ist ferner notwendig zu beachten, in welcher Gegend der Kranke ist. Das ist, was für Natur, Eigenschaft und besondere Art eine Gegend in sich hat. Denn anders ist das eine Land als das andere. Andere die Erde als jene; die Steine, die Weine, das Brot, das Fleisch. Alles, was in dieser Gegend wächst und ist, ist anders... Diese Eigenschaft (einer jeden Landschaft) soll der Arzt wohl bedenken und wissen. Daher soll er ein Kosmograph und ein Geograph sein und das (was in diesen Wissenschaften enthalten ist) auf das beste kennen.« Mit andern Worten: Er muß möglichst viel über das Wesen der Erde nachdenken, auf der er und seine Patienten leben. Er sollte gleichzeitig erforschen, wie die einzelnen Länder und Regionen die Einwirkungen des Weltalls (Kosmos) empfangen.

Jedes Gebiet hat selbstverständlich neben seinen Vorzügen auch seine Schattenseiten. Berücksichtigen wir diese nicht, versuchen wir nicht, sie geschickt auszugleichen, verfolgen uns zahllose Übel. Doch wir können nach Paracelsus beruhigt sein, denn genau dort, wo uns ein Nachteil bedroht, besitzen wir auch das entsprechende Gegenmittel. Jeder Lebensraum verfügt ursprünglich über sämtliche Voraussetzungen für ein langes, gesundes Leben. Damit ist eine der wichtigsten Grundlagen der Lehre des Paracelsus genannt: »Jedem Lande wächst seine eigene Krankheit, seine eigene Arznei, sein eigener Arzt... Darum muß ich lachen, daß die Deutschen arabisch, chaldäisch etc. sind und das Deutsche nicht kennen.«

Wir lernen hier, daß wir uns nicht von den Vorschriften anderer Kulturen und Zeiten abhängig machen dürfen. Nur die eigene Erfahrung und die der besten Zeitgenossen sollten unsere Lehrer sein. Paracelsus meint deshalb zu den Anhängern von damaligen Modetheorien, die sich vor allem auf arabische Quellen stützten: »Sie wollen Arzneien aus überseeischen Ländern, und im Garten vor ihrem Hause wächst besseres.«

Wie man Kraft aus der Natur schöpft

Um sich in einer Gegend glücklich zu fühlen, muß man nach Paracelsus an ihre Heiligkeit glauben. Wenn man die heimatliche Landschaft liebt, zieht man nach der Alpenmedizin deren Kräfte an.

Der weise Sohn der Bergwelt drückt es so aus: »Dieser (der allmächtige Schöpfer) tut seine Zeichen nicht allein in (auf Schauplätzen der biblischen Geschichte wie) Jerusalem oder Judäa oder Galiläa, sondern auch in Europa, in Asien, in Italien, in allen Tälern und Regionen der ganzen Welt. Und es gibt keine Region, in der er nicht durch seine Heiligen öffentlich Zeichen geben ließe, zum Zeugnis für seinen Sohn.«

Tausendfach erzählen uns die Volkslegenden, in deren Kreis ich aufwuchs, vom gleichen Grundgedanken. Der Strom Aare, an dem ich meine ersten Wanderungen unternahm, galt frommen Menschen seit jeher als der heilige Jordan im Gelobten Land, in dem Christus getauft wurde. Den Berg Niesen am Thuner See nannte man auch »Jesen«: Man war lange davon überzeugt, daß von ihm aus Christus seine Himmelfahrt begann.

Im ganzen Alpenraum finden wir ähnliche Legenden. Von Schloß Rastenberg im österreichischen Waldviertel berichtete mir dessen Besitzerin, es heiße so, weil nach einer Sage Christus auf einer seiner Wanderungen hier gerastet habe. Von Schloß Schwarzenau in derselben Gegend führte man mich zu mächtigen Steinen, die in einem Wald liegen. Über die Vertiefungen in den Felsblöcken erzählten die Einheimischen, sie seien entstanden, weil Christus und seine zwölf Jünger sich hier zur Ruhe niedergesetzt hätten. Fahrendes Volk habe noch lange den Ort für heilig gehalten, hier nächtlich im Mondschein Musik gemacht und neue Kraft empfangen. Junge Menschen, die den Platz aufsuchen, sind überzeugt, zu bestimmten Zeiten um die Steine herum einen feinen Lichtschein zu erblicken.

Weil ich stets solchen Geschichten nachging, werde ich seit dreißig Jahren häufig gebeten, doch ein für die Wanderer nützliches Verzeichnis von heiligen Plätzen im Alpenland zusammenzustellen. Es gibt ja bekanntlich bereits einen magisch-mystischen Tourismus. Ich glaube jedoch, wir müssen hier die Lehre des Paracelsus beherzigen. Demnach geht es kaum darum, in der ganzen Welt zu heiligen Plätzen zu pilgern und von ihnen märchenhafte Wunder zu erwarten. Es ist aber von Vorteil, wenn man in seinem engeren Lebensraum einen solchen Ort findet, der möglichst in weniger als einer Stunde zu Fuß zu erreichen ist.

Dorthin kann man sich zurückziehen und sich, im Sinne der fahrenden Ärzte der Vergangenheit, dem Strom der Kräfte hingeben. Das beste Handbuch wird kaum alle Heilplätze erfassen können. Wenn man aber den jeweils nächstgelegenen finden will, wird man dafür höchstens ein paar Tage opfern müssen. Man rede mit alten Leuten, die die Umgebung gut kennen. Man gehe auch in die Bibliothek. Meistens gibt es hier ein Büchlein eines heimatkundigen Lehrers oder Pfarrers aus dem 19. Jahrhundert. Hier finden wir, oft liebevoll zusammengetragen, an welche Quelle oder auf welchen Hügel sich die Menschen früher zurückgezogen haben, um in sich zu gehen.

Jede Erhöhung, die etwas entfernt vom Lärm der Städte liegt, kann neue Kraft schenken. In einem der beliebtesten volkstümlichen Rezeptbücher des 18. Jahrhunderts wird berichtet, fast mit den Worten des Paracelsus, in welchen Regionen man den »Einfluß des Gestirns«, also der Sternenenergien, »am heftigsten und kräftigsten« empfindet. Genannt werden die »pyrenäischen, piemontesischen, schweizerischen, tirolischen und steyerischen, auch kärntischen Berge«.

Hier noch ein altes Rezept, das ich gedruckt wie handschriftlich sah, wie wir uns auf unserem ausgewählten heiligen Platz mit den feinstofflichen Energien erfüllen können: »Breite an einem heiteren Abend die Hände gegen Nordwesten aus, und bleibe in dieser Stellung, so wird dir wunderbare magnetische Kraft zu eigen werden.«

Recht ausführlich wird der einfache Vorgang erklärt: »Zu diesem Zwecke stelle man sich an einem heiteren Abend auf einen Berg mit ausgestreckten Armen in der Art auf, daß das Gesicht, zuerst nach Osten, dann nach Süden und endlich nach Nordwesten sieht. Um so besser ist es, wenn man dieses Mittel mehrere Male wiederholt.«

Das fahrende Volk, die allerletzten Alpennomaden, ist teilweise noch immer davon überzeugt, mit Hilfe seines ursprünglichen Wissens alle Gefahren durch Menschen und Naturmächte überwunden zu haben:

»Wir waren früher alle kerngesund. Wir gingen im Frühling auf die Berge, badeten in den Bächen oder gingen zum heiligen Brunnen von Einsiedeln und wußten nicht, was Krankheit ist. Die Bauern nahmen uns gern im Winter auf, weil sie von uns lernen wollten, wie man alt wird und nie krank ist.«

Unsere unmittelbare Heimat ist demnach unser bester Freund und Verbündeter. Wenn wir sie als ein Schöpfungswunder verehren, hilft sie uns im Sinn der Volksüberlieferung wie eine liebende Mutter.

Die Weiße Magie des
Herrn von Hohenheim

Das Wissen ist überall

Es gibt Menschen, die sich wegen ihres Geburtsorts in einer abgelegenen Region benachteiligt fühlen. Paracelsus, selbst von Geburt ein Bergler, bezeichnet dies als lächerlich. Den Gedanken, daß der eigene Weg zur Weisheit dann zu lang und schwierig sei, kann nach ihm nur jener Mensch hegen, der verzweifelt ist, »der nicht erwachen will«.

Ausdrücklich nennt Paracelsus als Beispiele das luzernische Entlebuch und andere ihm wohl von seinen Wanderungen bekannte Alpenländer. Offenbar fand er hier überall Zeitgenossen, die bedeutendes Wissen und große Weisheit erworben hatten, obwohl sie fern aller Anregungen der Hauptstädte lebten: »Daran hat Gott ein Wohlgefallen, und das ist sein Wille, daß in allen Winkeln Weisheit und Kunst sei, denn er ist ihrer aller Ursprung und Brunnen. Er will also nicht, daß sie (die Künste) ersticken sollen, sondern daß sie also vom Menschen gebraucht werden sollen, auf Erden wie im Himmel.«

Kein Land, kein Volk ist in diesem Sinne benachteiligt, sondern nur dann, wenn es aus anerzogenen Minderwertigkeitsgefühlen gering von sich denkt: »Er (Gott) will nicht, daß Ptolemäus (der im Mittelalter besonders geschätzte Naturwissenschaftler und Philosoph des ägyptisch-griechischen Altertums) allein der Astronom sei, sondern wir alle.«

Paracelsus sieht gerade hier eine Grundüberzeugung der christlichen Religion. Alle Menschen werden für ihn von Gott gleichermaßen geliebt. Jeder ist in der glücklichen Lage, stets an Weisheit dazuzugewinnen: »Und wie er (Christus) für uns alle gelitten und uns alle erlöst hat, so will er also auch, daß wir alle des Erbteils der Weisheit und der Künste teilhaftig werden.«

Durch eine solche Entwicklung, die allen von uns offensteht, wenn wir nur wollen, verwirklicht sich stufenweise der Himmel auf Erden: »Denn Gott hat uns nicht die Einfalt geboten, sondern die ewige

Weisheit und Kunst, und er hat uns geboten, Gott dadurch zu preisen, zu ehren und zu loben, daß die Welt solcher Tugend (der vom Menschen entdeckten oder wiederentdeckten Weisheiten und Künste) voll sei wie der Himmel. Solche Erfüllung muß geschehen, wo nicht, so wird über uns der Tag des Gerichtes kommen. Weil wir das nicht annehmen und dazu erwachen (wollen), wozu wir auf Erden sind.«

Es ist also das uns vom Schöpfer verheißene Glück, wenn wir immer mehr Wissen um die Wunder der Natur erwerben. Sind wir dazu unfähig, so bereiten wir den Untergang der Menschheit vor.

Paracelsus zieht den kühnen Schluß, daß unsere Weiterentwicklung uns noch zu ungeahnten Höhen führen wird: »Daraus folgt nun, daß die Menschen das ganze Wissen der Engel und Geister ergründen können und daß sie die Art der andern Geschöpfe (also sogar der Geister und Engel) erlangen können. Da der Mensch aus ihnen (allen Wesen der Welt) geboren ist, so hat er das Erbe, all das zu wissen, was im Himmel und auf der Erde ist.«

Dies war nach ihm schon den Weisen der Urzeit, den Magiern, bekannt gewesen: »Ihnen wurden die Dinge vielfältig offenbart. So wurde die Arzneikunde nach und nach vermehrt. Viel davon ging verloren, wurde zerbrochen und zerrüttet, daß es nicht viel Ganzes mehr gibt.«

Die Verfolgungen sowie das böswillige Vernichten der alten Überlieferungen müssen aber für den Wahrheitssucher von heute keinerlei Hindernisse darstellen: »Daraus folgt das allerhöchste und größte Geheimnis, nämlich daß man eine verlorene Kunst, die mit und bei einem Menschen abgestorben, begraben und verfault ist – wie die dieser Dinge Unkundige sagen –, wiederum bekommen und ans Licht (der Gegenwart) fördern kann.«

Wenn wir unser reinstes Denken und unseren Glauben auf die verlorene Weisheit richten, dann naht sie uns im Schlaf: »Desgleichen ist auch in der Arznei vieles auf diese Weise gefunden worden, wodurch viele Künste (vor ihrem Verfall) erlöst worden sind. Es sind auch viele Schätze und dergleichen viele andere verborgene und seltsame Dinge gefunden worden.«

Träume, durch die wir lernen können, sind für Paracelsus »Botschaften, die von Gott selbst angefertigt und uns gesandt werden. Sie sind nichts anderes als Engel und dienstbare Geister.« Die geistigen Kräfte, die im Schlaf wirksam sind, können uns aber all diese Wunder nur deshalb offenbaren, weil sie in unserem Geist schon von vornherein enthalten sind: »Was oft geschehen ist, und die Arcana (die wunderbar wirkenden Heilmittel) beweisen es, daß Geister die Künste gelehrt haben, vielleicht Engel. Nun ist ihr Lehren nichts anders gewesen als nur so, was ein Lehrmeister in ein Kind hineintreibt, was vorher in diesem (unbewußt) schon gewesen ist.«

Es gibt darum für Paracelsus auf der weiten Welt keine toten oder geistig armen Landstriche. Ist ein Tal weit von den Zentren der Zivilisation gelegen, so bietet es dafür andere Vorteile. Man hat an diesen abgeschiedenen Plätzen viel mehr Muße, in sich zu gehen und die Weisheit zu suchen.

Wundermittel Entspannung

Der Körper benötigt den Schlaf, um sich zu erholen. Der Schlaf ist für Paracelsus jedoch kein Zustand vollkommener Ruhe. Im Schlaf verlieren wir zwar für ihn unser Alltagsbewußtsein, wir stehen aber gleichzeitig mit sämtlichen Kräften des Universums in Verbindung.

Die stärksten Mittel seiner alchimistischen Medizin bezeichnet Paracelsus als seine »Arcana«. »Arca« kommt nun aus dem Lateinischen und bedeutet »Koffer« oder »Behälter«. Die »Arcana« sind demnach die wahren Schatztruhen der Naturenergien. In ihnen ist die Naturkraft zusammengefaßt, konzentriert und zu jeder Zeit verfügbar aufbewahrt. Paracelsus erklärt: »Arcanum heißt, wenn man jemanden herstellt, wider die Satzung der (gegenüber den feinstofflichen Kräften ungläubigen) Ärzte.«

Eines der stärksten Wundermittel findet man nach ihm in keiner Apotheke. Der Bergbauer in seinem abgelegenen Tal besitzt es ebenso wie ein reicher Bürger in der Stadt. Der Schöpfer hat es jedem Wesen zugeteilt, man muß es nur erkennen. An vielen Stellen macht Paracelsus entsprechende Anspielungen. Niemand werde sich je daran erinnern, versichert er in seinem »Testament«, »daß ich öffentlich und frei heraus geredet habe, wie es (das Geheimnis) gefunden wird, sondern nur bildlich«.

In diesem Sinn sollten wir versuchen, seinen Gedankengängen zu folgen: »Der Schlaf ist ein solches Arcanum (verdichtetes Heilmittel) in der Arznei. Ich wollte gern wissen . . ., wo noch eine solche Arznei ist (die man entfernt mit der Wunderwirkung des Schlafs zu vergleichen vermag). Welche (andere Medizin) ist es, die bei allen Krankheiten eine so allgemeine, schnelle und behende Hilfe bringt und für den Leib zu aller Gesundheit so nützlich ist . . . Der Schlaf ist nämlich eine bessere Arznei als alle Gemmen und Edelsteine. Wer das Arcanum somniferum (das wunderbare Heilmittel Schlaf) der Natur gut verordnen kann, das von der richtigen Essentia genommen ist, der ist hoch zu halten von den Kranken.«

Im Schlaf stehen wir nach Paracelsus in dauernder Verbindung mit der Essenz aller Dinge, denn alle Elemente sind in unserem Körper vorhanden. Wenn wir uns also entspannen, vermögen wir aus unserer eigenen Apotheke das herauszuholen, was wir dringend brauchen.

Paracelsus wählte immer neue Worte, um uns das Rätsel der Erholung im Schlaf besser verständlich zu machen: »Deshalb sollt ihr wissen, daß der Tag den Körpern und die Nacht den Geistern gehört. Denn bei Tag arbeitet der Körper und bei der Nacht die (im Leib wirkenden) Geister. Und wenn die Körper (mit ihrem Wirken) aufhören, so beginnen die Geister – und wenn die Geister aufhören, so beginnen die Körper. Also beginnt auch, wenn der Leib des Menschen (mit seiner täglichen Tätigkeit) aufhört und zu ruhen beginnt, sein Geist zu arbeiten. Wenn der Geist zu arbeiten aufhört, fängt wieder der Leib an. Deshalb ist auch des Leibes Wachen für den Geist ein Schlaf, und des Geistes Schlaf ist Wachen für den Leib.«

Mehrfach versichert er uns: »So ist der siderische (aus Sternenkräften gebildete) Leib im Schlaf am Werk. Dann hat er nicht Ruhe noch Schlaf, sondern allein, wenn der elementarische (grobstoffliche) Leib die Vorherrschaft hat . . ., dann ruht der siderische.« Am Tag verbrauchen wir also die Kräfte, die unser Sternenleib während der Nacht einsammelt und für unsere Tätigkeit bereitstellt. Wer den Schlaf stört oder kürzt, verhindert, daß sich seine Energien erneuern können und die Körpersäfte gereinigt werden.

Ein Kenner der Tradition des fahrenden Volkes der Alpen versicherte mir: »Wer sein Lager immer rechtzeitig aufsucht und genießt, der wird nicht gezwungen, durch eine Krankheit lange niederzuliegen. Der Kranke muß häufig nur darum im Bett liegen, weil er es regelmäßig versäumte, sich freiwillig hinzulegen, wenn sich seine Kräfte zu erschöpfen begannen.«

Die Lehre des Paracelsus von Schlaf und Traum als gewaltigen Heilmitteln durchdrang zweifellos die Alpenkultur. Am Fußgestell eines Tiroler Bauernbetts sah ich das Bild eines Regenbogens, eines Paradiestores, durch das ein glückliches Menschenpaar gerade schreitet – sicherlich die Eheleute, die dieses Bett benutzten.

Das hölzerne »Himmeldach« vieler Betten in Bauernhäusern und Adelsschlössern dekorierte man sorgfältig mit Wiesen voller Sternenblumen. Beliebt waren auch die Darstellungen von Paradiesgärtchen mit in der Luft tanzenden, musizierenden Engelchen. Beim Zubettgehen sahen also die Menschen eindrucksvolle Sinnbilder, die ihre ganze Phantasie und damit auch ihre Traumwelt beeinflußten.

Der gute Schlaf galt als ein Besuch im Himmel. Die Menschen waren beim Erwachen fest davon überzeugt, sich im Traum an sprudelnden Sternenbrunnen erfrischt zu haben.

Geschenke im Schlaf

Der Schlaf, der Traum, die Versenkung in eine tiefe Meditation auf ewige Dinge – all dies ist nach Paracelsus ein Schlüssel zur Weisheit. Wenn wir das völlig begreifen, dann nehmen wir nach ihm mit dem Göttlichen in uns Kontakt auf.

Die meisten Menschen tun dies bereits unbewußt. Wer diese Gabe jedoch bewußt einzusetzen versteht, den preist Paracelsus als den echten Arzt: »Es sind also auch allen Künstlern im Schlafe und Traume viele Lehren und Künste zuteil und eröffnet worden ... Das geschieht noch (in unserem Zeitalter) vielfach, aber der größte Teil wird wieder vergessen. Oft sagt einer des Morgens, wenn er aufsteht: ›Ich habe heute nacht einen wunderbaren Traum geträumt, wie mir Mercurius oder dieser oder jener Philosoph leibhaftig erschienen ist – und mich diese oder jene Kunst gelehrt hat. Sie ist mir wieder entfallen, und ich habe sie (beim Aufstehen) vergessen.‹«

Paracelsus rät darum den Menschen, die im Schlaf schöpferischen Träumen begegnen dürfen: »Wenn nun so geschieht, der (Erwachte) soll dann aufstehen und nicht aus seiner (Schlaf-) Kammer gehen, mit niemandem reden und allein und nüchtern bleiben, solange bis ihm wieder alles einfällt und er sich seines Traumes wieder besinnt.«

Paracelsus betrachtet solche bedeutungsvollen Träume, die unser Wissen erweitern und uns in unserer Entwicklung weiterhelfen, nicht nur als günstige Zufälle. Die in seinen Tagen verfolgten Hexen nennt er mehrfach als Beispiele, wie man sich durch Träume in großen Geheimnissen unterweisen kann. Er führt sie als Menschen an, die dadurch eine erstaunliche Bildung erwerben konnten, die es ihnen nun ermögliche, die Naturkräfte voll zu nutzen. Er gibt zu, daß ihr Treiben auch mit viel Aberglauben verbunden sei. Aber in den Streitigkeiten der Theologen seines Jahrhunderts seien viel mehr der schädlichen »Superstitiones« (Aberglauben) »als bei allen diesen Frauen und Hexen«.

Um das Wissen zu erweitern, das sich in unserem Inneren befindet, müssen wir von ganzem Herzen zu Gott beten. Unser Glaube ist nach Paracelsus der eigentliche Zauberstab und ein Schlüssel zur Schatztruhe der Träume, die unsere wertvolle Erbschaft darstellen. Die erleuchtenden Träume sollten wir »in unserem Glauben von der Barmherzigkeit Gottes erbitten«.

Selbstverständlich kann nun der Versuch nur glücken, wenn wir in einem unbelasteten Zustand zu Bett gehen. In den alten Traumbüchern, die teilweise sicher von den volkstümlichen Kennern und Jüngern des Paracelsus verfaßt worden sind, gibt es dazu vielerlei Ratschläge. Wir sollten auf keinen Fall am Abend vor der Traumreise schwere Speisen zu uns nehmen und uns auch von trüben Gedanken nach Möglichkeit befreien. Das sind nach den Schülern der alten Weisen jene »Hüter der Schwelle«, die uns hindern, zum Gold in unserer Seele vorzustoßen.

Paracelsus hat dies alles mit folgenden Worten ausgedrückt: »Die Alten (die diese Kunst, im Schlaf zu lernen, vollkommen beherrschten) haben sich dessen sehr beflissen, Leib und Gemüt nicht zu beflekken, damit solche Werke (das Erwachen der Weisheit) in ihnen vollbracht würden.«

Dann gibt uns Paracelsus einen wichtigen Rat: Man stelle sich denjenigen vor, von dem man sich bei der Vermehrung seines Wissens am meisten unterstützt fühlt. Es ist gleichgültig, wann und wo dieser Meister gelebt hat, er muß uns nur einfach viel bedeuten. Er sollte in unserer Phantasie ein Symbol für das Wissen oder die hohe Kunst sein, in der wir weiterkommen wollen.

Wie uns Paracelsus verrät, dachten die alchimistischen Ärzte seiner

Zeit sehr häufig an den griechischen Götterboten Hermes, in der römischen Mythologie Merkur genannt. Dieser galt nach den ägyptisch-griechischen, lateinischen und auch islamisch-arabischen Sagen als der Schöpfer der alchimistischen Wissenschaften. Er wird traditionell als alter Mann dargestellt, der aber Jugendfrische besitzt. Er trägt die Königskrone, regiert seine Untertanen jedoch nicht durch das Schwert oder strenge Gesetze, sondern mit Güte und Weisheit.

Die Vorstellungskraft wird besonders angeregt, wenn wir zusätzlich von dem gewählten inneren Meister ein Bild zeichnen. Wenn wir dies tun, ist nach Paracelsus der Erfolg unseres Versuchs um so sicherer. Er schildert uns diese wichtige Vorbereitung folgendermaßen: »Zweitens (also nach Gebet und Meditation) haben wir im Glauben ein Bild des Menschen zu machen, den wir meinen und im Gedanken haben (der also für uns das Sinnbild der gewünschten Wissenschaft darstellt). Schreib nun auf den Leib des Bildes den Namen des Menschen (von dem du zu lernen wünschest). Dann schreibe deine Frage, nämlich was du von ihm zu wünschen begehrst. Lege das Bild zur Nacht unter dein Haupt und schlafe darüber.«

Paracelsus versichert uns, daß diese Methode nur dann wirkt, wenn wir fest daran glauben. Meint es ein Mensch mit dem Versuch wirklich ernst, »so würde er sich beim Schlafengehen ob meiner Rede (sich den ganzen Vorgang) immer wieder vorstellen und es sich selber einreden, daß es geschehen würde, wie ich ihm gesagt habe.«

Derjenige, der ein solches Experiment unternimmt, muß also vom günstigen Ausgang bereits ganz und gar überzeugt sein. Der Erfolg der Traumreise zu Hermes oder einem anderen großen und gütigen Weisen muß er »in seiner Vorstellung schon wachend vor sich sehen«. Zweifel haben auf diesem Weg zur Erkenntnis keinen Platz. Nur so ist es möglich, auf den Adlerflügeln der eigenen Vorstellungskraft die Weisheit der Träume zu erfahren.

Wir haben bereits erwähnt, welche Ratschläge nach Paracelsus zu beherzigen sind, wenn man aus solchen Träumen der Weisheit erwacht: Man sollte sich sofort alle Erinnerungen an die schöpferischen Gedanken im Schlaf vergegenwärtigen, ohne zuvor mit jemanden darüber zu reden und ohne den Schlafraum zu verlassen. Wir verstehen nun, warum wir auf alten Bildnissen von Werkstätten der alchimistischen Naturforscher im Hintergrund auch ein Bett sehen.

Hier sind wir wahrscheinlich beim Tor zu einer der von den süd-

deutschen Sagen verherrlichten Schatzkammern des großen Goldma-
chers angelangt: »Gib daher auf deinen inwendigen Garten acht.
Denn wie immer der inwendige Mensch geschaffen ist, er horche nur
mit dem äußeren (seinem Alltags-Verstand) auf sich selbst. Dann
wird er (der äußere Mensch) lernen, was ihn niemand lehren kann. Jeder wird sich seinetwegen wundern müssen.«

Die Kunst – ein Tor zur Magie

In seinem »Buch über die Bildnisse« versichert Paracelsus: »Um die
Kraft, Gewalt und wunderbare Wirkung der (durch die Künstler hergestellten) Bilder zu beschreiben, ist es vorerst vonnöten, euch zu berichten, woher sie ihren Ursprung genommen haben.«
Er legt dar, daß man Bildnisse schon in vorgeschichtlichen Zeiten
geschaffen hat, um mit ihrer Hilfe im Menschen besondere Kräfte zu
aktivieren. Daraus ist aber nach und nach ein schlimmer Götzen-
dienst entstanden. Die Bilder galten nicht mehr nur als Mittel, um
heilsame Wirkungen zu erzielen. Sie selbst wurden plötzlich als Ursprung der kosmischen Kräfte angesehen. Man begann, sie anzubeten, und man opferte ihnen. Darin sieht Paracelsus einen großen Fehler, der die Entwicklung des Menschen zu einem unabhängigen, über
beschränktem Aberglauben stehenden Wesen verhindert. Doch fast
noch schlimmer ist es nach Paracelsus, daß man während der Bilder-
stürme der Reformation überhaupt alle religiösen Darstellungen zu
beseitigen versuchte: »Daß aber Gott die Bilder ganz verbietet und
nicht haben will, ist nicht richtig.«
Paracelsus nennt auch Beispiele: »Erinnert euch nun und denkt an
die zwei Cherubim (die himmlischen Engel), die Gott durch Moses in
dem Tempel auf dem Altar zu machen befahl, mit der Verheißung,
daß er darin wohnen und durch sie Antwort geben wolle. Er hat aber
nicht befohlen, diesen (Engelbildern) zu dienen oder sie anzurufen
oder anzubeten.«
Mit Hilfe von Bildern versucht Paracelsus eine tiefgründige Heilkunst zu lehren, die er aus dem Wirken unserer Vorstellungskräfte erklärt: »Diese Bilder werden darum Homunculi (kleine Menschen,
Menschlein) genannt, weil sie alle (durch den Künstler, der sie bildet)

Gestalten und Gliedmaßen haben sollen wie ein Mensch, doch sollen sie nicht so groß sein wie ein Mensch..., sondern so klein als man sie nur machen kann.«

Man kann mit diesen Bildwerken vielfältigste Ziele erreichen, wenn man nur »alle Kräfte des Menschen und den Willen des Menschen« auf sie zu richten vermag: »Und ihr sollt wissen, daß Homunculi und Bilder gemacht werden können zur Gesundheit der Menschen, zur Liebe der Menschen, zur Huld und Gunst der Menschen, um die Menschen zu erheben, um die Menschen zu befreien, um die Menschen aus fernen Landen zu holen, um die Menschen zu behüten – vor Waffen, vor sichtbaren und unsichtbaren Feinden, vor Zauberei (bösen Wünschen der Zeitgenossen) und vor vielen Krankheiten und dergleichen.«

Der Grund, daß dies überhaupt möglich ist, erklärt sich durch unsere seelischen Kräfte. Richten wir unsere Gedanken auf ein bestimmtes Ziel, so lenken wir alle die Sternenstrahlen, die uns zur Verfügung stehen, in die gleiche Richtung: »Die Astra und das Gestirn (die Himmelskräfte in uns) liegen nun verborgen in dem ›Mens‹, das ist in des Menschen Gemüt. Denn es ist ein so großes Ding in des Menschen Gemüt, daß es niemandem möglich ist, es auszusprechen... Und wenn wir Menschen unser Gemüt recht erkennten, so wäre uns nichts unmöglich auf dieser Erde.«

Unser Bewußtsein müssen wir nun auf das sorgfältig hergestellte Bild konzentrieren, wenn wir mit unserem Gemüt – und den von diesem bewegten Sternenkräften – eine Fernwirkung erzeugen wollen: »Und das ist hier auch zu wissen, daß es immer bei der Nacht am besten und nützlichsten ist zu spekulieren, nachzusinnen und zu imaginieren (bildhaft vorzustellen, was man erreichen will). Wenn alle leiblichen Dinge ruhen, wenn es heimlich und still ist. Auch (tue man solche Übungen) an heimlichen, besonderen und durch ihre Lage dazu geeigneten Orten, so daß man nicht von Leuten beschrien, erschreckt oder in seiner Kraft vermindert werden kann. Dazu (arbeite man geistig) mit nüchternem Leibe.«

Die von anderen Menschen oder auch von sich selbst hergestellten Bilder kann man nun für die verschiedensten Zwecke verwenden: »Willst du einen Menschen dadurch von einer Krankheit befreien und gesund machen, so mußt du sein Bild arzneien, schmieren, salben etc. oder sonst tun, was dem Menschen (medizinisch) vonnöten wäre.

Willst du Liebe, Huld und Gunst von jemandem erlangen, so mußt du zwei Homunculi (kleine Menschenbilder) machen, so daß einer dem andern die Hand bietet, (ihn) umarmt, küßt oder (ihm) andere solche Zeichen der Freundschaft tut.«

Er erwähnt sogar ein Verfahren, das übrigens noch in unserem Jahrhundert eine weise Frau in Südtirol angewendet haben soll: Will man, daß ein Mensch zu einem kommt, muß man sein Bild über einem Wasserrädchen befestigen. So wie sich das Bild nun durch die kleine Maschine bewegt, so wird sich nun derjenige, den man herbeiwünscht, in unsere Richtung in Bewegung setzen...

Solche Methoden wirken nach Paracelsus freilich nur, wenn der Praktizierende fest von ihrer Wirksamkeit überzeugt ist: »Und sein Glaube und seine Vorstellung so stark in ihm wären, daß er (während seines entsprechenden Versuchs mit seinen Sternenkräften) an gar nichts anderes denken könnte oder möchte.«

Kommunikation über den Geist

Wohl eine der Hauptlehren des Paracelsus besagt, daß es zur Erhaltung unserer Gesundheit nicht ausreicht, nur den grobstofflichen Körper zu berücksichtigen. Krankheiten steuern stets zwei Angriffsziele an. Das eine ist der materielle Leib, das andere der feinstoffliche Geist (Spiritus). Paracelsus erklärt dazu: »Euch ist bekannt, daß es im Leib einen Geist gibt. Nun überlegt, wozu er nütze ist. Nur dazu, daß er den Leib erhalte, wie die Luft die Geschöpfe vor dem Ersticken bewahrt.«

Wie die ebenfalls unsichtbare Atemluft durchdringt und durchströmt der Geist, der »Spiritus«, unsere Organe. Er bewahrt und erneuert all die feinstofflichen Kräfte, die wir nun einmal für ein gesundes Leben brauchen.

Unser Geist kann sogar mit den Energien, deren wunderbaren Haushalt er überwacht, weit über die Grenzen unseres physischen Körpers wirksam werden. So wie wir mit unseren vergleichsweise groben Sinnen unsere Mitgeschöpfe erblicken, nimmt unser »Spiritus« all die Wesenheiten seiner Art wahr. Paracelsus wird nicht müde, uns zu versichern: »Der Geist des Menschen ist den anderen Geistern (die in den anderen Körpern wohnen und in ihnen tätig sind) gegenwärtig und sichtbar, greifbar und fühlbar.«

Der die Grundlagen aller Erscheinungen erforschende Arzt sollte nach Paracelsus erkennen: »Was ihr (der Geister) gegenseitiges Verhalten betrifft, so sind sie einander verwandt, wie ein (sichtbarer) Körper dem andern... Sie verkehren in ihrer Sprache miteinander wie wir (in unserer lauten Rede mit den andern Geschöpfen unserer sichtbaren Wirklichkeit)...« Sie können also aufeinander Einflüsse ausüben, die uns in der Regel völlig verborgen bleiben. Nach Paracelsus ist diese Tatsache für jeden ohne weiteres verständlich, der die Liebe erlebt hat.

Verliebte sind besonders sensibel für die »magnetischen«, feinstofflichen Kräfte. Paracelsus meint: »Da sind zwei, die gar sehr von Liebe zueinander ergriffen werden. Die Ursache (davon) liegt nicht im Leibe und kommt nicht von ihm, die kommt von ihren Geistern, die sich vereinigen.«

Den Glauben des Paracelsus an die Wirklichkeit der unsichtbaren Einflüsse von Geist zu Geist unterstreicht folgendes Zitat: »Achtet darauf, damit ihr nicht den Leib mit Arzneien behandelt, denn das ist vergeblich. Behandelt aber den Geist, dann wird der Leib gesund. Denn der Geist ist krank und nicht der Leib.«

Die Heilmethoden des Geistes

Für Paracelsus ist es darum von entscheidender Bedeutung, die Wirksamkeit und die Gesetzmäßigkeiten dieser Heilung durch den Geist gründlich zu erlernen. Beherrscht sie der Arzt, dann hat er einen zuverlässigen Verbündeten – eben die geheimnisvollen inneren Selbstheilungskräfte des Kranken.

Die Heilkunst, die man in seinen Tagen an den Universitäten lehrte, war nach seinem Urteil außerordentlich grob. Damals benutzte man hauptsächlich verschiedene Arzneien, darunter oft sehr starke Gifte, von deren Wirkungsweise man herzlich wenig wußte. Erzwang man durch hohe Dosen eine vorübergehende Besserung eines Leidens, so war nach Paracelsus noch gar nichts gewonnen. Der innere Kreislauf der unsichtbaren Energien blieb gestört. Möglicherweise hatte die Reaktion auf die starken Arzneien die inneren Kräfte sogar noch mehr erschöpft.

Wollte man zu jener Zeit etwas mehr über die Möglichkeiten der Geistheilung in Erfahrung bringen, mußte man diejenigen befragen, die die uralten Überlieferungen bewahrt hatten. Also wird Paracelsus nicht müde, in seinen Schriften darauf hinzuweisen, daß der echte Mediziner die lauten Marktplätze der Städte verlassen sollte. Er müsse jene aufsuchen, die das alte Heilwissen lebendig erhalten: »Deshalb folgt daraus, daß der Arzt nicht alles, was er können und wissen soll, auf den hohen Schulen lernt und erfährt. Er muß auch zeitweise zu alten Weibern, Zigeunern, Schwarzkünstlern, Landfahrern, alten Bauersleuten und desgleichen mehr unachtsamen (sonst wenig beachteten) Leuten, in die Schule gehen und von ihnen lernen.«

Solche Menschen gab es noch in unserem Jahrhundert beinahe in jedem Alpendorf. Darüber wurde im Volk wenig geredet, wahrscheinlich weil die Schrecken der Hexenverfolgungen überall wie ein Alpdruck nachwirkten. Hatte man aber Beschwerden, vielleicht ein hartnäckiges Kopfweh oder Gliederschmerzen, dann erzählte man seine Not am besten in der Gaststube eines freundlichen Wirtshauses. Sehr häufig zeigte darauf jemand in der Tischrunde Anteilnahme. Mit vielversprechender Stimme flüsterte er dem Leidenden zu, daß ihm wahrscheinlich leicht geholfen werden könne.

Nun wurde die Geschichte von einer alten Bauersfrau oder auch einem Hirten auf der Alp erzählt, »der schon von seinen Großeltern her etwas dagegen kenne«. Er habe schon manchem geholfen, meist ohne etwas dafür zu fordern. Man könne ihm für seine Kunst geben, was man wolle, vielleicht verlange er auch nur, daß man der nahen Pilgerkirche eine große Kerze spende.

Alle, die von solchen Heilungen wissen, versichern, daß meistens schon der Weg zu diesen »Alpenärzten« den Ratsuchenden in die »richtige Stimmung« versetzte. Je länger, beschwerlicher und malerischer die Reise zu diesen »unachtsamen Leuten« war, desto mehr stiegen die Erwartungen des Leidenden. Mußte er gar zu einem Hirten auf seine Alp steigen, dann schienen ihm aus Gebüsch und Wald, Felsen und Quellen geheimnisvolle Stimmen die baldige Heilung zu versprechen.

Kam er endlich oben an, dann teilte der Heiler aus Berufung mit ihm Trank und Brot. Dies war nicht nur ein Zeichen der Nächstenliebe und Gastfreundschaft. Karl Gygax, ein Wirt und Bergfreund aus Bern, sagte zu mir: »Der Heiler und der Ratsuchende dürfen sich nicht wie Fremde gegenüberstehen. Sie müssen etwas zusammen genossen haben, es ist eigentlich völlig gleichgültig was. Es kann Bier oder Quellwasser sein, vielleicht nur ein Stück schwarzes Brot mit ein wenig Salz.« Nach dieser Begrüßung waren sie nicht mehr Fremde, sondern Gefährten, die zusammen einige Schritte auf dem Lebensweg gehen.

Dann flüsterte der Heiler oder die weise Frau einen Segen oder ein Gebet. Wohl Tausende davon finden wir in den alten Rezeptbüchern, wie sie noch immer im Volk verbreitet sind, oder in den Sammlungen der Volkskundler. Demgegenüber kannten die einzelnen Hirten und alten Bauern nur ganz wenige Segenssprüche, die im Gegensatz zu denen in den Büchern wirkten, wenn man sie laut aussprach.

Wenn sie den Kranken anschließend noch mit der Hand berührten, zweifelten die Ratsuchenden nicht mehr daran, daß es etwas wie den Magnetismus des Paracelsus geben müsse. Eine Flamme schien durch ihre Adern zu fahren, und der Zahnschmerz oder das Kopfweh, das sie lange gequält hatte, begann zu verschwinden.

Hier können wir tatsächlich, ganz im Sinn des Paracelsus, erkennen, was Glaubenskraft vermag. Ein alter Heiler vom Thuner See zog mich ins Vertrauen: »Den Heilsprüchen aus den Zauberbüchern würde ich nie ganz glauben. Sehr häufig sind sie von oberflächlichen Druckfehlern entstellt, oder sie sind schlechte Übersetzungen aus dem Griechischen oder Lateinischen. Ein kurzes Heilgebet von der Großmutter, das ist etwas ganz anderes. Ich weiß schließlich am besten, daß sie es ihr Leben lang verwendete und vielen Mitmenschen damit half. Auch den Spruch eines uralten Bergbauern vom Dorf Sigriswil halte ich hoch. Er hat ihn mir nach langer Freundschaft erst kurz vor seinem Tod mitgeteilt.«

»Woher hatte er denn den Spruch?« wagte ich zu fragen.

Der Heiler sann nach und antwortete: »Sein Vorfahr hatte einen armen Wanderer aus der Ferne großzügig bewirtet. Zum Abschied sagte ihm dieser aus Dankbarkeit die Worte.«

Plötzlich begann mein Gewährsmann zu lächeln: »Wer weiß, vielleicht war dieser fremde Wanderer der Doktor Paracelsus selber, von dem die alten Leute noch so viel wußten.«

140

Weiße Magie

Ein in den Bergtälern noch immer recht bekanntes Heilverfahren hat Paracelsus ebenfalls benutzt. Er versichert uns an verschiedenen Stelle seiner Schriften: »Der Mensch kann es so weit bringen, daß ein Bild, das weder Blut noch Fleisch hat, einem Kometen gleich wird...«

Ein Komet war für das 16. Jahrhundert ein Himmelszeichen voller Wunder. Für die damaligen Astronomen kaum berechenbar, tauchte er aus den Tiefen des Kosmos auf. Er überstrahlte alle anderen Gestirne und weckte in den Menschen sowohl Zukunftsangst als auch Hoffnungen. Man war überzeugt, daß er sogar das Leben ganzer Völker beeinflussen könne. Ganz ähnlich verstand man die magischen Bilder, von denen auch Paracelsus schreibt, als echte Speicher und Konzentrationspunkte der meist unsichtbaren Sternenkräfte.

Fürchtet nach Paracelsus ein Kranker, daß er bösen Einflüssen ausgesetzt ist, so kann er mit Hilfe von Bildern seinen Geist von allen Angriffen befreien und damit beruhigen. Ein unsichtbarer Schutzschirm entsteht, der es den Krankheitskeimen unmöglich macht, sich einzunisten. Wenn man genügend Vorstellungskraft besitzt, dann empfiehlt Paracelsus das folgende Verfahren: »So soll er (der Leidende) ein ganzes Bild machen von Wachs im festen Glauben, und die Kraft seiner Vorstellung stark auf das Bild konzentrieren, und es dann im Feuer ganz verbrennen nach der rechten Ordnung.«

Solche Figuren hat man in den Alpentälern noch bis in die Gegenwart hinein hergestellt. Auffallend ist, daß man für sie fast immer, genau wie auch Paracelsus, Bienenwachs verwendete. Dies geschah nicht nur, weil es ein sehr weicher, knetbarer Stoff ist, der im übrigen fast restlos verbrannt werden kann. Noch heute bezeichnet man Honig und Wachs als völlig »reine« Stoffe. Wenn man der volkstümlichen Naturkunde glaubt, werden sie durch einen alchimistischen Vorgang von den fleißigen Bienen aus dem »Sonnengold« in den Blumen gewonnen.

Die Sterne, Sonne und Mond lenken demnach ihre Energien auf die Wiesen und lassen die Blüten aus der Erde sprießen. Die Bienen umsummen sie unermüdlich und wollen nur aus den besonders gesunden und starken Pflanzen die allerbesten Stoffe gewinnen. Wer Honig ißt, führt also alchimistisches »Sonnengold« seinem Körper zu und steigert dessen Abwehrkraft. Selbstverständlich galt dieses Nahrungs- und Heilmittel, wenn es von Alpenblumen gewonnen worden war, als besonders wirksam.

Das festere Wachs stuften die alten Naturforscher als »irdischer« ein, weil in ihm die Stoffe überwiegen, die die Kräuter aus dem Boden ziehen. Doch auch hier erkannte man die gleichen Kräfte, die man auch am Honig schätzte. Schließlich wären bei seiner Herstellung durch die weisen Bienen auch der »Mondtau« und das »Sonnengold« der Blumen beteiligt. Man sah in dem nicht eßbaren Wachs einen Speicher der Sternenenergien.

Heilbilder und -figuren hat Paracelsus in mehr als einer Hinsicht empfohlen und zweifellos auch selbst erfolgreich angewandt. Wo in gelehrten wie volkstümlichen Büchern vergleichbare »Künste« erwähnt werden, taucht sein Name recht häufig auf.

In seinen Schriften erläutert er das Verfahren oft erstaunlich ausführlich: »Der Vorgang ist der, daß er (der durch schädliche Kräfte vergiftete Mensch) ein ebensolches Glied, eine Hand oder einen Fuß oder ein anderes solches Glied mache, das dem seinen gleicht, an dem er Schmerzen leidet – oder ein ganzes Bild (seines kranken Körpers) aus Wachs. Er schmiere, salbe und verbinde (das Abbild) – und nicht den Menschen (selber) – an den Stellen, wo der Mensch die Schmerzen hat, Beulen, Striemen, blaue Mäler. Das hilft, und dem Menschen werden seine Leiden vergehen.«

Auf diese Weise soll man auf Entfernung gewisse Leiden mit sehr starken Mitteln behandelt haben, deren giftige Nebenwirkungen man zu Recht fürchtete. Gerade von den Zigeunern, dem fahrenden Volk, wird noch immer geglaubt, daß sie früher solche Methoden, die vielleicht sogar aus dem alten Ägypten stammten, mit Erfolg anwendeten. Neuere Anhänger dieser Kunst des Paracelsus und des fahrenden Volkes besitzen fast immer eine Ausgabe des Buches von Albert de Rochas. Dieser französische Forscher, der an die feinstofflichen Energien glaubte, ließ seine Versuchspersonen Gegenstände »aufladen«. War nun eine Verbindung zwischen dem Menschen und dem benutzten Gegenstand, etwa einer Wachspuppe, hergestellt, dann unternahm er eine Reihe von Experimenten. In manchen Fällen soll die Versuchsperson starke Einwirkungen auf den Gegenstand deutlich und unverkennbar gefühlt haben.

De Rochas und seine Jünger versuchten auch, die »Mumia« des Paracelsus wiederzuentdecken. Sie verstanden darunter Teile vom Körper des Menschen, mit dem sie ihre Forschungen unternahmen. Verbanden sie etwa ihre Wachspuppen mit Haarlocken, Hautschuppen oder Fingernagelstücken der Versuchsperson, so klappte anscheinend die angestrebte Verbindung noch viel besser. Auch Menschen, die mit dem Pendel arbeiten, sind überzeugt, daß ihr Gerät bei winzigen Teilchen eines Körpers annähernd die gleichen Schwingungen wie bei diesem selbst anzeigt. Dies wird von ihnen als Beweis dafür angesehen, daß zwischen einem Leib und den von ihm abgetrennten Stoffspuren eine Beziehung erhalten bleibt.

Im Zeitalter der Entdeckung von unsichtbaren Wellen und Strahlen feiern darum auch hier die Gedanken des Paracelsus ihre Auferstehung. Unter Liebenden gibt es darum bereits das »Telefon« aus Bienenwachs. Jeder der beiden fertigt ein möglichst hübsches Selbstbildnis aus dem duftenden Stoff an und schenkt es dem anderen, wenn eine längere Trennung bevorsteht. Stellen nun beide ihre Wachspüppchen an den Kopfenden ihrer Betten auf, so haben sie erstaunlich häufig eine enge Gedankenverbindung beim Einschlafen und anschließend farbige Träume, die um den andern kreisen.

Auch hier erkennen wir einen wichtigen Gedanken des Paracelsus: Liebe und Glaube schenken uns den Schlüssel zur weißen Magie.

Mißbrauchte Seelentechniken

Bei einem befreundeten Kunstmaler in Zürich traf ich eine bekannte »Schadzauberin«. Sie fragte ihn, ob sie in seinem Haus eine nächtliche Zeremonie stattfinden lassen könne. Seine Wohnung, in der viele seltene Gegenstände aufbewahrt werden, erschien ihr dazu besonders geeignet. Nach einigen Gesprächen einigten sich die beiden, und die Zauberin durfte mit einem jungen Gehilfen ihr »Ritual« ausführen.

Die Zauberin und der Zauberlehrling malten auf den Zimmerboden allerlei Zeichen mit Kreide und entzündeten schwarze Kerzen. Alles wurde getan, um sich auf das fragwürdige Ziel zu konzentrieren. Mit Gedankenkraft und dann wieder mit starken Worten voll böser Absicht schickten die beiden ihrem Opfer »allen Schaden« zu.

Etliche Monate später erkundigte sich der Hausherr bei der Zauberin, ob ihre Arbeit auch Erfolg gehabt hätte. Es habe leider nicht geklappt, antwortete sie mit Bedauern. Im übrigen sei ihr junger Zauberlehrling in einen schweren Unfall hineingeraten und weile nicht mehr unter den Lebenden. Offenbar hatte das zweifelhafte Ritual zumindest ihn negativ beeinflußt.

Wenn man Paracelsus Glauben schenkt, ist es recht leicht, den Geist und damit die Gesundheit von jemanden zu schädigen, der selbst schlecht ist. Das Opfer ist zudem meist vom Kampf mit seinem schwarzen Gewissen, so wenig es dies auch wahrhaben will, geschwächt und voller Widersprüche. Daraus entsteht bei ihm eine allgemeine Unsicherheit und Furchtsamkeit, die feindliche Einflüsse geradezu anzieht.

Von den weisen Frauen des fahrenden Volkes wird erzählt, daß sie den Schadzauber für sehr gefährlich halten, vor allem für diejenigen, die ihn benutzen. Wenn man jemandem böse Gedanken schickt, der »besser ist als man selber«, versichern sie, auf den prallen sie zurück. Schon mehr als einer habe darum alles Böse erdulden müssen, das er anderen zudachte. Die abergläubischen Leute sagen dann von einem solchen »Zauberer«, der Teufel habe ihn selbst geholt!

Die Fahrenden pflegen hingegen zu sagen: »Sie bestrafen sich mit der Zeit selbst.« Wenn man lange genug höllische Gedanken ersinne, dann sitze man schon bald selbst im glühenden Höllenkessel.

Was den Schadzauber angeht, so versichert uns Paracelsus: »Der Geist eines Frommen ist mannhaft, und er widersteht und wehrt sich gleich zwei Männern...« Unter einem Frommen versteht er einen Menschen, der als Antwort auf schlechte Gedanken eines andern sich nicht auf noch schlechtere einläßt. Es ist also nicht einer, der der Maxime folgt: »Angriff ist die beste Verteidigung. Fürchtest du jemandes üblen Zauber, so beuge dem vor. Sende deinem Feind vorbeugend alles Schlechte, noch bevor er dazu kommt, dich zu verfluchen.«

Demgegenüber schreibt der stets souveräne Paracelsus: »Ich versetze mein Gemüt in Ruhe zur Verteidigung, indem ich daran denke, niemandem etwas Übles zuzufügen. Durch diese Milde kann der große Neid, der gegen mich gerichtet ist, nicht wirken. Frömmigkeit (Pietas) ist die höchste Bewahrung vor Zauberei, die von einem andern gegen mich gerichtet ist.«

Böse Gedanken sind wie scharfe Schwerter

In den Sagen der Alpenländer ist Paracelsus selbst ein Opfer schwarzer Zaubereien: Neider verübeln ihm, daß er die Herzen der Mitmenschen zum Guten wendet und die Kranken heilt. Bösewichter, die von den Leiden und der Unterdrückung des Volkes leben, sehen in ihm den Hauptgegner ihrer niederträchtigen Pläne. Auf schwarzmagische Art und Weise versuchen sie darum, den weißen Magier zu vergiften. Doch die Sage schildert den Herrn von Hohenheim als einen fast unbesiegbaren Ritter und Kämpfer wider das Böse. Er muß nur das Bild eines Menschen herstellen, um auf dieses den Bolzen seiner Armbrust oder auch eine Pistolenkugel abzuschießen. Dadurch strömen die bösen Kräfte, die gerade ein Todfeind auf ihn lenkt, zu diesem zurück. Ohne sichtbare Spuren sinkt darauf der Schurke bei sich zu Hause leblos zusammen.

Entstand diese Sage, die recht verbreitet ist, bereits zu Lebzeiten des Paracelsus? Die Überlieferung wirkt hier auf alle Fälle wie die Illustration seiner Lehren über den Schadzauber.

Die für unsere Sinne wahrnehmbare Welt stellt für Paracelsus nur einen Bruchteil der Wirklichkeit dar. Denken wir an ein anderes Wesen in Liebe, senden wir ihm gute Energien. Hegen wir gegenüber einem anderen böse Gedanken, dann findet das Gegenteil statt. »So achtet denn darauf, daß es möglich ist, daß zwei Geister einen Zorn gegeneinander haben und einer den andern verletzt, gleich wie ein Mensch den andern. Diese Beschädigung hat nun der Geist, der Geist aber ist im Leibe. Nun leidet der Leib und ist krank...«

Der Geist, der unsterbliche Teil in jedem Menschen, vermag die feinstofflichen Kräfte zu steuern. Richtet er sie nun mit bösem Willen auf sein unglückliches Opfer, dann bringt er dessen unsichtbare feinstoffliche Energien durcheinander. Sie können nicht mehr den Schutzschirm für den physischen Körper bilden, und die schlechten Einflüsse werden nun in das Opfer eindringen und es schädigen. Also entstehen nach und nach auch sichtbare körperliche Erkrankungen.

Paracelsus soll bekanntlich als Wundarzt die Heere verschiedener Länder in blutige Schlachten begleitet haben. Doch das, was die Menschen in den Kriegen einander antun, stellt für ihn nur einen Bruchteil der möglichen Grausamkeiten auf dieser Welt dar. Er ist überzeugt, daß wir mit bösen Gedanken unsere Nächsten viel mehr verletzen können als wilde Söldnerscharen mit Kanonen und Büchsen. Kriege sind somit weniger grausam als all die bösen Wünsche im scheinbaren Frieden.

An vielen Stellen seiner Werke geht er auf dieses Thema ein: »Entsteht aber hinwieder ein freier Kampf zwischen den zwei (sich hassenden) Geistern, so trägt der Überwundene den Schaden. Wenn aber mein Widersacher unterliegt, so hat dies die Ursache darin, daß er nicht von so inbrünstigem Hasse wider mich erfüllt ist, wie ich wider ihn bin. Wenn aber sein Geist in solcher Leidenschaft im Kampf wider mich entbrennt, dann unterliege ich, sobald seine Leidenschaft wider mich die größere ist.« Wenn man der Logik dieser Sätze folgt, sieht man viele Menschen geradezu als Raubtiere, auch wenn sie nach außen höfliche Masken zu tragen verstehen. Sie richten ihren blindwütenden Haß auf jeden, der ihnen nach ihrer Auffassung im Wege steht.

Der Arzt Paracelsus ist fest überzeugt: »Wenn die Geister einander verletzen, so muß der Leib des geschädigten Geistes den Schaden tragen, den der Geist empfangen hat.« Die Krankheiten, die daraufhin im Körper des Opfers ausbrechen, sind für den Magier echte »Wundkrankheiten«. Sie sind also den Verletzungen durch mörderische Waffengewalt vergleichbar. Der Geist und die feinstofflichen Kräfte, die dieser in Bewegung zu bringen vermag, sind für Paracelsus die gefährlichsten Waffen, denn sie verursachen Zerstörungen, auch ohne daß das Opfer seinen tückischen Feind wahrnimmt.

Wahrscheinlich durch die Beobachtung seiner Umgebung, in einer Epoche grausamer Religionskriege und Hexenverfolgungen, ist der Arzt überzeugt: Gerade in Zeiten schwerer geistiger Krisen vergiften sich die Menschen gegenseitig mit häßlichen Gedanken und Verwünschungen. Diese sind der verseuchte Nährboden, aus dem sich dann zunehmend Krankheiten entwickeln. Die Menschen schädigen sich gegenseitig, indem sie einander nichts Gutes mehr gönnen. Zur Nächstenliebe zu finden, ist für sie der einzig richtige Weg, ihre geistige und auch physische Gesundheit wiederzuerlangen.

Renaissance der Schwarzen Magie

Die negativen Gedanken, die einen neidischen Menschen erfüllen, sind sehr chaotisch. Auch neigt ein haßerfüllter Mensch kaum dazu, sich selbst zu lieben. So schädigt er nach Paracelsus weniger seine Feinde, sondern vergiftet vielmehr seine unmittelbare Umgebung. Er wendet seinen unbewußten Schadzauber vor allem gegen sich selbst an und zerstört die Harmonie seiner Lebenskräfte. In diesem Sinn faßt Paracelsus zusammen: »Es ist möglich, daß einen, der sich selbst nichts Gutes gönnt und sich selbst haßt, sein eigener Fluch trifft. Denn das Fluchen kommt vom bösen Willen des Geistes.«

Selbstverständlich wollten diejenigen, die den Schadzauber bewußt ausübten, diese Gefahr bannen. Sie stellten ebenfalls Figuren aus Wachs her, die möglichst genau denjenigen ähneln sollten, dem sie alles Üble wünschten. Mit der ganzen Kraft ihrer Einbildung (Imagination) stellten sie sich vor, daß diese Wachspuppe mit ihrem Feind in Verbindung stehe. In modernen Zauberbüchern wird zudem vorgeschrieben, die Wachsfigur für den Schadzauber bei abnehmendem Mond herzustellen. Paracelsus scheint solche Hinweise gekannt zu haben. Er übergeht sie aber meistens, weil für ihn die Methode nur auf einer Grundlage beruht: auf der möglichst geschulten und immer stärkeren Einbildungskraft.

Hatte man die Wachsfigur des Feindes mit diesem in Verbindung gebracht, so war es in bestimmten Fällen möglich, auf ihn Macht auszuüben. Paracelsus stellt dazu fest: »Vor allem ist es für euch gut zu wissen, daß, sobald die Bilder (der verhaßten Menschen)... aus Wachs gemacht, hernach vergraben und mit Steinen beschwert werden, derselbe Mensch, dem das galt, eine schwere Bürde zu tragen hat – und zwar an den Stellen (seines Körpers), wo (bei dem nach ihm gestalteten Wachsbild) die Steine aufliegen. Und er (das Opfer des Schadzaubers) freut sich nicht lange des Lebens. Wenn das Bild (in der Erde) zugrunde gegangen ist, hat auch sein Leben ein Ende.«

Paracelsus ergänzt: »Wird diesem Bild ein Bein gebrochen, so erleidet auch der, wider den das Bild gemacht wurde, einen Beinbruch. Das gleiche gilt bei Stichwunden (die man der Wachspuppe zufügt) und anderen.« In Übereinstimmung mit einer Vielzahl von Volkssagen, die über solche Verfahren berichten, erläutert er weiter: »Wenn einer eine Figur macht gleich einem Menschen und diese an eine Wand malt, so wisset, daß alle Stiche, Schläge und Streiche, die das Bild treffen, auf den fallen, für den sie bestimmt sind.«

Gerade in unserer Zeit geistiger Orientierungslosigkeit sollen dunkele Künste dieser Art eine unglaubliche Auferstehung erleben. Meinungsumfragen haben ergeben, daß fast die Hälfte der erwachsenen Menschen fürchten, daß es die Möglichkeit des Schadzaubers gibt.

Wer an den Fortschritt des Menschen durch die letzten Jahrtausende glaubt, der lese nur die »Todesrituale« aus dem Altertum, aus der Zeit des Paracelsus und von heute. Ich glaube, es ist schwierig, zumindest auf diesem Gebiet, einen Unterschied festzustellen.

Beherrschten die Hexen den Wetterzauber?

Wenn man den Volkssagen in der Nachbarschaft der Alpenländer Glauben schenkt, konnte Paracelsus mit den Elementen geistig in Verbindung treten. Die feindlichen Naturkräfte verstand er, in für den Menschen günstige Einflüsse umzuwandeln.

Nach einer Überlieferung aus dem Allgäu trat einmal der Lech über seine Ufer und bedrohte die Stadt Füssen. Doch dem Rat der Gemeinde war bekannt, daß sich gerade der weise »Doktor Phrastikus« in der Ortschaft aufhielt. Dieser erklärte sich auch, als man ihn darum bat, zur Hilfe bereit. Mit den Mächten der Natur konnte er nun einmal verhandeln wie ein Kaufmann mit seinen Geschäftspartnern.

Die Alpensagen illustrieren einen entscheidenden Grundgedanken des Paracelsus: Alle Lebewesen und die Mächte unserer Umwelt besitzen Rechte. Wir dürfen sie niemals als Sklaven ansehen, die uns bedingungslos zu dienen haben. Wollen wir etwas von ihnen, so müssen wir ihnen auch etwas anbieten. Also erkundigte sich der große Mann zuerst einmal bei den Bürgern des bedrohten Füssen, »wie weit man dem Fluß das Land gönnen wolle«. Das Volk mußte beraten und genau bestimmen, welchen Teil des Uferlandes die Hochwasser künftig durchtoben durften.

Die Grenzen zwischen den Fluten des Lechs und den Besitzungen der Menschen wurden nun mit viel Sorgfalt bestimmt. Ihnen entlang ließ der Arzt und Magier in weiten Abständen Holzpflöcke in den Boden schlagen. Bis hierher und nicht weiter durfte von da an der Fluß seine Macht ausüben. Die Allgäuer Sagen versichern uns, daß nach dieser Einigung der Lech sich stets an die ihm bestimmte Grenze und den Vertrag mit dem Doktor gehalten habe.

Paracelsus soll auch alles getan haben, dem Volk das Leben im Hochgebirge nach Möglichkeit zu erleichtern. Immer lehrte er die Menschen, die Natur nicht zu fürchten, sondern als einen großen Verbündeten zu betrachten, mit dem man verhandeln kann. Als im Allgäu ein Bergrutsch drohte, soll es wiederum Paracelsus gewesen sein, der Rettung in der Not brachte. Auch hier waren es der Sage nach einige am richtigen Platz eingeschlagene Holzpfähle gewesen, die den heranrollenden Steinmassen zeigten: bis hierher und nicht weiter!

Es ist überhaupt eine tiefe Überzeugung der Alpensagen, daß der naturverbundene Mensch durch seinen ruhigen Glauben nicht »nur« andere Menschen heilen kann. In jedem Dorf soll es früher weise Leute gegeben haben, die es vermochten, die zerstörerische Gewalt der Elemente zu besänftigen. Durch ihre »guten Gedanken« waren sie fähig, von ihrem Dorf oder ihrem Tal die Unwetter abzuhalten »wie durch einen riesigen unsichtbaren Schild«.

Erst während der Hexenprozesse galten alle Frauen und Männer, die angeblich mit den Elementen reden konnten, als gefährlich und teuflisch. Wenn irgendwo ein Wildwasser tobte oder ein Hagelschlag niederging – schon galt dies als Ausdruck ihres bösen Willens! Ursprünglich war es nicht so. In Olten vernahm ich noch die Sage von einer »Stadthexe«. Sie »braute« nur dann Unwetter, wenn sich Feinde der Stadt nahten. Sie stand dann stolz oben auf dem »Hexenturm« und hielt das gegnerische Heer mit Hilfe ihrer Kunst auf.

Paracelsus oder volkstümlich »Phrastikus« (Theophrastus) hat sich nicht nur nach dem Zeugnis der Sagen mit solchen Dingen beschäftigt. In seinem leider ziemlich entstellten und teilweise zerstörten Werk »Über die Hexen und ihre Werke« schildert er uns, daß Meisterinnen der Naturkräfte gelernt haben, durch ihre Träume und ihr hitziges Nachsinnen mit dem »Aszendenten«, also der Sternenkraft, zu arbeiten. Sie machen sich dann »Szepter«, mit denen sie die Wetter lenken. Diese beschreibt Paracelsus nun nicht viel anders als die magischen Pfähle in den Sagen des Allgäus.

Sie wirken also »mit vier (in den Szepter oder Pfahl eingeschnittenen) Köpfen. Die bedeuten die vier Winde.« Das Bildwerk wird nun

»gegen Sonnenaufgang« aufgestellt. Die Hexe nimmt dann einen kleinen Hammer und schlägt mit ihm auf das der vier Häupter, aus dessen Richtung »das Wetter kommen soll«. Für Paracelsus ist das ein erfolgversprechendes Verfahren, denn in den entfesselten Kräften sieht er einen Ausdruck des Wissens »über die ganze himmlische Sphäre«. Alle Wetter sind in dieser enthalten und können darum auch mit Hilfe der Sternenkräfte aus ihr angezogen werden.

Ob Paracelsus selbst ein solches Wissen, wie es die Volkssagen versichern, anzuwenden versuchte, wissen wir nicht. Er gibt schließlich seine Kenntnisse über Hexenbräuche nur mit großer Vorsicht preis: Sie hätten ja nicht nur ihm, sondern auch seinen Lesern gefährlich werden können. Tausende von mißgünstigen Neidern wachten im 16. Jahrhundert über jeden unvorsichtigen Satz eines Schriftstellers, um ihm daraus einen Galgenstrick zu drehen.

Die Geschichten über die Wetterpfähle erzählte er vor allem, um die Macht des Menschen zu beweisen, wenn er seine Energien zu lenken versteht, aber: »Kann der Mensch schmieden aus den Dingen, was er will, so können es die Geister noch viel besser.«

Die »Bergkrankheiten«

Paracelsus erlebte während der Renaissance das Aufblühen der Erzgruben. Die Nachfrage der rasch wachsenden Städte war jedoch bald nicht mehr zu stillen. Es ging den europäischen Eroberern der »neuen« Erdteile deshalb weniger um Land als um den raschen Reichtum durch Bodenschätze.

Trotz ihrer fast kindlichen Freude an leuchtenden Goldbechern und glänzenden Schwertern hatten die Menschen des Mittelalters die Metallgewinnung zeitweise fast vollkommen vernachlässigt. Wir müssen diese Entwicklung jedoch nicht als Rückfall ansehen. In der Endphase des Römischen Reiches scheint die Zivilisation so ziemlich alle Fehler gegen die eigene Natur begangen zu haben, die nur möglich waren. Nicht die Waffen der Barbarenstämme aus Osten oder Norden haben Rom zerstört, sondern der Verlust des gesunden Gleichgewichts mit den Kräften der Natur.

Die römische Technologie, eine folgerichtige Weiterentwicklung der ägyptischen und griechischen Künste, verwendete immer mehr Blei. Man brauchte es zur Stabilisierung und Isolierung von Mauerwerk. Man nutzte es für Münzen und Werkzeuge. Gewaltige Mengen von Blei schützten die Schiffsböden vor Parasiten. Die großzügig konstruierten Wasserspeicher und Wasserleitungen wurden mit Blei ausgeschlagen. Bleioxyd war ein Schönheitsmittel der Damen. In Bleifässern lagerte man den Wein.

Die Ärzte und auch die Gesetzgeber versuchten, die gefährliche Entwicklung zu bremsen. Plinius kannte bereits die schädlichen Wirkungen von Blei und Quecksilber. Wenn der Römer Vitruvius über das Bauwesen schreibt, schildert er die Bleirohre als weniger gesund als die aus Ton. Dies ließe sich sehr leicht an den römischen Bleirohrarbeitern nachweisen. Wegen ihnen weiche nach und nach die gesunde Hautfarbe einer erschreckenden Blässe. Kaiser Augustus verbot die bleiernen Trinkwasserleitungen, doch auch dies scheint die verhängnisvolle Entwicklung kaum gebremst zu haben.

Starb die römische Zivilisation an einer Selbstvergiftung, wie jetzt immer mehr Forscher vermuten? Die Stämme, die sich im 5. bis 10. Jahrhundert auf den Trümmern Roms ansiedelten, ließen die Bergwerke ebenso verfallen wie die Trinkwasserleitungen. Der Besitz von Quellen und Brunnen stellte nun einen viel größeren Wert dar als die verschlungenen Gänge eines Bergwerks.

Erst während der Vorstufen der neuen Industrialisierung begann eine neue Suche nach Metallgruben. Aber schon im ausgehenden Mittelalter entdeckte man auch nach und nach die damit verbundenen Schäden. Die neuen Erfindungen, die sich im 15. Jahrhundert ausbreiteten und die Gesellschaft veränderten, machten das Blei unentbehrlich. Man brauchte es für die Kugeln der Feuerwaffen wie auch für die beweglichen Lettern der neuen Kunst des Buchdrucks.

Paracelsus erkannte als einer der ersten die Schattenseiten der neuen Zeit. In mehr als einer Beziehung ist ein Werk unseres Arztes und Alchimisten erstaunlich. Es ist im Inntal entstanden und trägt den Titel »Von der Bergsucht und anderen Bergkrankheiten«. Es enthält das Ergebnis seiner Beobachtungen an Menschen, die in der Nähe von Bergwerken lebten oder auch in den Erzgruben arbeiteten.

Paracelsus hat den Fehler vermieden, gewisse Stoffe aus der Erde an sich für schlecht und gefährlich anzusehen. Der Mensch ist für ihn ein Mikrokosmos. Er hat also sämtliche Sternenkräfte, die den Makrokosmus bilden, in sich. Für sein Wohlbefinden braucht er sie auch alle, er darf aber auf keinen Fall zu viel von einem Stoff und dessen Strahlungen in sich aufnehmen, da dies sein natürliches Gleichgewicht zerstören könnte.

Paracelsus versichert: »Gold und Silber müssen wir haben, auch andere Metalle, Eisen, Zinn, Kupfer, Blei, Quecksilber. So wir dasselbige haben wollen, so müssen wir daran wagen Leib und Leben...« Starke Feinde und Gegenkräfte stehen jedoch zwischen uns und den Metallen im Boden. Paracelsus spricht in diesem Zusammenhang von den gefährlichen »Nebeln im Berg«, die den Arbeiter bedrohen. Der »Feind ist beim Guten«, das ist seine Überzeugung. Und: »Nichts Liebes wird ohne Leid bekommen.«

Mit eindrücklichen Worten erklärt er uns, wie allein das Vorkommen von Quecksilber im Boden die dort lebenden Menschen beeinflußt: Er vergleicht ihren Zustand mit dem von Leuten, die sich in einer Badstube aufhalten: Sie sind nicht im Wasser, werden aber durch die Dämpfe naß.

Paracelsus ist davon überzeugt, daß auch hier das Heilmittel dort zu finden ist, wo der Schaden entsteht. In seiner »Geheimen Philosophie« schreibt er: »Hat eine Krankheit jemanden befallen, die von den Mineralien oder Metallen kommt, so muß auch wieder mit diesen Arcana (aus den gleichen Stoffen zubereiteten Heilmitteln) geholfen werden.« Hier erkennen wir eigentlich schon den Grundsatz der späteren Homöopathen: Gleiches kann mit Gleichem geheilt werden.

Was in hoher Dosis für uns ein mörderisches Gift ist, wird, feinstofflich verwendet, zum Medikament, das uns rettet.

Schutz vor giftigen Dämpfen und Strahlen

Im Geist der Alpensagen, in deren Kreis er aufwuchs, sieht Paracelsus in seinem Buch »Geheime Philosophie« die Bergwerke von wunderbarem Leben erfüllt, das der Mensch nie mißachten dürfe. Die Kräfte im Boden und Gestein, die für die Bildung der Metalle sorgen, nennt er Erdgeister.

Wer in seinem Jahrhundert reiche Metallvorkommen fand, damit eine einträgliche Industrie begründete und märchenhaft reich wurde, den nannte das Volk oft einen Teufelsbündler. Man war überzeugt, er habe allem Guten abgeschworen und seine unsterbliche Seele Satan und dessen Höllengeistern verkauft. Durch sie habe er dann auch den gefährlichen Weg zu den Metallen in der Tiefe gefunden, die ihrem Machtbereich angehörten.

Für eine solche Auffassung hat der Naturwissenschaftler Paracelsus nur Spott übrig: »Das (die Geschichten über den Teufelsbund der Schatzgräber), sage ich, ist alles nicht wahr und eine irrige und unbegründete Rede... Denn der Teufel ist die ärmste Kreatur, so daß keine ärmere Kreatur auf und unter der Erde erschaffen ist und in den vier Elementen gefunden werden kann. So hat er kein Geld, hatte auch nie etwas zu verwalten.«

Der Teufel ist für Paracelsus kein faßbares Geschöpf, wie es abergläubische Menschen sich vorstellen. Man könne mit ihm keinerlei Verträge schließen und sie mit Blut unterschreiben: »Das gehört nicht zum Amt des Teufels, sondern vielmehr das, daß er dem Menschen böse Gedanken eingibt, die ihn von Gottes Geboten und Willen abhalten. Er macht aus ihm (dem Menschen) einen großen Sünder, so daß er Gott, seinen Schöpfer, ganz vergißt und verleugnet. So bringt der Teufel den Menschen zuletzt in Verzweiflung, daß er gar nicht mehr beten kann.«

Der Teufel lebt also für Paracelsus nicht in den Bergwerken, in denen er seine Jünger mit wertvollen Metallen beschenkt. Er lebt und wirkt ausschließlich im menschlichen Geist. Er erzeugt dort die schwarzen Gedanken, die zum immer maßloseren und schlimmeren Mißbrauch der Naturgeschenke führen.

Gleichzeitig bestätigt auch Paracelsus, daß viele der größten Entdecker von Metallvorkommen einen plötzlichen und erschreckenden Tod fanden, wovon manche Sagen berichten. »Dieser Beispiele hat man bisher viele erlebt und gesehen. So hat man also oft Menschen tot daliegen gefunden mit gekrümmtem und verwundetem Hals, oder sie waren sonst jämmerlich verwüstet. Sooft nun solches bisher geschehen ist, hat man immer gesagt, der Teufel habe es getan...« Diese erschreckenden Unfälle sind seiner Meinung nach nicht etwa durch Höllenkräfte, sondern durch die Erdgeister, mit denen die Metallsucher sehr engen Umgang pflegen müssen, verursacht worden.

Paracelsus warnt jedoch sofort davor, diese ebenfalls abergläubisch zu verteufeln. Ihm zufolge sind die Erdgeister weder böse noch

schlecht. Er versichert uns: »Sie erweisen oft auch große Wohltaten.«
An einer anderen Stelle ergänzt er seine Auffassung und nennt sie
»unsere Warner, Wächter und Beschützer in großen Nöten«. Es ist
die Schuld der Menschen, die aus dem Reich der Erdgeister Schätze
zu gewinnen versuchen, wenn es zu schweren Unfällen kommt.
Der Teufel hingegen sitzt im menschlichen Hirn. Dieser Teil in uns
verliert jede innere Verbindung zum Göttlichen und betet eigentlich
höchstens die Metalle an, die er gewinnen will. Dadurch verliert der
Mensch jedes Maß und »betrübt und beleidigt« die Mächte, mit denen
er bei der Arbeit verbündet ist: »Alsbald muß er allezeit nach ihrem
Willen und Begehren tun.« Weicht er von diesen Spielregeln ab, ist es
sein rascher Untergang: »Sie (die Mächte der Natur) nehmen und brechen ihm das Leben.«

In den Alpensagen sind Menschen, die den Mächten der Tiefe mit
Haut und Haar verfielen, ganz bleich. Sie werden von düsteren Gedanken gequält, von schweren Alpträumen heimgesucht, und sie meiden dann alle Lustbarkeiten. Was für die Abergläubischen ein Zeichen für den Bund mit bösen Geistern war, könnten auch die Folgen
von Bleivergiftungen gewesen sein. Die Forschung hat sogar festgestellt, daß die Alchimisten vor und während den Zeiten des Paracelsus
besonders gern die Bergwerke von Böhmen aufsuchten. Es kann also
vermutet werden, daß sie bereits mit Stoffen arbeiteten, deren Radioaktivität heute nachweisbar ist. Sind die »jämmerlichen Verwüstun-
gen«, die Paracelsus bei den Metallarbeitern erwähnt, tatsächlich nur
Folgen des unvorsichtigen Umgangs mit den unbekannten Gewalten
im Berg?

Paracelsus liebt offensichtlich die Geheimnisse, die unter der Erde
ruhen. Er glaubt, daß dem Menschen Mittel zur Verfügung stehen,
um die Geschenke der Berggeister einigermaßen sicher genießen zu
können. Die sehr vorsichtige, homöopathische Verwendung der gefährlichen Stoffe ist eines der Hilfsmittel – vor allem aber auch die
Kräfte, die durch unseren Glauben und die Liebe zur Arbeit mit der
Natur erweckt werden können.

Die volkstümliche Alpensage scheint viel von den Zusammenhän-
gen verstanden zu haben, die Paracelsus den Menschen predigte. Von
einem »Geist im Berg« erhielt er der Sage nach das stärkste der Heilmittel, das im Inneren der Erde ruhte. Damit aber dadurch nicht die
»höllische Seuche« ausbreche, habe dann der Alchimist die Gebirgler

gelehrt, »Bannwälder« zu pflanzen. Der österreichische Sagensammler von Alpenburg berichtet, indem er die »alten Spinnstubenerzähler« als seine treuen Gewährsleute nennt: »Daß der Wald wegen dieses Teufelsbanns (des Paracelsus) der ›Bannwald‹ heiße und daß man seit jener Zeit auch jene Wälder, die man nicht abholzen darf, Bannwälder nenne.«

Die Energien der Erde können uns nach der Auffassung von Paracelsus und den ihm nachfolgenden Rosenkreuzern zerstören, wenn wir sie grenzenlos ausbeuten. Es liegt aber in unserer Macht, durch die Wiederherstellung der Naturordnung den Schaden, der aus unseren Eingriffen stammt, einigermaßen auszugleichen und zu bannen.

Reinigung durch Quellwasser

Die Alchimisten kannten zweifellos geheimnisvolle Strahlenvorgänge, denen sie die Verwandlungen der Erdstoffe zuschrieben. Haben sie damit teilweise tatsächlich das Phänomen gemeint, das wir heute als Radioaktivität bezeichnen?

Paracelsus nennt es »das innere Feuer, das unter der Erde verborgen ist«. Wo es wirkt, verfärbt sich das Laub der Bäume in unheimlicher Weise, und die Kräuter und Blumen sind »niedriger, kleiner, dünner und dazu von finsterer und dunkler Farbe«. Die Sinne können an Stellen, wo die Metalle im Boden noch nicht »reif« sind, ein nächtliches Aufleuchten bemerken: »Und zwar in Gestalt eines Funkenfeuers«. Durch solche Strahlungen vollziehen sich nach ihm in der Erde alchimistische Wandlungen, denen wir die Entstehung neuer Stoffe verdanken.

Wir kennen bereits die feste Überzeugung des Paracelsus, daß genau dort, wo uns Gefahr droht, auch die rettenden Hilfsmittel zu finden sind. Wenn er über die heißen Quellen schreibt, versichert er uns als beruhigende Tatsache: »Die Natur soll auch solche (helfende und heilende) Dinge liefern, damit das Haus des Menschen (sein Körper) erhalten werde, gebaut, unterstützt, ausgefegt, (von allen Verunreinigungen) gesäubert und alle Spinnwebe entfernt werde. Es gibt Besen und Lumpen, um damit die Fenster und das Haus vom Unflat zu kehren. Es ist zu ergründen, was jedes (uns nützende) Ding sei, damit das Haus (der Leib, in dem unser unsterblicher Geist wohnt) erhalten werde.«

Paracelsus war offenbar fest davon überzeugt, daß gerade die Heil- und Thermalquellen uns »Besen und Lumpen« liefern können, aus unserem Körper jeden Schmutz herauszuschwemmen. Das Wasser erscheint als Symbol für ewige Erneuerung und Wiedergeburt: »Dann sollet ihr das wissen, daß die Natur sich im Wasser so wunderbar wie im Firmament (Sternenhimmel) gezeigt hat. Wir müssen uns über die seltsame Wirkung der Wasser und der Sterne wundern... Haben die Sterne ihren (gesetzmäßigen) Lauf, so hat ihn auch das Wasser. Der Lauf des Wassers in der Erde und Erdkugel ist so wunderbar wie der Lauf der Sterne.«

In den Werken der Alchimisten finden wir das Bild eines liebenden Paares, das in einem verjüngenden Bad sitzt. Man hat solche Darstellungen meistens ausschließlich als Sinnbilder chemischer Vorgänge gedeutet. Aber stammen sie nicht gerade aus Jahrhunderten, in denen man vom richtigen Baden die Stärkung aller Lebenskräfte erwartete? Gerade die sogenannten Zauberbücher aus der Zeit des Paracelsus stellen sehr oft eine wichtige Forderung auf: Man sollte keine »magische« Zeremonie beginnen, ohne sich sorgfältig und feierlich gebadet zu haben.

Noch heute findet sich in den Alpensagen die feste Überzeugung, daß uns das reine Quellwasser in jeder Beziehung zu reinigen vermag. Schließlich rinnt es, wie man noch immer glaubt, im Berginnern über sämtliche Metalle, Edelsteine und geheimnisvolle »Erdfeuer«. Wenn wir es in festem Glauben benutzen, reinigt es uns von allen schlechten Einflüssen. So vernahm ich es um 1956 vom Bergwasser des Lombach, der in den Thuner See einströmt: »Das Bad, das sogar schwarzmagische Einflüsse abwehrt, muß festlich benutzt werden. Am besten gießt man das Wasser in einen Bottich aus duftendem Holz. Es ist gut, zusätzlich Kräuter ins Wasser zu tun, die unseren Geruchsinn erfreuen. Man bade im Sternenlicht oder bei Kerzenschein, da wir dann die Kräfte im Wasser besser herausspüren.« Selbstverständlich wurde auch hier, wie anderswo im Alpenraum, geraten, sich zumindest zu Beginn des Monats Mai so zu erfrischen.

Die alten Badeärzte glaubten wie Paracelsus zusätzlich an die Heilkraft der Umgebung. Schwitzbäder wurden gern in der malerischen Natur, am Waldrand oder Seeufer angelegt. Die »reinen Energien«

sollten hier ungestört strömen und den Menschen von allen »Unsauberkeiten« befreien.

Keine Angst vor Sternenkräften

Die Erde ist für Paracelsus völlig mit Sternenkräften durchdrungen. Wir können es mit unseren Sinnen erfühlen oder durch genaue Naturbeobachtung erkennen.

Der Forscher verbindet hier einheimische Überlieferungen mit eigenen Erfahrungen: »Wir sehen, daß durch astrale Einwirkung die Bäume aus der Erde bald gut, bald schlecht gedeihen... So stark und mächtig ist der astrale Einfluß auf fruchttragende Dinge. So (wie die Erde und ihre Gewächse) wird auch der Frauenkörper astral beeinflußt.«

Die durch astrale Kräfte bestimmten Naturvorgänge können nun in gewissem Maße durch den Menschen gelenkt werden. Paracelsus ist der Auffassung, daß es die Mutter ist, die die Sternenkräfte bestimmt, die das Kind in ihrem Leib für das ganze Dasein prägen.

In den Textpassagen, in denen er die wechselnden Sternenstrahlungen auf die Natur feststellt, sieht er in der Frau das Heilmittel gegen die dauernde Veränderung. Paracelsus führt das volkstümliche Wort aus dem Evangelium an: »Ein gut gearteter Baum trägt gute Früchte.« Seine Deutung der in diesem Spruch enthaltenen Weisheit lautet: »Da er (der Baum) zur guten Art gehört, ist er aller bösen Art zu stark. Er wurzelt zu fest in dem Guten, als daß ihm das Böse etwas anhaben könnte.« Der Naturwissenschafter fügt seiner Erklärung noch hinzu: »Dies ist der Sinn des Gleichnisses Christi, daß ein guter Baum gute Frucht trage. Es bezieht sich auf eine gute Veranlagung.«

Alles »Fruchttragende« oder Weibliche ist für Paracelsus von den astralen Einflüssen abhängig: »So steht es auch mit den Frauen, doch mit einem Unterschied: Denn die Frau kann man davor bewahren, daß sie von dem unteren Himmel, das heißt vom Manne infiziert (also mit schlechten Einflüssen angesteckt) werde.« Das Göttliche wohnt für ihn in der Gebärmutter. Es bringt mit seiner Schöpferkraft einen neuen Menschen hervor, der genau das zu bewirken vermag, was die Aufgabe seiner Zeit ist.

Die äußeren Einflüsse können sich noch so sehr ins scheinbar Ungünstige verändern – die Menschen, die geboren werden, vermögen sie in ihrem Sinn zu benutzen:»Deshalb soll man die Frauen (die in jeder Generation ein solches Wunder vollbringen) nicht zur Unzucht mißbrauchen. Denn in ihnen wohnt der Geist, der von dem Herrn (des Himmels) kommt und zu ihm wieder zurückkehrt.«

Der Mensch muß sich vor keinen astralen Einwirkungen fürchten. Er vermag sich so zu entwickeln, daß er aus allen Verwandlungen der Natur vermehrt Nutzen und Freude schöpft.

Seuchen entstehen durch Hoffnungslosigkeit

Die einst als unheilbar geltenden Seuchen wie die Pest oder Syphilis erschienen dem 15. Jahrhundert wie der Beginn des Weltuntergangs. Paracelsus und seine Nachfolger drängten diese Ängste zurück und schufen damit eine Grundlage zu einer neuen Kulturblüte.

Paracelsus stand zweifellos zeitweise christlichen Gemeinschaften nahe, die sich mit dem Sinn der Evangelien beschäftigten. Er war offensichtlich fest davon überzeugt, daß jede Zeit die Aussagen über die Liebe zu Gott und allen Geschöpfen neu zu überdenken habe. Was ihm aber im Jahrhundert der Reformation falsch und gefährlich erschien, war das Aufkommen von Sekten, die die Welt haßten.

Vor allem, wenn er über die Ursachen der Pest schreibt, erwähnt er den schwarzen Trübsinn, der alles vergiftet. Über die Sektierer, die ihn verbreiten, fallen darum harte Worte. Er empfindet sie, wie es mir scheint, nicht als unermüdliche Sucher nach der Grundwahrheit der christlichen Religion. Gegen die Verächter von Leben und Natur wendet er sich vor allem als Arzt, der schließlich der Sage nach sogar dem Kaiser von Wien versprach, für die Gesundheit seiner Völker zu sorgen.

Gerade in Notzeiten sind für ihn düstere Gedankengänge fast ein Verbrechen. Sie schwächen den Glauben, daß es immer Hoffnung für das Überleben und die Genesung gibt. Sie schwächen damit im Menschen die seelischen Widerstandskräfte. Auf diese Weise kann ein Nährboden für Seuchen entstehen.

Paracelsus, der Vorkämpfer der inneren Hygiene, stellt fest:

»Diese Leute (die Sektierer) haben ein neidisches Herz, wollen keinem an dem seinen froh werden lassen.« Um ihre lebensfeindlichen Lehren zu beweisen, ziehen sie aus dem Zusammenhang gerissene Stellen aus der Heiligen Schrift heran. Diese werden dann völlig willkürlich nach ihrer vorgefaßten Meinung gedeutet. Menschen ohne gute Bibelkenntnisse glauben dann, die Lehren Gottes zu hören. In Wirklichkeit vernehmen sie nur die aus maßlosem Neid geborenen Verfälschungen, die jede Freude in der Welt auslöschen wollen!

Wer die Schöpfung haßt, der zerstört sich selbst: »An das, was sie sich in ihren eigensinnigen Köpfen zusammengebraut haben, glauben sie (diese falschen Propheten) mit solcher Kraft, daß die Kraft ihres Glaubens wieder in sie zurückgeworfen wird... Das zeigen die (gegen das irdische Dasein eingestellten) Wiedertäufer, die durch solchen Mißbrauch eines tollen Glaubens sich selber dahin bringen, daß sie auf die von ihnen vorgestellte Weise sterben und verderben.« Wer sich eine scheußliche Weltkatastrophe vorstellt, der zieht demnach die Zerstörung an. Der Untergang seiner Welt wird für den, der in schwarzen Phantasien schwelgt, zur erschreckenden Wirklichkeit.

An derselben Stelle finden wir in den Schriften des Paracelsus auch seine Seuchenlehre: »Auch bei der Pest ist wahrscheinlich die gewichtigste Ursache die, daß das Volk in Verzweiflung fällt. In einer solchen Verzweiflung glaubt es, ihm könne durch die Medizin ebenso wenig geholfen werden, wie man einen großen Berg auffressen kann.«

Trübsinn und Verzweiflung bilden für ihn die Wurzeln der Schrekken, die damals das Ende von Europa zu besiegeln schienen.

Auch in den Alpenländern wurden in jener Zeit Kriegsnot und Seuchen in einem Atemzug genannt. Für beide nennt Paracelsus das gleiche Heilmittel: unseren Geist.

Über die Macht positiver Gedanken schreibt er: »Darum soll sich ein jeder Kriegsmann, der da begehrt, ein alter Kriegsmann zu werden..., Herrn Julius (den Feldherrn Julius Cäsar) oder sonst einen trefflichen ritterlichen alten Kriegsmann zum Vorbild nehmen, wie deren unter den Römern viele gewesen sind.«

Wenn wir diese Zeilen lesen, müssen wir uns selbstverständlich wiederum die Überlieferungen jener Zeit vergegenwärtigen: Die alten Römer galten als Vorfahren von Adelsgeschlechtern. Aber auch die Bewohner ganzer Alpentäler, etwa die Unterwaldner oder die rätoromanischen Bündner, führten sich auf sie zurück.

Wenn man sich das Heldenleben der Besten unter den Römern als Vorbild nahm, besaß man dazu ganz sicher keine Urkunden im Sinn von modernen Geschichtsquellen. Es wurde dabei zweifellos vielmehr in Chroniken und Volksbüchern geschwelgt, die das Altertum möglichst lebendig und unterhaltend auferstehen lassen wollten. Das Bild der »Ritter« der Vergangenheit erschuf man sich weniger nach den altbezeugten, in den Klosterbibliotheken aufbewahrten Berichten als aus der eigenen poetischen Vorstellungskraft. Wahrscheinlich war auch Doktor Faust ein Geschichtenerzähler dieser Art: Man sagt, daß er in Innsbruck vor Kaiser Maximilian die Helden der fernen Zeitalter so gut hatte auferstehen lassen, daß dieser sie fast mit lebendigen Menschen verwechselte...

Wenn nach Paracelsus jemand Gefahren und Risiken gut überstehen will, dann soll er sich positive Vorbilder der Vergangenheit möglichst gut und genau »einbilden«. Dies gibt ihm die Sicherheit und Kraft, genau wie sie jede Not zu überstehen.

Gute Vorbilder und Gedanken wählen

Das Vorbild, das wir in unserem Geist zum Leben erwecken, ist, so Paracelsus, unser allerbester Beschützer. Es hilft uns in einer unsicheren Zeit zumindest mehr als Schild und Rüstung aus festem Metall.

Der Arzt, für den Kriege und Seuchen fast zum Alltag gehörten, versichert: »Und so soll er (der Mensch) nun seine Vorstellungskraft recht zu gebrauchen wissen. Er soll sie (die das Vorbild betreffenden Phantasien) stets in seinem Gemüte haben, als wolle er all die Taten tun, auch so alt werden, wie jener geworden ist. Er wolle auch (selbst) zu solchen Ehren und solcher Ritterschaft kommen wie jener.«

In einem Jahrhundert voller Verzweiflung glaubte Paracelsus so einen Trost zu vermitteln, aus dem die Menschen neue Lebenslust schöpfen konnten. War dies etwa der »Stein der Weisen«, den er auf seinen phantastischen Reisen gefunden und dann heimgebracht haben soll?

Paracelsus faßt als sicheres Ergebnis seiner Erfahrungen in einem Europa, dem damals die völlige Auflösung drohte, zusammen, daß trübsinnige, unsichere, furchtsame Menschen viel eher untergehen als die, die sich an strahlende und selbstbewußte Vorbilder halten. Einer, der sich leicht entmutigen und einschüchtern läßt, ist auf alle Fälle viel gefährdeter »als einer, der keck, fröhlich und unverzagt hinan geht, sich nicht entsetzt, sich vor keinem Schuß fürchtet, einen starken Glauben und gute Hoffnung hat, er werde davonkommen. Solches sind die rechten Kriegsleute, mit denen, wie man sagt, Schlösser, Städte, Land und Leute zu gewinnen sind.«

Nur mit einem zuversichtlichen Volk kann ein Land verteidigt werden. Die Sage erzählt, daß einige der besten Krieger in den Kämpfen um Wien wider die Türken die »Schutzmittel des großen Paracelsus bei sich trugen«. Sie hätten bewirkt, daß sie den Hagel der Geschosse der heranstürmenden Elitetruppen, der Janitscharen, unverletzt überstanden. Dies habe Unsicherheit unter den Gegnern verbreitet und so entscheidend dazu beigetragen, daß die Kaiserstadt allen Angriffen standhielt.

Die Legende tönt selbstverständlich wie ein naiver Zauberglaube. Aber kann es nicht die Erinnerung an ein echtes Schutzmittel des Paracelsus sein, wie er es in seinen Schriften der Nachwelt überließ? War die beste Rüstung nicht wirklich seine Philosophie über die Wunderwirkung von »starkem Glauben und guter Hoffnung«?

Doch eigentlich ist die Wissenschaft vom Überleben in Zeiten blutiger Umwälzungen für Paracelsus nur die Einführung zu seiner Abhandlung über die Seuchen. Ob Krieg oder Pest, es liegt an uns, alles, was uns schaden könnte, anzuziehen oder auch abzuwehren. Ergibt man sich den »gefährlichen Gedanken«, dem Trübsinn, dann beginnt man, die schädlichen Kräfte von allen Seiten anzuziehen: »Du bist an solchem (deinem eigenen Unglück) selbst schuld. Dein zweifelnder Glaube, der so schwach und klein in dir ist, auch deine eigensinnigen, bösen Gedanken bringen dich dahin und fügen dir solches zu. Dazu (um je nach Einstellung gute oder schädliche Kräfte anzulocken) hast du einen Magneten in dir verborgen, mit dem du solches an dich ziehst... Denn der himmlische Magnet (die Sternenkräfte in dir, die deine Gedanken steuern) ist von solch großer Macht, daß er ja alles, was er will, über hundert oder tausend Meilen aus den vier Elementen an sich zieht.« Er tut dies, wenn er durch gesteigertes Denken in den Zustand seiner erhöhten Wirksamkeit (Exaltation) gerät.

Nach der stolzen Philosophie des Paracelsus hat Gott den strahlenden, »magnetischen« Menschen so erschaffen, daß er in einem bestimmten Rahmen sein Schicksal frei zu wählen vermag. Er zieht aus der ganzen Welt die Kräfte an, die ihn beschützen. Auf der anderen Seite kann er sich durch denselben Mechanismus aber auch den schädlichen Wirkungen vermehrt aussetzen.

Vergiß das Lachen nicht

In schweren Zeiten, in denen das Volk in einem immer schwärzeren Alpdruck dahindämmert, sieht Paracelsus die Hauptaufgabe des Arztes darin, der Unterhalter der Menschen zu sein. Er soll seine Patienten vor allem auf fröhliche Gedanken bringen.

Die trüben Stimmungen sind für ihn wie klebriges und gleichzeitig leicht entzündbares Pech. All die gefährlichen Einflüsse, die in Notzeiten die Welt erfüllen, bleiben daran haften: »Es (dieses eingebildete und für die Augen unsichtbare Pech) fängt gern Feuer. Wenn es zu brennen beginnt (also wenn es erst einmal den Leib krank gemacht hat), kann es schwer ausgelöscht werden. Darum soll man helfen, der (negativen) Vorstellung Widerstand zu leisten und sie auszulöschen.«

Der Glaube und die inneren Kräfte, die dieser auszulösen vermag, sind in jedem Fall für ihn entscheidend. Sie führen den Leib zum Sieg über den äußeren Feind, möge dies nun der fremde Krieger auf dem Schlachtfeld sein oder aber der unbarmherzige Seuchentod. Selbstverständlich ist der Forscher Paracelsus fest davon überzeugt, daß noch viele wenig bekannte Kräfte in Kräutern, Wurzeln oder Steinen verborgen sind. Wenn wir all diese Dinge begeistert erforschen würden, könnten wir natürliche Energiequellen erschließen, von denen die Menschen noch gar keine Ahnung haben. Doch im Vergleich zur Fähigkeit der Imagination sind dies alles nur nebensächliche Faktoren. Die äußeren Heilmittel unterstützen höchstens den Geist, den von ihm bewohnten Leib mit einem Schutzschirm zu versehen.

Paracelsus formuliert es fast in der Sprache der Soldaten: »Das alles (die wunderbaren Mittel vor allem aus der Welt der Pflanzen und Gesteine) sind nur Bundesgenossen (im Krieg gegen die uns bedrohenden Übel). Deren General und oberster Herr ist doch die Einbildungskraft (Imagination) gewesen... Denn ohne den Glauben ist alles leer und kraftlos.«

Zuerst muß immer der Geist gestärkt und mit dem Willen zur Genesung erfüllt werden. Gerade dann, wenn alles über den Vormarsch der scheinbar unheilbaren Seuchen schwatzt, ist dies entscheidend wichtig. Der Lebensglaube der Person, die man kurieren will, darf nicht mehr »schwach und klein« sein. Der gute Arzt muß bei dem Patienten jeden krankmachenden Zweifel auslöschen.

Die Anleitungen, die Paracelsus hier gibt, sind recht eindeutig: »Darum soll man einen solchen Menschen, der also mit traurigen, schwermütigen, bösen Gedanken und Vorstellungen beladen und von ihnen befallen wird, nicht allein lassen. Man soll mit ihm fröhlich und guter Dinge sein, mit ihm viel reden, von viel und mancherlei kurzweiligen Dingen. Man soll ihn auch zuletzt ermahnen, daß er solche (trübsinnigen) Vorstellungen vergesse und sich die bösen, gefährlichen Gedanken aus dem Sinne schlage.«

Alles soll nach Paracelsus getan werden, um gerade bei drohenden Seuchen die Menschen aus ihrem Trübsinn zu erlösen. Sonst sind gerade diejenigen, die schwarze Gedanken hegen, die schwachen Stellen eines Volkes, die die heranrückende Epidemie zuerst angreifen und verderben wird: »Man soll ihn (den bereits von Melancholie erfaßten Zeitgenossen) trösten, ihm das (die dunklen, schädlichen Gedanken) aus dem Sinn schlagen, mit ihm fröhlich sein. Man soll mit ihm Brettspielen oder sonst Kurzweil treiben.« Hier ist der Volksarzt oder Helfer, der die drohende Gefahr aufhält, wiederum ein Spielmann, der in seinem Kreis jede Langeweile und jede aus ihr geborene Depression zu verjagen vermag.

Paracelsus ist sich selbstverständlich bewußt, wie sehr seine fröhliche Wissenschaft von vielen Zeitgenossen abgelehnt werden mußte. Doch gibt er sich überzeugt, daß die Zukunft ihm recht geben werde. Über seine Lehre von der Notwendigkeit einer heilenden »Kurzweil« in den Tagen des Pesttodes versichert er sogar: »Das (was ich hier sage) sollt ihr nicht für einen Scherz oder Gespött halten – obgleich es zum Lachen ist, daß einem (während der Seuchenzeiten) so leicht geholfen werden mag und kann.«

Das Wort »Humor« hängt mit der lateinischen Bezeichnung für die Körpersäfte (Humores) zusammen. In einem gesunden Körper lebt ein gesunder Geist, das ist bekanntlich eine alte Weisheit. Für Paracelsus gilt offensichtlich auch, daß Humor und Lebenslust das beste Heilmittel sind.

Bewußtsein, Körper
und Selbstentfaltung

Fühle dich frei

Am Vierwaldstätter See, zu dessen Kreis auch Einsiedeln gehört, entstand die Sage vom wilden Jäger Tell. Gerade zu Jugendzeiten von Paracelsus wurde viel über ihn geschrieben, und er wurde ausdrücklich als Vorbild gerühmt.

Tell besiegt der Sage nach den Landvogt, der ihn einengen will. Er wehrt sich eigentlich nicht aus politischen Motiven in unserem modernen Sinne, was ihm die Ideologen des 18. und 19. Jahrhunderts später andichteten. Der große Schriftsteller und Sagenfreund Jeremias Gotthelf hat es wohl richtig gesehen: »Gessler wollte die freien Urner zu Leibeigenen machen, wollte in die freien Berge alle herrschaftlichen Rechte verpflanzen, wollte daher auch die Jagd der Herrschaft vorbehalten... Je schlechter seine (eigenen) Jagden ausfielen, um so bitterer haßte er die glücklichen Jäger, obenan den Tell, den Meister der Gebirge, den König der Jagd.«

Nach der Überlieferung nennt Tell sich selber unvernünftig – das sei auch der Wortsinn seines Namens. Er verkörpert die wilde Berglandschaft. Er trifft, was nach der Sage alle Meisterjäger konnten, den Apfel auf dem Haupt seines Sohnes. Wenn die Leute sich demütig ducken, steht er stolz da wie eine Wettertanne.

Dem von Söldnern auf das Schiff des Vogts gebrachten Tell werden die Fesseln abgenommen, und er allein weiß, wie man sich im Gebirgssturm verhält. Er ist dann mit einem Sprung auf der Felsplatte des Alpensees, wie er es wohl von Gemsen und Steinböcken gelernt hat.

Als alter Mann rettet er ein Kind aus einem Wildbach und findet dabei heldenhaft den Tod. Noch heute soll er in einer Berghöhle schlafen. Wenn das freie Leben in den Bergtälern in Gefahr sei, werde er einst erwachen.

Paracelsus schildert uns eine Volksgruppe, die er zweifellos aus seiner Heimat gut kennt: »Das sind (alle Menschen), die Vögel, Fische und wilde Tiere jagen.« Rechtlich standen Leute dieser Art außerhalb der angesehenen Stände des 16. Jahrhunderts. Doch der welterfahrene Alchimist schätzt sie mit seinem ganzen feurigen Herzen. Wenn wir seine religiösen Schriften richtig verstehen, sieht er sie kaum der Versuchung ausgesetzt, gegen biblische Gebote zu verstoßen: Er versteht darunter jedes Abrücken davon, seinen Lebensunterhalt anders als durch die Arbeit mit den eigenen Händen zu verdienen: Also etwa ein faules Dasein dank vorteilhafter Besteuerung und Ausbeutung fremder Arbeit zu führen.

Über die von ihm bewunderten Jäger und Fischer, denen er sicher viel von seiner Naturkenntnis verdankte, stellt der Arzt fest: »Die speiset niemand (anderes) denn Gott. Aber sie kommen zu uns und speisen uns auch.« Niemandem untertan, in ihrer Tätigkeit vollkommen selbständig, versorgen sie das übrige Volk mit gesunder Nahrung. Nach Paracelsus ist es für ein Land sehr gut, wenn in dessen Wäldern und Auen solche unabhängigen Familien leben: »Ihr Obrigkeit, habt euch dessen (dieser Tätigkeit in eurem Reich) nicht anzunehmen (also auf keinen Fall sollt ihr den Versuch unternehmen, diese Menschen zu überwachen). Denn ihr habt sonst zu regieren genug.«

Selbstverständlich ist es Paracelsus klar, daß schon im Hinblick auf eine ungestörte Natur unter den Jägern und Fischern eine klare Ordnung bestehen muß. Aus diesem Grund empfiehlt er ihnen ein gewisses Maß an Selbstverwaltung. Er schlägt vor, eine »gemeine Landschaft« zu bilden. Darunter versteht er eine allgemeine Landsmannschaft oder Standesgemeinschaft; wir würden heute sagen, die regelmäßige Versammlung aller freien, politisch mündigen Bürger. Die Gemeinschaft der unabhängigen Jäger und Fischer wäre nach ihm: »Nicht eine Landschaft (Landsmannschaft) oder Bruderschaft der Toten, sondern der Lebendigen.«

Würden wir uns aber von einem selbstbestimmten Leben entfernen, bräche die Zivilisation zusammen: »So sind unter uns Pestilenz (Seuchen), Teuerung, Hunger, Krieg, Zank, Hader. Eins ist wider das andere. Das Vieh auf den Gassen hasset uns (die vom richtigen Weg abgerückten Menschen).« Es entstünde auf diese Weise nach Paracelsus genau das, was man als »des Teufels Regiment«, also die Herrschaft des Bösen bezeichnen könnte.

Paracelsus betrachtet also die »Bruderschaft der Lebendigen«, das heißt ein Leben in Harmonie mit der Natur, als einen Grundpfeiler für unsere Gesundheit. Unter der »Arbeit mit den Händen« versteht er übrigens jedes Werk für unseren Lebensunterhalt, bei dem wir das Leben der Natur, die Sternenkräfte in allem unmittelbar spüren. Die Künstler, die im Handwerk schöpferischen Menschen, die Häuserbauer sowie die echten Erforscher der Natur rechnet er selbstverständlich dazu. Vor allem aber auch die Ärzte, die täglich mit den Schätzen der Erde zu tun haben, mit Kräutern, Kraftsteinen oder aus dem Boden gewonnenen Arzneien.

In den Alpenkulturen hielt sich die Vorstellung lebendig, daß wir möglichst schöpferisch und frei arbeiten müssen, um gesund und munter zu bleiben. Dann spüren wir auch in der Natur, wie elementar die Kräfte und Säfte durch uns strömen.

Das Weibliche in der Schöpfung

Der Mensch, der Mikrokosmos, entsteht für Paracelsus aus dem Zusammenspiel der männlichen und weiblichen Energien des Weltalls (Makrokosmos). Auf diesem Urgesetz beruhen nach ihm das Glück und die Gesundheit aller Menschen.

Für Paracelsus, der sich sehr mit dem Urchristentum beschäftigte, ist es eine Selbstverständlichkeit, Mann und Frau als gleichwertig anzusehen. Steht nicht in der Bibel, daß Gott am Anfang der Zeitalter den Menschen nach seinem Bilde erschuf? Ist nun der Mensch nicht in zwei Geschlechter getrennt, die erst zusammen eine Einheit bilden? Wenn dies so ist, muß die Schöpferkraft in sich selbst auch eine weibliche Seite haben.

Vor uns entsteht hier ein gewaltiges Gemälde eines ewigen Paars, das eine vollkommene Einheit bildet und in unserer Vorstellung niemals aufgespalten werden kann: »Wie nun zwei Leiber in der Gottheit sind, Gott und seine Gemahlin, und doch nur eine einige (eine Einheit darstellende) Gewalt...«

Diese Gemahlin des männlichen Schöpfers nennt nun der Alchimist die »himmlische Königin«. Sie ist für ihn »eine ewige Frau, unzerbrechlich (unzerstörbar), unbefleckt, ohne Makel«. Sie ist ein Teil der Urkraft, dank der Christus auf der Erde entstehen konnte: »Der

Sohn ist geboren von zwei Personen, nämlich dem Gott und der Göttin.«

Dieses Weibliche, das Teil des Schöpfers ist, gehört für Paracelsus zu den wenigen Dingen, die unser begrenzter Verstand über den Ursprung der Welten zu erkennen vermag. In derselben Schrift, »Liber de Sancta Trinitate«, stellt er in diesem Sinn fest: »Was phantasieren wir tödlichen (sterblichen) Menschen von Gott unserem Schöpfer und unserem Erlöser? Dieweil wir im (materiellen und vergänglichen) Leib wohnen und nichts anderes von ihm wissen als wie der Vogel von uns? Weniger erkennen wir Gott, als die wilden Tiere uns (die Menschen) erkennen. Wie ungeschickt wäre es für den Hasen, vom Menschen zu schreiben – also ungeschickt ist es für den Menschen, von Gott zu schreiben.«

Wir können aber erkennen, daß wir in unserer Entstehung und unserem Grundwesen ein Abbild der männlichen und weiblichen Energien des Kosmos sind: »Er (der Mensch) ist das Quintum esse (der vollkommene Auszug und die Verdichtung) des ganzen Weltalls. Er ist das Zentrum, in das alle Sphären ihre Strahlen ergießen. Er ist es, der von ihnen allen empfangen und geboren wird.«

Seit Anbeginn ist darum der Mensch nur vollkommen, wenn die männlichen und die weiblichen Energien eine harmonische Verbindung bilden. Alles, was wir am Himmel und auf Erden erkennen können, ist für Paracelsus nur ein Sinnbild für diese gewaltige Einheit, die wir alle nachzuvollziehen versuchen: »Wie Tag und Nacht ein Licht ist, Sonne und Mond ein Licht, also sind auch Mann und Weib ein Fleisch.« Und: »Wie der Mond ist ein Weib der Sonne und die Sonne des Mondes Mann..., also ist auch der Mann der Frauen Sonne und sie sein Mond.« Erst zusammen bilden sie »ein Fleisch« oder »ein Lebewesen«. Im übrigen darf man nie vergessen: »Fleisch« wird von Paracelsus nicht nur mit dem physischen Körper gleichgesetzt. Er versteht darunter auch die Gesamtheit der feinstofflichen Kräfte, deren Kreislauf der stoffliche Leib zum Überleben benötigt.

Der biblische Text, der von der Entstehung des ersten Paares redet, wird nun zu einer Grundlage der paracelsischen Naturwissenschaft. Gott hat nach Paracelsus von Adam für die Erschaffung von Eva Kraft und Materie genommen, »da in ihm (dem ersten Mann) seine frauliche Art lag«. Nach den alten Bibelillustrationen entsteht das Weib im Paradies unterhalb der Rippen von Adam. Diese Stelle identifiziert Paracelsus als die Körperregion, die bei den Frauen vollkommener entwickelt sei.

Noch immer liegen hier für das astrologische Weltbild, das Paracelsus stets teilte und ausbaute, die weiblichen Kraftfelder. Von den Rippen bis zum Unterleib regieren die Tierkreiszeichen Jungfrau und Waage als »Haus der Venus«, sowie der weiblich gedachte Skorpion. Sie nehmen die himmlischen Energien auf, die die Schwangerschaft ermöglichen. Die Entstehung Evas aus diesem »Ort der fraulichen Art« bedeutet also für die Anhänger der uralten Sternenweisheit: Die Frau besitzt ein Übermaß an Lebenskräften, ohne die es die irdische Welt nicht geben könnte.

Die göttliche Verbindung von Mann und Frau

Der Mensch steht für den Alchimisten Paracelsus Gott, den Engeln und allen Sternenkräften nahe. Er wird dem Himmel nur fremd, wenn er ohne Liebe lebt.

Ich fragte beim Kloster von Einsiedeln an, welche Bibelausgabe und welche christlichen Bilder die Familie des kleinen Theophrast wohl gekannt haben mag. Seit dem ausgehenden Mittelalter hatte das Kloster des heiligen Meinrad manche Not erlitten. Es war viel zerstört worden oder im Sturm der Zeiten verlorengegangen. Was die Bibel der Paracelsuszeit angeht, so hatte ich Glück: In der Klosterbibliothek, in der übrigens eine Darstellung des frommen Alchimisten hängt, sah ich den damals verbreiteten Druck der Heiligen Schrift ein.

Auf den ersten Blättern bestaunte ich, wie wohl ähnlich vor mir der kleine Theophrastus, einen wunderbar ausgemalten Holzschnitt. Er stellt den geheimnisvollen Augenblick dar, in dem die Himmelskräfte Eva und Adam trennen. Aus der Einheit entsteht hier eine Zweiheit, die aber durch den göttlichen Kreis, der beide umgibt, auf Ewigkeiten verbunden bleibt.

Das Paradies, in dem unsere ersten Vorfahren zusammen mit Tieren und Pflanzen leben, ist kreisrund. Es wird dann noch von drei weiteren Kreisen umgeben, die es umschließen. Der erste Kreis ist das fließende Wasser, durch das auch die Nixen schwimmen – zweifellos ein Sinnbild der Lebenskräfte im strömenden Element.

Der zweite Kreis wird von den Gestirnen des Himmels gebildet, unter denen wir selbstverständlich auch das kosmische Paar, Sonne und Mond, erkennen. Dann folgt der dritte Kreis, der eigentliche Himmel. Das ist das Reich der Engel, der geistigen Kräfte, die sich hinter allen Sternenenergien verbergen und für den Menschen nur erahnbar sind. In ihrer Mitte, genau über Adam und Eva, sehen wir Gott, der hier an einen mittelalterlichen Kaiser in der Tafelrunde seiner edlen Ritter und Hofdamen erinnert. Von ihm aus ergießt sich die Strahlenflut ins Herz der Erde, ins Paradies zu den Menschen.

Für Paracelsus kann jeder Mann Adam sein und jede Frau Eva. Die Schöpfung beginnt für sie neu, wenn sie jeweils im anderen die ganze Weisheit und Kunst der Schöpfung erkennen. Sie können durch die Vereinigung ihrer Wünsche und Aktivitäten das scheinbar verlorene Paradies der Sternenkräfte zurückgewinnen. Paracelsus meint, seine Lebensphilosophie nicht extra erfunden zu haben. Er will nur in einer Notzeit ein Sprecher der großen Weisheit sein, die in der Seele eines jeden Menschen ruht. Ich glaube, wir können die erwähnte Bibel des 15. Jahrhunderts als eine Bestätigung seiner Worte heranziehen. Er erklärt mit seinem geschulten Verstand nur Dinge, die ihm bereits in Kindertagen als heilige Bilder vorschwebten.

Doch die Mächtigen im damaligen Europa sahen es anders. Ihre Ideologie brachte unglückliche Frauen in die Folterkammern und die Länder Europas an den Rand des Untergangs. Um ein Haar hätten sich ganze Völker der oft duldsameren türkisch-tatarischen Welt zugewandt, wenn ihnen nicht Menschen wie Paracelsus wieder gelehrt hätten, auch in der Bibel Güte und Weisheit zu erkennen. Voller Leidenschaft greift Paracelsus das Vorurteil an, die Frau habe mit ihren »Geheimkünsten« Adam zum Sündenfall verführt – und würde noch immer den Mann vom richtigen Weg abbringen.

Durch seine profunde Kenntnis der Bibel beweist er uns, daß man den Wortlaut des Alten Testaments auch umgekehrt verstehen kann: »Denn wäre Adam bei ihr geblieben, so wäre sie (Eva) nicht in die Not gefallen. Seine Abwesenheit brachte Eva in den Fall... Darum soll keines (von beiden in einer ehelichen Verbindung) das andere allein lassen. Denn Alleinsein ist die Ursache der Sünden und zündet an Hurerei und andere Laster... Bewahre deine Ehe, so fällst du in keine Schande. Hätte Adam die Eva bewahrt, sie wäre nie in den Tod gefallen. Er aber war ein Verursacher (des Sündenfalls)...«

Entscheidend ist darum für Paracelsus, daß ein Paar durch die Himmelskräfte zusammengeführt wird, durch sie eine Einheit bildet. Durch eine Heirat aufgrund von wirtschaftlich-gesellschaftlichen Interessen droht dem Menschen der Untergang:

»...eine verborgene Ehe, von Gott verordnet (also eine nach der himmlischen Ordnung, die Liebenden sind einander schon bei ihrer Geburt bestimmt), soll auch weder zum Vermählen noch in Hurerei führen.« Sie darf auch durch keinen äußeren Zwang gebrochen werden. Wenn zwei wirklich zusammengehören, sollte keine menschliche Macht sie auseinanderreißen. Seine feste Überzeugung lautet: »Wo habt ihr es gesehen, daß Gott wie ein Priester (bei der ehelichen Verbindung von Adam und Eva) dagestanden sei?... Selbst haben sie einander genommen (weil sie seit ihrer Entstehung füreinander bestimmt waren) und wurden also nicht (durch den äußeren Willen von Menschen) zusammengegeben. ...Das ist das göttliche Zusammengeben: Zwei (Menschen) nehmen einander im Fleisch (weil in ihnen nichts ist, was nicht zusammengehört) und nicht im Maul (auf der Grundlage von mündlichen Versprechungen).«

Unter »Fleisch« versteht Paracelsus, wie man dauernd wiederholen muß, nicht nur unsere sichtbaren Körperstoffe. Es ist für ihn vor allem auch die Sternenkraft, die dem Leib erst das Leben gibt.

Wenn die astralen Energien zweier Menschen in Harmonie schwingen, vermag sie keine Macht mehr zu trennen. Sie bilden zusammen eine Welt (Kosmos), ein Gestirn, genau wie Adam und Eva im Himmelsgarten.

Entwicklungsschritte der Menschheit

Das strahlende Wesen des Menschen, der in sich jede Sternenkraft trägt, erfahren nach Paracelsus vor allem die Liebenden. Die Frau besitzt nach seiner Vorstellung einen Magneten in ihrer Gebärmutter, der Mann einen Magneten in seinem Samen. Diese Theorie hat schon der Paracelsus-Herausgeber, Dr. Bernhard Aschner, mit den indischen Tantra-Lehren verglichen.

Für den großen Alpenarzt bildet die echte Verbindung von Mann und Weib ein Kraftfeld von unvorstellbarer Machtfülle: Der Bayer

Franz Hartmann hat hier den Einfluß asiatischer Lehrer vermutet, die Paracelsus auf seinen Reisen unter den Tatarenhorden des Ostens antraf. Sosehr auch wir an die Begegnung des Mannes aus Einsiedeln mit den andern Hochkulturen glauben – die Lehre von der »magnetischen«, strahlenden Liebe beruht ziemlich sicher auf abendländischen Wurzeln.

An einer Stelle wird Paracelsus nicht müde, seine Auffassung mit Zitaten aus der Bibel oder der Kabbala zu begründen: »Was Gott zusammenfügt, soll der Mensch nicht trennen. Das ist in allen Geschöpfen also. Der Fisch (soll) nicht vom Wasser (geschieden werden), der Baum nicht von der Erden. Wo eins vom andern kommt, so verdirbt es.«

Von allen orientalisch-indischen oder christlichen Quellen einer solchen Überzeugung abgesehen, kommt hier seine eigene Erfahrung und Erkenntnis zum Ausdruck: Bei einem liebenden Paar entsteht ein Kreislauf der Elemente – wie zwischen den Pflanzen und deren Nährboden.

Paracelsus stimmt mit den uralten Überlieferungen über die Sternenkräfte überein, er spottet aber über den blinden Schicksalsglauben einer oberflächlichen Astrologie. Er ist zwar überzeugt, daß der durchschnittliche Mensch einem Spielball kosmischer Energien gleicht, die von allen Seiten auf ihn einströmen. Doch eine gewisse Unabhängigkeit von den äußeren Einflüssen zu gewinnen, ist für ihn das eigentliche Ziel jeder menschlichen Entwicklung.

Es ist deshalb für die höheren Wesen recht unterhaltsam, den Menschen bei ihren Versuchen, ihr Schicksal in die eigenen Hände zu nehmen, zuzuschauen. Unsere geistigen Helfer versuchen, uns gute Ratschläge zu geben, müssen uns aber unseren freien Willensentscheidungen überlassen. Wenn jemand vernimmt, er habe in seinem Horoskop eine ungünstige Konstellation der Planeten Mars und Saturn, kann er daraufhin dem Trübsinn verfallen. Dann werden sich selbstverständlich die düstersten Prognosen der Astrologie erst recht erfüllen. Er kann aber alle Kräfte in sich und seiner Umgebung aktivieren. Dann ist es ihm möglich, die scheinbar ungünstigen Einflüsse der Sterne zu seinem Vorteil zu wandeln.

Fast als wolle er das alpenländische Volkstheater inspirieren, erzählt Paracelsus über die Rolle der höheren Wesen: »Streiten wir tapfer mit (unserer) Vernunft wider das Gestirn, so lachen sie uns an, ihnen ist (unser Treiben) nichts anderes wie ein Fastnachtsspiel. Gleich wie ein (Familien-) Vater, der seinen Kindern und den Hündlein, so sie scherzen, zusieht.« Wenn wir uns immer besser gegen die ungünstigen Einflüsse durchsetzen, freut es sie. Begehen wir bei unseren Entwicklungsschritten Fehler, macht es sie auf keinen Fall traurig. Wir werden einmal alle erfahrener und weiser werden, genau wie Kleinkinder und Hündlein. Dann wird uns auch unsere Selbstbehauptung immer besser gelingen.

Eine große Chance dafür liegt in der Liebe. Liebende können ein Kraftfeld bilden, vor dem sogar Tod und Teufel völlig machtlos sind: »Die Götter zeigen uns an, daß eine Frau sei ein Schrein des Mannes.«

»Schrein« bedeutet hier das Heiligtum, durch das uns alle Schätze des Daseins zur Verfügung stehen.

Wirken die beiden Magneten in den Liebenden zusammen, dann entsteht für Paracelsus eine Kraft, die die Zukunft der Menschheit gestaltet. Die Kinder sollten aber nicht zufällig entstehen, denn »wenn ein langes Leben gut erreicht werden will, muß vor allem dessen Grund in der Empfängnis liegen.«

Man verehre die Frau

Zur Zeit des Paracelsus prallten zwei Weltbilder hart aufeinander. Die gewissenlosen Verfasser des »Hexenhammers« sehen die Frau als minderwertig an. Für die Ritter im süddeutschen Raum war sie dagegen geradezu ein himmlisches Wesen.

Ein wichtiger zeitgenössischer Schriftsteller, durch den wir die Philosophie des Paracelsus besser begreifen können, war Felix Hemmerlin aus dem nahen Zürich. Er schrieb gegen den dort ansässigen Adel, dessen Abkunft und Kultur er nach Möglichkeit anschwärzte. Vor allem die Verehrung des Weiblichen in der Welt des Adels wurde von ihm angeprangert. In den Jahrzehnten, als die Hexenverfolgungen begannen, erschien es als gefährliche, verdammungswürdige Ketzerei, die Frau zu idealisieren.

Die Ritter, die Hemmerlin damals bekämpfte, verstanden die Schöpfungsgeschichte so, daß der Urmensch Adam noch vor der Entstehung des Paradieses erschaffen worden war. Aus den irdischen

Stoffen habe ihn Gott gebildet. Erst im Garten Eden, der die irdische Vollkommenheit widerspiegelte, sei dann seine Gattin Eva entstanden. Sie sei also ein Schatz von Säften und Kräften, die sich bereits in einem veredelten Zustand befunden hätten. Auch habe sie das Licht der Welt zum ersten Mal an einem Ort erblickt, der ein Abbild des Himmels war.

Es ist eigentlich nicht schwer nachzuweisen, daß die Auffassung, die Hemmerlin fanatisch bekämpfte, mit der einheimischen magischen Überlieferung identisch war. Abt Tritheim von Sponheim bewahrte Erinnerungen aus der Zeit der Völkerwanderungen, nach denen feenhafte Seherinnen die Stämme beeinflußten, vor dem Vergessen. Cornelius Agrippa von Nettesheim schrieb ein Werk über die hohe Stellung der Frau. Für Paracelsus waren die drei Magier aus dem Evangelium die großen Vorbilder. Nach seiner Vorstellung hatten sie zahllose Reiche durchwandert, um sich vor der Gottesmutter zu verneigen.

In den Schriften von Paracelsus, die während des scheußlichsten Alpdrucks der Hexenverfolgungen entstanden, finden wir für seine Zeit sehr erstaunliche Gedankengänge: »Was nun aber die Frauen betrifft, so ist darüber mehr zu reden, daß sie in solcher Vorstellungskraft den Mann übertreffen.« Ausdrücklich vergleicht er auch an dieser Stelle die Folgen dieser vom Menschen ausgehenden Kraft mit den unsichtbaren Wirkungen eines Magneten. Würden Frauen aber von Trübsinn, Enttäuschung, Neid und Haß überwältigt werden, könnten sie durch die damit entfesselten inneren Energien sogar »ein allgemeines Landessterben« auslösen.

Aufgrund seiner Erfahrungen rät Paracelsus: »Daraus folgt auch, daß man die Frauen nicht allein lassen, nicht in den Zustand der Melancholie treiben soll. Sondern man soll sie fröhlich erhalten...«

Im Wasser liegt das Paradies

In der prächtigen Bibel aus der Zeit des Paracelsus, die ich im Kloster von Einsiedeln bewunderte, ist das kreisrunde Paradies von Wasser umgeben. Es gleicht einer glücklichen Insel. Es erinnert auch an die Gebärmutter.

Der Vergleich des Paradieses, in dem Adam und Eva entstanden, mit einer Gebärmutter wird von Paracelsus oft verwendet: »So ist die Gebärmutter eine kleinere Welt und hat alle Arten der Himmel und Erden in sich.« Ähnlich drückt er es an einer anderen Stelle aus: »In gleicher Weise wie alle Gewächse der Welt im Himmel (als Urbilder) enthalten sind und wie der Himmel alle Kreaturen enthält, so enthält auch die Gebärmutter alle Kreaturen... Sie ist das Faß aller Kreaturen.« Die wunderbaren Eigenschaften aller Wesen sind also in dem Keim vorhanden, der sich in der Mutter entwickelt. Die Entstehung und Entfaltung von jedem neuen Geschöpf ist nur eine Wiederholung des Geheimnisses der Urschöpfung.

In dunklen Worten vergleicht der alchimistische Arzt jede Geburt mit der Entstehung der ersten Menschen. Das Paradies lag im Wasser, so lehrt er es uns in seinem »Buch Azoth«, und es ist auch heute noch in diesem Element vorhanden: »Daran erkennet, warum die Kinder noch jetzt getauft werden. Doch ist es wegen des Mißbrauchs (dieser Tradition) nicht gut, das jedermann zu berichten.«

Bei dem fahrenden Volk, den letzten Alpennomaden, hat sich ebenfalls noch etwas von der alten Überlieferung erhalten. Zumindest in den früheren Generationen hat man das Kind immer in der unmittelbaren Nähe eines Bergsees, eines Flusses oder eines Wildbaches auf die Welt gebracht. Es wurde ins Wasser getaucht und dann emporgehoben, den vier Weltrichtungen, den Elementen, »vorgestellt«.

Der Arzt Igor Tjarkovskij, der zu Beginn unseres Jahrhunderts im Ural geboren wurde und in der Nähe der sibirisch-mongolischen Grenze aufwuchs, beschäftigte sich mit der Weisheit der naturverbundenen Stämme und ihrer esoterischen Überlieferung.

Er schreibt: »Der ursprüngliche Sinn der Taufe war vermutlich der, eine feste Verbindung zwischen dem Kind und Gott herzustellen. Eine Verbindung, die das ganze Leben lang halten konnte. Unsere alten christlichen Kirchen stehen oft an Orten, die als günstig für den Kontakt mit dem Universum angesehen werden. Die Form des Taufbeckens sammelt und konzentriert Energie, und das Wasser, in das das Kind in früheren Zeiten ganz eingetaucht wurde, hilft dem Kind, an der kosmischen Energie teilzuhaben.« Wirkt diese Überlegung eines modernen Frauenarztes nicht wie eine zeitgemäße Erklärung einer der rätselhaftesten Textpassagen von Paracelsus?

Auch dieser Wissenschaftler ist fest davon überzeugt, daß der Verlust der großen Überlieferungen und der damit zusammenhängenden Bräuche die Menschen erst in die geistigen Krisen der Gegenwart stürzte. Dr. Tjarkovskij ist bekanntlich einer der Vorkämpfer der Wassergeburt. Die Frauen, die nach seiner Methode ihr Kind zur Welt bringen, halten sich während der Schwangerschaft oft am Wasser und im Wasser auf. Im Wasser gebären sie sogar.

Durch das bewußte Neuerleben der Entstehung des Lebens aus dem Wasser, das nun bei der Wassergeburt möglich werde, könnten nach dem russischen Arzt in Frau und Kind ungeahnte seelische Kräfte und Fähigkeiten erweckt werden.

Auch Paracelsus hat bereits deutlich mit solchen Gedanken gespielt, denn er war fest davon überzeugt, daß keine Philosophie oder Tradition Bestand haben wird, wenn sie uns nicht hilft, unser irdisches Dasein besser zu bewältigen.

Die Kunst, Wunschkinder zu bekommen

Eltern, vor allem aber die Mutter, tragen für Paracelsus Mitverantwortung dafür, ob mit ihren Kindern die Welt besser oder schlechter wird.

Das Kind im Mutterleib empfängt die Sternenkräfte, die von allen Seiten auf uns einströmen, nicht unmittelbar. Es ist die Einstellung der Frau, die vor allem entscheidet, welche äußeren Energien in sie eindringen und damit das Ungeborene beeinflussen: »Hier kommt nur die Wärme des unsichtbaren, astralen Körpers in Betracht. Diese Sonne, und nicht die Sonne am Himmel, bringt den Menschen (im Mutterleib) zum Reifen.«

Der Arzt spricht es noch deutlicher aus: »Was eine schwangere Frau sieht und begehrt, das verwirklicht sich in dem Kinde... Daß im Mutterleib solche Dinge vollkommen zu entstehen vermögen, das geschieht durch die magnetische Anziehungskraft der Frauen.« Der Glaube und die Phantasie jeder Frau wirken während der neun Monate der Schwangerschaft auf das Kind ein. Ihr Geist arbeitet dabei mit feinstofflichen Energien, die Paracelsus mit den Strahlen der Sonne, der Gestirne und des Magneten vergleicht.

Wie immer geht der große Alchimist zu praktischen Ratschlägen über, die für ihn die Frucht solcher Erkenntnisse sind: «Über die Imagination (Vorstellungskraft der Schwangeren) wird auch gesagt, daß die Frauen, wenn sie zu solchen Stunden einen gelehrten weisen Mann imaginieren (sich bildhaft vorstellen)..., solche Kinder gebären, die dem betreffenden großen Mann gleich werden.«

Das gleiche Verfahren kennt übrigens die moderne Volkskunde von Zigeunerstämmen, die in den Westen eingewandert sind. Wenn die Frauen schwanger werden, gehen sie zum Häuptling, der Bilder von indischen Helden und Göttern aufbewahrt. Sie schauen sie dann regelmäßig an und sind fest überzeugt, daß ihr Knabe oder Mädchen später wie ein Prinz oder eine Prinzessin aussehen wird. Die von Paracelsus empfohlene Methode war jedoch auch in christlicher Gestalt in ganz Europa verbreitet.

Es ist bemerkenswert, welche Idealbilder die Frauen zu Paracelsus Zeiten wählten. In einem kriegerischen und chaotischen Jahrhundert wünschten sie sich starke, schöne und großzügige Heldensöhne. Paracelsus nennt ausdrücklich Julius Cäsar und Friedrich Barbarossa als Vorbilder, denen die Kinder gleichen sollten. Wenn wir die Chroniken des 16. Jahrhunderts studieren, begreifen wir diese Ideale. Beide Männer galten als unbesiegbare Ordner der Welt. In einer Zeit des Kriegs aller gegen alle wünschte man sich Kinder, die zu Beschützern der Gerechtigkeit heranwachsen sollten.

Es ist sehr bezeichnend für die Neigungen des Paracelsus, daß er als Leitbilder für Schwangere auch Künstler nennt. Er erwähnt den Maler Albrecht Dürer, der, seinen Selbstbildnissen nach zu urteilen, tatsächlich ein sehr stattlicher Mann gewesen ist. Er vergißt auch nicht Paul Hofhammer, einen ebenfalls zeitgenössischen Musiker, der aus den Salzburger Alpen stammte.

Paracelsus spricht jedoch auch Warnungen aus. Lausche eine Frau einem guten Musiker, könne sie zum Beispiel den Wunsch verspüren, ein ihm gleichendes Kind zu bekommen. Möglicherweise kommt es hier leicht zu Fehleinschätzungen: »Sie beeinflußt damit das Kind (in ihrem Leibe), wenn sie es (das eigentliche Wesen der Kunst des bewunderten Musikers) nicht versteht und nicht kennt. Das Kind gerät also trotzdem dem betreffenden Manne nach, jedoch nicht vollkommen...«

Paracelsus wird nicht müde, uns den wunderbaren Vorgang der

»magnetischen« Wechselbeziehung zwischen Mutter und Kind zu erklären: »Es genügt nicht, wenn die Lust und Begierde (ein dem Vorbild gleichendes Kind zu erhalten) allein vorhanden sind. Es muß (bei
der werdenden Mutter) noch die Erkenntnis dieser Künste und Wissenschaften dazutreten.«

Will also eine Frau Kinder bekommen, die einem vorzüglichen
Menschen entsprechen, darf sie nicht nur dessen äußeres Wesen, sein
Aussehen und Auftreten bewundern. In ihr muß auch das genaue
Wissen um die Leistungen des Vorbilds vorhanden sein. Erst wenn sie
sich dieses angeeignet hat, kann sie durch die Einbildungskraft Nach-
kommen zur Welt bringen, die voller schöpferischer Kraft sind.

Paracelsus verkündet hier sein hohes Ideal, das seiner Meinung
nach dazu geeignet ist, die Menschheit zu veredeln. Eine spezielle Bildung erschafft in den Frauen das Bild von Menschen, die schön und
gesund an Körper und Geist sind. Ist dies geschehen, dann wird sich
dies auf die künftige Generation übertragen.

Schönheit durch Gedankenkraft

Nach Theophrastus Bombastus von Hohenheim, dem Ritter der Heilkunst, gibt es für die Wunder der Vorstellungskraft fast keine Grenzen. Durch positive, schöpferische Gedanken kann der Mensch nach
ihm sogar sein Aussehen verbessern.

Kosmetik, die Wissenschaft von der Schönheit, hängt mit dem griechischen Wort »Kosmos« zusammen, das Weltall bedeutet. Wenn wir
uns das Bild der Vollkommenheit vergegenwärtigen oder imaginieren, dann durchstrahlt diese unser ganzes Wesen. Die Renaissance,
zu deren Hauptdenkern wir Paracelsus heute immer mehr zählen,
kann als christliche Wiederentdeckung der griechischen Weisheit um-
schrieben werden. Schöne Gedanken machen auch den äußeren Menschen immer schöner, diese Überzeugung entspricht ganz dem Geist
der Renaissance.

Die Liebe des sagenhaften Arztes Faust zur Helena von Troja ist
ebenfalls ein anschauliches Beispiel. In der Dichtung von Christopher
Marlowe (1564–1593) fleht Faust die Schöne an:

»Oh, süße Helena,
mache mich mit einem Kuß
unsterblich!...
Komm, Helena,
gib mir küssend
meine Seele wieder.
Hier will ich sein,
denn Himmel ist in diesen Lippen
und Staub ist alles,
was nicht Helena!...
Oh, du bist schöner als die Abendluft,
gekleidet in die Strahlen
von tausend Sternen,
und heller als Jupiter in seiner Flammenpracht,
wie er die wollüstige Quell-Nymphe Arethusa
in seine Arme schloß!«

Das Werk von Marlowe enthält bekanntlich sehr viele Anspielungen auf die magische Tradition des 16. Jahrhunderts, wie sie damals auch in Deutschland verbreitet wurde. Wir sehen an seinem Beispiel, wie die wiederentdeckten griechisch-lateinischen Schriftsteller und die antiken Mythen herangezogen wurden, um die Phantasie und Vorstellungskraft zu entfesseln.

Obwohl Paracelsus alles andere als ein leichtsinniger Abenteurer der Liebe war, sollen ihn die Damen umdrängt haben, um von ihm das Geheimnis der klassischen Schönheit zu erfahren. Die Sage läßt ihn auch die Goldtinktur des Hermes Trismegistos, des legendären Begründers uralter Kulturen, besitzen.

Paracelsus schrieb einiges über die Wirkung von weiblichen Schönheitsidealen, die die Römer mit der Liebesgöttin Venus, die Griechen mit der Aphrodite in Verbindung brachten. Um die entsprechende Vorstellung auf sich wirken zu lassen, verwendete man damals »Kristall und Spiegel«. Dies wird übrigens noch heute in einigen Familien des fahrenden Volkes von den Mädchen ausgeübt, die für ihr strahlendes Aussehen berühmt sind.

Die Venus wird in der antiken Mythologie als ein Kind des Himmels und des Schaums auf dem Meer bezeichnet. So schön wie sie könnten nach den Lehren der alten Heilkunst jene sein, die die allerfeinsten Einflüsse von den Himmelssternen und des reinen Wassers in sich zu vereinigen vermögen. Durch entsprechende Imaginationen könnten Menschen alles an sich ziehen, was der »Tugend und Kraft« des Planeten Venus entspreche. Nach dem »Buch über die Bildnisse«, einem Hauptwerk des Paracelsus, liegen im Bereich dieser Sternenkraft folgende Begabungen: »Zur Liebe, zur Freundschaft, Huld und Gunst.«

Als guter Kenner der Chroniken und der Volkssagen versichert uns Paracelsus über die Kunst, durch Imagination unsterbliche Schönheit zu erlangen: »Solcher wunderbarer Geschichten sind viele auf Erden geschehen, aber (sie sind) gröblich verachtet (worden), was doch nicht sein soll. Denn keines dieser Dinge geschieht, ohne daß sie besondere Beachtung verdienen.«

Das Wort »Verachtung« für die Haltung, mit der die Zeitgenossen auf solche Überlieferungen reagierten, ist im übrigen fast ein Euphemismus. Die Berichte über Zauberinnen und Magierinnen, von denen die Schriften des 15. und 16. Jahrhunderts voll sind, hatten in der Regel einen düsteren Zweck. Sie sollten die Begründung dafür abgeben, warum man die weisen Frauen in die Folterkammern und auf die Scheiterhaufen schleppte. Hätte Paracelsus seine Lehren nicht manchmal wie ein dunkles Märchen niedergeschrieben, er wäre sicher selbst ein Opfer der zunehmenden Verfolgungen geworden. Nicht einmal sein unruhiges Wanderleben und die Fürsprache von Fürsten, die er heilte, hätten ihn dann noch retten können...

An derselben Stelle, an der er über die unsterbliche Schönheit der Nymphen erzählt, spottet Paracelsus erstaunlich offen über die falschen Theologen, die überall »Teufelsgespenster« sehen würden. Für ihn sind hier natürliche Schöpferkräfte am Werk, die denen helfen, die sie begreifen: »Das sollt ihr aber wissen, daß Gott solche Wunder (Mirakel) geschehen läßt, nicht darum, daß wir alle (wie die Helden von Sagen) ebenso Nymphen zu Weibern nehmen oder bei ihnen wohnen sollten, sondern mitunter einer einmal.« Dies ist nach Paracelsus sogar notwendig, »daß wir die Werke seiner (Gottes) Arbeit sehen«. Für die Männer ist also die Liebe zu Frauen, die den magischen Weg der Wasserfrauen gehen, sehr wichtig, um die Kunst des Schöpfers der Welten besser bewundern und preisen zu können.

Solche schwierigen Passagen im Werk des Paracelsus wurden häufig übersehen oder mißverstanden. Gelegentlich erklärte man sie aus der erotischen Phantasie eines Mannes, der seinen Verstand in den Wirtshäusern von ganz Europa ertränkt habe. Ein Gelehrter, dem ich im übrigen den ersten Einblick in sehr seltene Schriften des 16. Jahrhunderts verdanke, meinte sogar mit etwas oberflächlichem Humor: »Paracelsus litt sehr stark unter dem sittlichen Verfall seiner Zeit und befürchtete den Untergang ganzer Völker und Staaten. Sein Forschen und Reisen verunmöglichte ihm, eine feste Familie zu begründen, obwohl er hier das Ziel des menschlichen Daseins sah. Er tröstete sich als Badearzt ganz sicher im Kreis der schönen Bademädchen! Sicher hat er ihnen immer von der wassergeborenen Venus erzählt und von den ewig jungen Wasserfrauen. Davon besitzen wir in seinen Büchern nur ein schwaches Echo.«

Derselbe Gewährsmann vermutete sogar, daß der häufige Ausdruck »Nymphen« für die Frauen der berühmten Alpenbäder teilweise auf Paracelsus zurückgeht.

Die Welt der Nymphen

Selbstverständlich hat man häufig vermutet, Paracelsus habe sich darum so gern mit den Nymphen beschäftigt, weil sie in den alchimistisch-mystischen Geheimschriften wichtige Sinnbilder gewesen seien. War der Glaube an die Wasserfrauen für ihn eine symbolische Umschreibung seiner Überzeugung, daß in den Naturelementen unsichtbare, noch völlig unbekannte Kräfte wirken?

Meistens versteht man aber die »Nymphen des Paracelsus« als Ausdruck für das Fortleben der uralten Volkstradition über das Reich von feinstofflichen Wesenheiten – beispielsweise in Form von wunderschönen Wasserfeen. Die Sagenbücher des Alpenraums, unabhängig ob sie deutsche, romanische oder slawische Überlieferungen zusammenfassen, zeigen uns, daß die Seen, Hochmoore, Wildbäche und Wasserfälle genauso von Geistwesen bewohnt zu sein schienen wie die Landschaften des vorchristlichen Griechenland. Gerade die Romantiker, ich erinnere hier nur an den Dänen Baggesen, glaubten, daß die Sagen der Alpenhirten mit denen der griechischen Dichter geradezu verwandt seien.

Wenn wir aber gut in die Sprache des Naturforschers Paracelsus hineinhören, merken wir, daß diese Vermutungen nicht alles zu erklären vermögen. Ausdrücklich versichert er uns von seinen schönen Nymphen, daß sie in unserer Menschenwelt leben. Sie sind für ihn zwar Geister mit märchenhaften Fähigkeiten, sie besitzen aber einen Körper wie wir alle. Sie zeigen auch sämtliche physischen Eigenschaften wie die anderen Menschen. Sie leben »im Menschen-Chaos«. Das heißt, sie sind aus den gleichen materiellen Bestandteilen gebildet wie wir. Sie haben die gleichen Organe, müssen sich gleich ernähren, nehmen bei ihrer Atmung die gleichen Gase auf, sind dem gleichen Stoffwechsel unterworfen.

Eins unterscheidet diese Frauen, die dem Weg der Nymphen folgen, von der Mehrheit ihrer Geschlechtsgenossinnen: Sie können nach Paracelsus ein »hohes Alter erreichen, und es ist ihnen doch nicht anzusehen«.

Nicht nur die Venusfrauen und Nymphen können sich nach den Volkssagen eines langen Lebens in Schönheit erfreuen. Auch von ihren männlichen Gefährten ist man nach Paracelsus überzeugt, daß sie ihr Leben wunderbar zu verlängern verstehen.

Der Alchimist ist sich sicher, daß Frauen, die feenhafte Eigenschaften entwickelt hatten, um sich herum »ihr Reich und Paradies« auszubreiten vermögen. Sie besitzen schließlich unter anderem die Fähigkeit, »unseren Sinn und unsere Gedanken« zu erfassen, auch wenn diese nicht ausgesprochen werden. Dadurch fällt es ihnen sehr leicht, als Traumfrauen ihren Gefährten jedes Glück zu schenken. Im übrigen sind sie gerade für Paracelsus wahre Magneten des irdischen Glücks. Wer mit ihnen zusammenlebt, kommt wie durch Magie zu Erfolg und Wohlstand.

Die Alpensagen liefern uns für diese Theorien sehr anschauliche Beispiele. Im französischen Waadtland oder in Savoyen, in den deutschsprachigen Oberländern bis weit nach Südtirol und im rätischen Graubünden vernehmen wir es gleicherweise: Wer eine Gebirgsfee, eine »Diale« oder »Wilde Frau« heiratet, der lebt »hier auf Erden wie im Himmel«. Viele Rittergeschlechter waren stolz, solche Ahnfrauen zu haben. Nicht weniger glaubte man von Bergbauern, Hirten und Alpennomaden, daß sie von solchen Urgroßmüttern abstammten, wenn sie überdurchschnittlich gut aussahen, bis in hohes Alter vor Gesundheit nur so strotzten und auch viel über die »Kraft der Natur« wußten.

Eine solche Liebe zwischen menschlichem Held und feenhafter Schönheit wird von den alpenländischen Märchenerzählern als großes Glück dargestellt. Es wurde höchstens dadurch getrübt, daß der Mann in einem Streit seiner Frau ihre Beziehung zum Feenvolk vorhielt. Darauf verschwand die Geliebte oft auf der Stelle. Wahrscheinlich tat sie sehr gut daran! Hörten Außenstehende eine solche Anklage, konnte die betroffene Frau sehr leicht zum Opfer der grausamen Hexenverfolgungen werden.

Schöne Feen mit magischen Fähigkeiten gab es nach Paracelsus nicht nur im griechischen Altertum und im Mittelalter. Er versichert uns am Beispiel einer wunderschönen Nymphe, die man mit der Göttin Venus verglich: »Das ist wohl möglich, daß sich so etwas wieder begeben könnte, wenn noch eine ihresgleichen käme.« Alles was einmal war, soll auch heute wieder sein. Die Wasserfrauen, die Nymphen sind eben unsterblich: Selbstverständlich nicht sie selbst, aber die Anlagen, aus denen sie in jeder Zeit neu geboren werden können.

Ausführlich erklärt uns Paracelsus seine Lehre über die menschlichen Begabungen: »Denn wie oft ereignet es sich, daß ein Mensch wunderbarer ist als die andern. Denn lange Jahre hindurch (ist) nichts mehr seinesgleichen.« Doch der »Same«, also die Anlage, »aller Geschlechter« besteht weiter – nach Paracelsus bis zum Jüngsten Tag, also bis zum Ende der Welt. So lebt auch die Anlage, eine wunderbare Nymphe, eine Königin Venus zu sein, in den menschlichen Rassen weiter. Unter bestimmten Bedingungen kann sie wieder erweckt werden und neue Wunder hervorbringen.

Diane de Poitiers – eine Meisterin der Alchimie?

Die Nymphen in Menschengestalt können nach Paracelsus so irdisch sein wie unsereiner. Ihr Geheimnis ist aber, daß sie stets »zu ihrer Welt« eine Verbindung bewahren. Aus dem Reich der Naturkräfte schöpfen sie also ihre wunderbaren Energien.

Ein gutes Beispiel einer Dame, die nicht nur die Anhänger der Alchimie mit einer griechischen Göttin verglichen, war Diane de Poitiers (1499–1566). Sie wurde schon vom König Franz I. (1494–1547) verehrt, der angeblich durch sie zu dem Ausruf inspiriert worden sei: »Ein Herrscherhof ohne Damen ist gleich einem Frühling ohne Rosen.« Wie dem auch sei, die fast dreihundertjährige Vorherrschaft der französischen Kultur über Europa geht nicht zuletzt auf die einzigartige Diane zurück.

Im übrigen lebte sie außerordentlich tugendhaft. Sie regte die Künstler an, förderte sie und wurde von ihnen sehr häufig als auferstandene Göttin abgebildet. Heinrich II. (1519–1559), der Sohn von König Franz I., liebte sie bereits als Kind. Als Elfjähriger soll er sie gefragt haben, ob er ihr Ritter sein dürfe. Als er erwachsen wurde, entstand zwischen ihm und Diane de Poitiers eine tiefe Liebe, die bis zu seinem Tod dauerte. Obwohl der König von Frankreich dem Alter nach ihr Sohn hätte sein können, bezeugt man uns als erstaunliche Tatsache, daß sie auf keinen Fall älter als ihr Geliebter ausgesehen habe.

Der adelige Schriftsteller Brantôme kannte wohl die meisten erotischen Geheimnisse seines galanten Landes und pflegte sie auch großzügig der Welt mitzuteilen. Die schöne Diane erlebte er noch sechs Monate vor ihrem Tode, und er versicherte, daß man ihr keinesfalls mehr als ein Alter von dreißig angesehen habe. Sie habe wie eine Frau in der Blüte ihrer Jahre gewirkt, und sie sei von unvorstellbarer Schönheit gewesen. Nur ein Herz aus Stein würde von ihrem Anblick nicht bewegt werden. Brantôme, dieser Kenner der weiblichen Schönheit des 16. Jahrhunderts, staunte über die weiße und reine Haut der Dame, die scheinbar das Altern überlistet hatte.

Dieser Zeuge war fest überzeugt, daß die märchenhafte Diane noch ruhig ein Jahrhundert hätte leben können, ohne ihre körperliche Schönheit zu verlieren. Auch er erwähnt eine damals weit verbreitete Vermutung: Die schöne Diane habe jeden Morgen offenbar alchimistische Mittel zu sich genommen, zu denen auch die berühmte Goldtinktur, das »trinkbare Gold« (L'or potable) gehörte.

Kulturgeschichtler haben dem Aberglauben, der in Diane eine Schülerin der Magie sah, widersprochen und die strahlende, frische Schönheit der ungekrönten Königin von Frankreich auf die Wirkungen einer natürlichen Hygiene zurückgeführt.

Sie soll jeden Tag um drei Uhr morgens aufgestanden sein, um sich im frischen Wasser der Waldquellen kalt zu waschen. Danach ritt sie auf ihren geliebten Pferden ungefähr drei Stunden aus. Dann legte sie sich nieder, um den seligen Zustand der inneren Wachheit zu pflegen. Jahane D'Orliac schreibt dazu in ihrer Biographie: »Sie las und überlegte in Einsamkeit und Entspannung.« Dann nahm sie ein leichtes Frühstück zu sich, um nun den ganzen Tag gesellschaftlichen Pflichten nachzugehen.

Für die philosophisch denkenden Ärzte der Renaissance waren der Glaube an die magische Goldtinktur und natürliche Gesundheitsmaßnahmen kaum grundverschiedene Dinge. Quellwasser, die Berührung mit dem treuen Roß, vernünftige Körperbewegung im morgenfrischen Wald galten sicher auch einem Paracelsus als sehr nützlich. Paracelsus war aber zweifellos davon überzeugt, daß wir aus all diesen schönen Dingen noch erheblich mehr von der für uns wichtigen Lebenskraft herausholen können, wenn wir sie bewußt auf uns wirken lassen. Ein Medikament kann sehr gut helfen. Betrachten wir es aber als ein Geschenk des Schöpfers und wissen wir von ihm viele wunderbare Geschichten, dann beeinflußt es uns noch in viel größerem Maße. Es ist unsere Vorstellungskraft, die nach der Lehre des Paracelsus aus einem gewöhnlichen Heilmittel ein Wunderelixier macht.

Die Goldtinktur des Paracelsus werde nicht durch langwieriges Kochen im Laboratorium gewonnen, meint ein Zweig der Alchimie. Sie sei in der Gesamtheit der feinstofflichen »Dämpfe« enthalten, die wir aus allen Gegenständen unserer Umwelt aufnehmen, wenn wir diese von Herzen lieben.

Tafelfreuden machen gesund

Die Paracelsussage, die in zahllose Bücher Eingang fand, zeigt unseren Denker meist als einen wilden Zecher und Freund der Wirtschaften. Oft wird dies dazu benutzt, den fahrenden Arzt als einen unzuverlässigen Abenteurer bloßzustellen: Beim Saufen mit allerlei wildem Gesindel seien die merkwürdigen Ideen entstanden, die man in seinen Schriften findet.

Eine spätere Zeit hat den bleibenden Wert in der Gesundheitsphilosophie des Mannes von Einsiedeln erkannt. Gutmeinende Schriftsteller wollten ihm wieder die gebührende Achtung zollen und ein seriöseres Bild zeichnen. Also verschwiegen sie seine angeblich so wilden Gelage. Sie ließen ihn zu einem tugendsamen Helden werden und betrachteten die Geschichten um seine Wirtshausrunden immer mehr als böse Verleumdungen.

Ich bin jedoch davon überzeugt, daß die Sage hier etwas ausdrükken wollte, was nun einmal wirklich zu seinem Leben gehörte. In den Geschichten über seine geradezu überschäumende Lust an Speis und Trank, selbstverständlich immer in fröhlicher Gesellschaft genossen, scheint eine tiefe Wahrheit durchzuschimmern. Schon in den Berichten seines Schülers Oporinus, die so viele boshafte Mißverständnisse erzeugt haben, vernehmen wir eine erstaunliche Tatsache: Die berühmten lauten und üppigen Bankette des Paracelsus scheinen nicht unbedingt nur der Entspannung des Arztes gedient zu haben. Wenn wir die Textstelle richtig deuten, gehörten die Gelage sehr häufig zu seiner Therapie.

Oft kam zu ihm ein Kranker und schilderte ihm sein Leid. Selbstverständlich erwartete ein solcher Mensch von ihm – neben den richtigen Medikamenten – auch gestrenge Speisevorschriften. Wenn nun Oporinus und die späteren Sagen nicht lügen, ging aber die Heilung auf eine für jedermann eher erstaunliche Weise vor sich. Paracelsus versuchte, den Leidenden, den er wie einen lieben Gast begrüßte, in eine übermütige Stimmung zu bringen. Wahrscheinlich verwickelte er ihn in seine unglaublichen Geschichten über die Wunder der Welt, von denen ja seine zahlreichen Bücher voll sind.

Er eilte mit ihm in ein Wirtshaus und ließ sich und dem anderen gute Sachen auftragen. Man aß und becherte und verbrachte zusammen gesellige Stunden. Gleichzeitig verstand der fahrende Arzt, eine Sicherheit auszustrahlen, die auch seinen Gast ansteckte. Dieser lernte die Lebensfreude und damit die Dankbarkeit gegenüber all den guten Gaben der Natur.

Wie wir wiederum aus den Werken des Paracelsus wissen, gab es kaum eine Speise, von der er nicht wahre Wunder zu berichten wußte. Kein Tier, keine Pflanze, keinen noch so leblosen Gegenstand gab es für ihn, den er nicht als eine einzigartige Gabe des Himmels darzustellen verstand. Wenn er wirklich so gut erzählen konnte, wie die Alpensage es uns versichert, mußten sich seine Gäste regelrecht verzaubert gefühlt haben.

Doch nun kommt das Erstaunlichste. Die abergläubischen Zeitgenossen des Paracelsus waren besonders darüber verwirrt, daß die reichlichen Mahlzeiten den Kranken niemals schadeten. Es war ihnen, als ginge vom Arzt eine Kraft aus, die vom Patienten aufgenommen wurde. Viele der Leidenden aßen und tranken nach langen Jahren das erste Mal wieder mit gesundem Appetit. Sie vergaßen fast völlig jede Vorsicht und gaben sich dem Genuß hin, der nun einmal mit jeder wohlschmeckenden Speise verbunden ist. Große Lebensfreude erfüllte jede Zelle ihres Körpers, so wie sie es vielleicht seit ihrer Jugend nicht mehr gekannt hatten.

Für die Zeitgenossen des Paracelsus schien dieses Treiben besonders verdächtig zu sein. Jedoch konnten sie nicht abstreiten, unabhängig davon, wie die nachträgliche Behandlung aussah, daß die Gelage mit dem Doktor sich niemals nachteilig auswirkten.

Wie konnte so etwas möglich sein? Die freundlicheren Zeitgenossen waren überzeugt, Paracelsus führe den »Stein der Weisen« bei sich, den er bei den Türken und Tataren gewonnen habe. Nur eine Spur, eine Strahlung von ihm sollte angeblich genügen, um sogar einem alten Menschen wieder die Jugendfrische zu schenken. Man muß hier freilich einfügen, daß eine solche Annahme Paracelsus bereits recht gefährlich werden konnte. Die Mächtigen und Reichen waren bereit, alles zu tun, um in den Besitz des köstlichen und nützlichen »Steins der Weisen« zu gelangen. Sie gingen, wie man dies aus zuverlässigen Berichten weiß, über Leichen, um einem Unglücklichen sein angebliches Geheimnis zu entreißen.

Neider konnten sogar noch perfider sein. Das Zeitalter der tükkischsten Hexenverfolgungen war angebrochen, und was war einfacher, als einen Mann, der sogar beim Heilen seinen urtümlichen Humor nicht vergaß, als üblen Zauberer zu verleumden? Er vernachlässige seine Kranken, flüsterten boshafte Stimmen, weil der Teufel selbst ihm helfe.

Die Sage um die Tafelfreuden des Paracelsus mag sicher durch einige Übertreibungen ausgeschmückt worden sein. Doch sie enthält zweifellos wiederum einen wahren Kern, der mit den erhaltenen authentischen Lehren des Arztes übereinstimmt. Ernährungsvorschriften sind wichtig, aber eins ist für eine tiefgreifende Heilung ganz sicher viel unentbehrlicher: Der Mensch darf durch seine Krankheit nie die Lust und Freude an Speis und Trank ganz verlieren. Kann man diese wieder in ihm erwecken, wie es wohl Paracelsus so gut gelang, dann stärkt es seinen Willen, bald wieder ganz gesund zu werden.

186

Was ist Ernährung?

In seinen Schriften beschäftigt sich Paracelsus mit der grundlegenden Frage: Was ist eigentlich Ernährung?

Er stellt dabei mehrfach fest: »Ihr seht, daß dem Menschen eine Kraft angeboren ist, alles von den äußeren Sphären ins Innere des Menschen hineinzuziehen. Von dem nun, was der Mensch in sich hineinzieht, erhält er sich. Durch das (was er in sich hineinzieht) wird er gesund oder krank. Je nachdem, was er in sich eingezogen hat.« Da er nun einmal ein Abbild des Makrokosmos ist, gibt es in diesem kaum etwas, was er für seinen Aufbau oder sein Gedeihen nicht gebrauchen könnte.

Unermüdlich versucht Paracelsus, diese für ihn entscheidende Tatsache zu veranschaulichen: »Wäre auch nicht alles, was es in der Großen Welt (Makrokosmos) gibt, jedes ihrer Stücke, im Menschen enthalten, so wäre er nicht die Kleine Welt (Mikrokosmos). Er wäre (in diesem Fall) auch nicht fähig, Dinge der Großen Welt (in seinen fein- und grobstofflichen Leib) aufzunehmen. Da er aber aus demselben Stoff ist wie sie, ist alles, was er von ihr ißt, er selbst. Er ist aus ihr, und darum verwandelt er sich in sie und sie sich in ihn. Der Mensch ist nicht aus nichts gemacht, sondern aus der Großen Welt. Darum ist er von dieser (in ihrer Gesamtheit) abhängig.«

Wir benötigen nicht nur die Speisen, die wir bereits mit unseren Sinnen wahrnehmen können. Zumindest genauso wichtig sind die Kräfte, die diesen innewohnen. Paracelsus redet hier häufig von den Sternenenergien, die das All durchfluten und auch die sichtbare Welt erhalten. Sehr häufig gebraucht er für sie den bei ihm sehr vielschichtigen Ausdruck »Astra«, den wir bereits mit Gestirn übersetzten: »Denn was sind Speise und Trank anderes als (sichtbare) Körper der Astra? Daher sind sie (alle Speisen, die wir in uns aufnehmen) Arznei, Speise und Trank. Wenn der Mensch ißt, ißt er das Astrum (die in allen Dingen enthaltene Sternenkraft. Das Astrum ist das Arcanum (das wunderbare Geheimmittel), die Gesundheit und die Krankheit.«

Warum sind nun gewisse Stoffe für uns giftig, erzeugen in uns Leiden und Zerstörungen? Paracelsus faßt dies folgendermaßen zusammen: »Der Leib ist uns ohne Gift gegeben. In ihm ist kein Gift. Doch das, was wir dem Leib zur Nahrung geben müssen, darin ist (möglicherweise) Gift.« Eigentlich ist nichts auf der Welt an sich schlecht, gefährlich oder für uns schädlich. Es kommt nur darauf an, in welcher Menge und wie wir einen Stoff zu uns nehmen.

»Ein jedes Ding ist an sich vollkommen und für seinen Teil wohlbeschaffen. Doch in bezug auf einen anderen (Körper) kann es gut oder böse geartet sein. So merket: Ein Stier, der grast, nimmt in dem Grase sein Gift und seine Gesundheit auf, denn im Grase ist Gift und Gesundheit, Nahrung und Arznei. Doch in dem Gras ist an und für sich kein Gift.« Ein Kraut, das dem Stier auf seiner Alpwiese schadet, kann für ein anderes Tier ein Heilmittel sein. Es kann auch, vorsichtig genossen, auf ein anderes Geschöpf günstig einwirken. Maßlos verschlungen entwickelt es aber für denselben Leib ausgesprochen verderbliche Wirkungen.

Aus diesem Grunde ist im Körper eines jeden Lebewesens ein Chemiker entstanden. Paracelsus nennt diesen Bestandteil unseres Körpers, der die für uns nutzlosen oder gar giftigen Stoffe geschickt ausscheidet, einen »Alchimisten«. Seine Zeitgenossen verstanden darunter einen Meister der »Scheidekunst«, einen Meister der chemischen Wissenschaften; einen Weisen, der die geheime Kunst kennt, unedle Stoffe in strahlendes und wertvolles Sonnengold zu verwandeln.

»Dieser Alchimist hat im Magen seinen Sitz, der sein Werkzeug (Instrument) ist.« Im Magen »kocht und arbeitet« diese schöpferische Kraft unermüdlich, um unsere Gesundheit zu bewahren: »Doch für das Unvollkommene, das wir zu unserem Schaden gebrauchen müssen, hat er (Gott) uns einen Alchimisten gegeben. Damit wir das Gift, das wir mit dem Guten aufnehmen, nicht als Gift verzehren, sondern von dem Guten scheiden können.« Darum überlebt schließlich der Stier auf seiner Wiese, obwohl er sich gelegentlich auch ein Kraut einverleibt, das für ihn schädlich ist. So wird es auch jedem Menschen ergehen, wenn er seinen »Alchimisten« bei seiner nützlichen Tätigkeit ungestört läßt.

Nach Paracelsus beginnt darum eine gefährliche Erkrankung mit einer Schwächung der inneren Kräfte, also mit dem Zusammenbruch des »Alchimisten« im Magen. Erlöscht stufenweise unser Lebenswille, dann wird die Fähigkeit der raschen und vollständigen Ausscheidung im Leib gestört: »Wenn der Alchimist krank ist, daß er das Gift nicht mit vollkommener Kunst vom Guten zu scheiden vermag, denn geht (im Magen) Gutes und Giftiges gemeinsam in Verwesung über...« Auch sonst für uns nützliche Stoffe werden durch eine solche ungünstige Mischung gründlich verdorben. Ein Giftherd entsteht, von dem aus der ganze Leib nach und nach in Mitleidenschaft gezogen wird.

Der ganze Körper wird nun für Erkrankungen immer empfänglicher. Es sind keine vollkommenen Baustoffe mehr da, um die verbrauchten Teile der Organe zu ersetzen. Die Ordnung ist gestört, und es beginnt nun ein Prozeß der Selbstzerstörung. Ist dieser Vorgang einmal eingeleitet, wird es auch für einen sehr guten Arzt immer schwerer, das notwendige Gleichgewicht von neuem herzustellen.

Wir erschaffen uns selbst

Eigentlich werden wir nach Paracelsus für unser irdisches Dasein doppelt erschaffen. Einmal entsteht unser Leib aus den Samenstoffen unserer Eltern. Er wächst im Bauch der Mutter heran und tritt nach Vollendung der Schwangerschaft in die Außenwelt. Sobald wir uns aber bewußt ernähren, beginnen wir, uns durch die Nahrungsaufnahme nochmals zu erschaffen! Gott selber ist unser Helfer in diesem wunderbaren Vorgang, der unser ganzes Leben lang andauert.

Auch hier glaubt der Arzt in genauer Übereinstimmung mit den Lehren zu stehen, die Christus seinen Jüngern anvertraute: »Damit dieser (unser irdischer Leib) aber nicht sterbe und vergehe, empfangen wir ihn von der Gnade Gottes, den wir bitten: ›Das tägliche Brot gib uns heute.‹ Dies heißt so viel: ›Gib uns heute unseren täglichen Leib.‹ Denn der Leib, der von der Mutter stammt, strebt dem Tode zu.«

Unser Körper ist vergänglich. Wir würden sehr bald sterben, wenn wir ihn nicht durch unsere Ernährung erneuern und verwandeln könnten. Jedesmal wenn wir speisen und trinken, sollten wir uns diese Tatsache vergegenwärtigen.

Selbstverständlich dürfen wir uns nicht hastig und gedankenlos ernähren. Die Mahlzeiten sind für Paracelsus heilige Handlungen, in denen uns jedesmal die Güte der göttlichen Schöpferkraft bewußt werden soll. Wir haben Gott nicht etwa nur dafür von Herzen zu danken, daß wir jedesmal die nötigen Mittel besitzen, um für uns und die unsrigen genügend zu essen zu haben. Wichtig ist auch, über die wunderbare Fähigkeit zu verfügen, aus den Speisen genau das zu entnehmen, was jeder einzelne unserer Körperteile für seine gesunde Weiterentwicklung braucht: »Seht also, was der Leib ist: Wir essen uns selbst..., aber nur durch Gnade und Gebet.« Hier erkennen wir also, nur besonders tiefsinnig ausgedrückt, die volkstümliche Weisheit – »Der Mensch ist, was er ißt«. Wollen wir dies aber an uns selbst und im besten Sinn der Worte erleben, müssen wir jede Nahrungsaufnahme als ein himmlisches Geschenk ansehen. Denken und leben wir auf diese Weise, dann arbeiten wir jeden Tag an unserer Neuschöpfung. Dank unseres »himmlischen Vaters« können wir dann sogar Mängel beheben, die uns angeboren sind.

Durch die bewußte Ernährung und Lebensführung vermögen wir nach Paracelsus einen Leib zu erschaffen, der sich Schritt für Schritt immer verbessert. Gerade eine solche innere Einstellung erscheint ihm viel wichtiger als von außen herangetragene Verhaltensregeln und Ernährungsvorschriften.

Es ist möglich, daß er in dieser Auffassung während seiner Wanderjahre vom fahrenden Volk bestätigt wurde. »Unser Stamm hatte früher keinerlei Speisevorschriften«, dies verriet mir, als ich noch ein Kind war, der ukrainische Nomade Wanja Romanow. »Nur Katzen und Hunde aßen wir nie, weil das die alten Freunde des Menschen sind. Wären wir bei unserer wilden Lebensweise zu wählerisch gewesen, wir hätten schon vor Jahrhunderten verhungern müssen. Ob viel Nahrung oder wenig, wir betrachteten sie Tag für Tag als Geschenke Gottes und seiner guten Heiligen im Sternenhimmel. Wir dankten aber jedesmal von Herzen dafür, weil genug Essen für die Nomaden niemals eine Selbstverständlichkeit sein kann wie für einen reichen Fabrikherren. Ich glaube, genau weil wir so gut zu danken wußten, bekamen uns sogar die kümmerlichsten Speisen außerordentlich gut. Du glaubst nicht, wie viele Hundertjährige es bei uns gab. Diese Männer und Frauen waren auch rüstig und dankten bei jeder Mahlzeit Gott für jeden Tag, den er ihnen noch schenkte.«

Dies ist eigentlich ein treffliches Bild, das uns hilft, die großzügige Gesundheitsphilosophie des Paracelsus zu verstehen. So hat er es auch schriftlich hinterlassen: »Wie ich daher genau die Regeln einer richtigen Lebensführung mitteile, so kann ich keine andere Regel und keine andere Diät verordnen als die: die Satzungen der Gerechtigkeit zu befolgen und in der Ernährung der Bitte im Gebet entsprechend zu leben.«

Mit reinem Gewissen soll man sich täglich zu den Mahlzeiten niedersetzen und vorstellen, daß das Göttliche hilft, die nützlichen Bestandteile der Speisen aufzunehmen. Denn: »Wer kocht alles? Gott!«

Wenn wir dies beachten, profitiert unser Körper durch die Fülle der aufgenommenen Energien: »Dadurch (durch die Verbindung von Ernährung mit der richtigen Einstellung zu Gott und Welt) ist noch stets die Gesundheit erhalten und vor jeglicher Krankheit bewahrt worden. Befolgen wir aber diese Lebensregel nicht, so werden wir auch unsere Gesundheit verlieren.«

Essen wir in einem gedankenlosen, gleichgültigen Zustand, nehmen wir nach Paracelsus und seinen Jüngern weniger nützliche Stoffe in uns auf, als wir es eigentlich könnten. Nehmen wir aber unsere Mahlzeiten, ob sie nun kärglich oder üppig sind, in einer dankbaren, freudigen, glücklichen Einstellung zu uns, schöpfen wir unsere Möglichkeiten immer besser aus. Wir sind dann nach Paracelsus sogar Mitarbeiter Gottes. Wir helfen ihm auch auf diese Weise bei seinem großartigen Plan, in jedem Zeitalter der Erde vollkommene Geschöpfe hervorzubringen.

Der materielle Körper ist dein Lehrmeister

Paracelsus sieht die Welt als einen gewaltigen alchimistischen Vorgang. Gott ist für ihn der Schöpfer und Herr all dieser Prozesse.

Alle Dinge, die uns umgeben, entwickeln sich für Paracelsus aus Urstoffen. Die endlose Fülle der Erscheinungsformen ist nur eine Folge all der Verbindungen, die dauernd geschlossen werden. Alles, was wir erblicken können, nimmt die ihm fehlenden Bestandteile aus der Außenwelt auf. Es scheidet gleichzeitig das aus, woraus es die lebensnotwendigen Stoffe gefiltert hat. Die Ernährung ist ein Merkmal des Lebens. Dies versteht Paracelsus selbstverständlich im weitesten Sinne, weil er sogar von der Ernährung und der Ausscheidung der Steine schreibt. Nichts ist für ihn leblos, was mit dem Menschen zusammen die bunte Welt bildet.

In unserem Leib existiert nach seiner Vorstellung ein großer »Alchimist«. Doch was hat es mit der Kunst der Alchimie auf sich? Um die Alchimie kennenzulernen, sollten wir einmal die urtümlichen Geräte, Gefäße und Kolben betrachten, mit denen ihre Anhänger im Mittelalter arbeiteten. Zwar ist nur wenig davon erhalten geblieben, doch es verrät uns ein hochentwickeltes Kunsthandwerk.

Doch am besten wenden wir uns, wenn wir mehr über den Geist der Alchimie lernen wollen, den einschlägigen Handschriften zu. Manchmal sind die darin enthaltenen Illustrationen nur einfache Kritzeleien. Eine ungelenke Hand hat sie als Erklärungen neben die heute fast unverständlichen Anleitungen gesetzt, die oft auf verwirrende Art lateinische, griechische und sogar arabische Fachausdrücke mischen. Dann wieder sind die Zeichnungen der alchimistischen Vorgänge prächtige, bunt ausgemalte Kunstwerke. Sie ziehen alle Aufmerksamkeit auf sich und lassen in dem Betrachter zwangsläufig die Überlegung aufsteigen, ob es sich hier vielleicht um Bildrätsel handelt, die in große Geheimnisse einweihen wollen. Vielleicht fanden die Verfasser dieser Schriften ihre Worte zu schwach, um den Nachgeborenen ihre Erkenntnisse weiterzureichen. Auch war ihnen ganz sicher bewußt, wie sich in bewegten Zeiten der Sinn der Ausdrücke verändern kann.

Vielleicht dachten die alchimistischen Künstler an die alten Ägypter, die sie als ihre großen Lehrmeister ansahen. Paracelsus selbst verweist in seinem Werk mehrfach auf ihr Wissen, wenn er die Herkunft gewisser Traditionen erklären will. Daß die Ägypter für ihre Aufzeichnungen Bildzeichen verwendeten, war schon der damaligen Zeit wohlbekannt. Man studierte schließlich während der Renaissance eifrig die antiken Schriften, die sehr häufig über die merkwürdigen Bräuche der Völker am Nil erzählten. Viele Pilger und Kreuzfahrer waren aus Neugier oder auch erzwungenermaßen als Gefangene in Ägypten gewesen. Über diese Morgenlandfahrer und auch über die arabischen Kaufleute drang manches Papyrusdokument der einstigen Hochkultur nach Europa.

Wie dann vor allem das gewaltige Ägyptenwerk des Athanasius Kircher beweist, wurde eigentlich allen Schriftzeichen und Symbolen des weisen Volkes unglaublich viel Bedeutung zugemessen. Man sah in ihnen eine Bilderschrift, aus der ein aufmerksamer und erfahrener Gelehrter die wichtigsten Naturgeheimnisse herauslesen könne. Die uralten Weisen hätten damit einen Weg gefunden, sich der fernsten

Nachwelt einigermaßen verständlich zu machen. Man müsse die Zeichen der Ägypter sozusagen wie Bilderrätsel auflösen. Wem dies gelänge, der wäre der glückliche Erbe höchsten Wissens.

Dies war, wenn wir von einer Fülle der Papyrusschriften, die bis heute erhalten sind, ausgehen, eine phantasievolle Übertreibung. Immerhin mögen sich solche Vorstellungen auf die mittelalterlichen Gelehrten und Künstler sehr schöpferisch ausgewirkt haben. Sie versuchten nun ebenfalls, ihre Ideen und Erfahrungen in Bildern auszudrücken. Durch diese Illustrationen haben wir heute einen gewissen Zugang zu den alchimistischen Lehren einer fernen Vergangenheit. Betrachten wir sie heute mit offenen Augen und Herzen, erkennen wir die Sehnsucht der frühen Wissenschaftler, unsere Welt zu begreifen.

Die alchimistischen Gefäße erinnern in ihrer Gestalt meist an Lebewesen. Sie weisen auch auf die all dem zugrundeliegende Philosophie hin, deren wohl größter und für uns verständlichster Sprecher Paracelsus war: Der Mensch enthält die ganze Welt in sich. Wollen wir mit den Stoffen der Natur arbeiten, müssen wir den Kreislauf von Ernährung und Ausscheidung beobachten. Gelingt uns dies, dann ist auch für uns der Weg offen für die segensreichsten Erfindungen.

Der menschliche Bauch wird hier sehr häufig als Vorbild für ein Gefäß angesehen, in dem die Alchimisten des Mittelalters ihre geheimnisvollen Umwandlungen stattfinden ließen. Das Holzfeuer, das sie unter ihm schürten, verglichen sie mit den Lebenskräften, die in uns die notwendige Wärme erzeugen. Wenn die Forscher durch das langwierige »Kochen« in den alchimistischen Öfen neue Verbindungen erschaffen wollten, nahmen sie den Leib als Vorbild.

Sie suchten bei ihrer Arbeit nach alchimistischen Elixieren, die sogar den Tod besiegen sollten. Gelegentlich wollten sie auch einfache, grobe Stoffe in edles Gold umwandeln. Das versuchten sie bekanntlich vor allem mit Kupfer, Silber und besonders häufig mit dem beweglichen Quecksilber zu erreichen. Doch sogar diejenigen, denen der Sage nach dieses Wunder gelang, blieben in ihrem ganzen Denken beispielhaft bescheiden. In ihrer Kunst sahen sie nur eine Nachbildung von natürlichen Vorgängen.

Wenn man ihre Schriften liest, so schwer verständlich sie auch häufig sein mögen, dann staunt man über die fromme Grundhaltung der meistens sehr gelehrten Forscher. Ob Christen, Moslems oder Anhänger ägyptisch-griechischer Naturreligionen – sie alle versuchten, die Kräfte der Schöpfung zu erkennen. Sie nahmen stets natürliche Vorgänge zu ihren Vorbildern und versuchten, sie in ihren Laboratorien nachzuvollziehen. Dies taten sie oft ganz eindeutig, um Gottes Schöpfung noch mehr zu bewundern. Ihre Arbeit war für sie also eine Art Gottesdienst.

Als die erhabenste Werkstätte der himmlischen Alchimie sahen sie den menschlichen Körper an. Hier erforschten sie die täglichen Wunder der großen Umwandlungen, von denen sie ihr ganzes Dasein hindurch zu lernen versuchten. Staunend stellten sie fest, daß durch die Vorgänge der Verdauung Säfte und Kräfte freiwerden, die die Schönheit des Leibs immer neu erschaffen.

Jede Mahlzeit, die wir zu uns nehmen, stellt damit für Paracelsus eine Möglichkeit dar, den Körper zu verjüngen. Unsere geistige Einstellung regt den »Alchimisten« in uns zu seiner verantwortungsvollen Arbeit an. Konzentrieren wir uns auf die Nahrung in der richtigen Weise, dann haben wir jedesmal Entscheidendes für unsere Gesundheit getan.

Ich zweifle nicht, daß Paracelsus bereits in seinem Elternhaus an der Sihl von einer ähnlichen Volksweisheit erfuhr. Auch heute noch ist in vielen Bauernhäusern der sogenannte Herrgottswinkel erhalten geblieben. In der Regel über dem Tisch, an dem man die tägliche Mahlzeit einnahm, war ein kleines Regalbrettchen angebracht. Darauf stellte man die Bilder der Heiligen und Schutzpatrone.

In einer vor fast zweihundert Jahren erbauten Hütte über dem Thuner See sah ich auf dem Brettchen eine Darstellung des Abendmahls. Christus segnet im Kreis seiner Jünger Speise und Trank. Nur Judas blickt auf die Seite. An seinem Gesichtsausdruck erkennt man, daß er schon an Verrat denkt und deshalb auch unfähig ist, das Mahl in einem entspannten, glücklichen Zustand in sich aufzunehmen.

Der Bergbauer, der mir das Bild zeigte, gab mir auch eine entsprechende Erklärung: »Früher stellten die Menschen, wenn sie aßen, noch einen zusätzlichen Stuhl an den Tisch. Man war überzeugt, davon erzählen schließlich sehr viele Geschichten, daß der liebe Gott immer noch durch das Land wandert. Er könnte an die Türe klopfen und eintreten wollen. Man blickte auf alle Fälle zum Bild des Abendmahls, das über dem Tisch war. Aller Augen richteten sich darauf, wenn das Gebet vor dem Essen gesprochen wurde.« Man war allgemein davon überzeugt, daß eine solche Einstellung auch der beste Weg zur Gesundheit ist.

Die Sternennahrung der Eremiten

Schwere Nahrungsstoffe belasten den Magen. Um sie richtig zu verarbeiten, verbrauchen wir viel von den Energien, die unsere innere alchimistische Fabrik betreiben. Nur mühsam können die in schwerer Kost enthaltenen Aufbaustoffe herausgefiltert werden.

Damit der innere »Alchimist« im Magen, den wir für diesen Verdauungsprozeß so dringend brauchen, nicht überlastet wird, müssen wir ihm feinstoffliche Energie zuführen. Wenn wir die alten Schriften der Rosenkreuzer richtig deuten, können wir von diesen gar nicht genug aufnehmen. Durch sie werden wir jedoch weder dick noch schwer. Diese Sternenenergien werden nur zu einem verschwindenden Bruchteil für den eigenen Leib verwendet, denn größtenteils strahlen wir sie aus. Wir sind, wie die theosophischen Paracelsisten des 19. Jahrhunderts sagten, selbst Sterne, kleine Sonnen.

Paracelsus vergleicht das Geheimnis des in uns tätigen »Alchimisten« wiederum mit einem Magneten. Dieser zieht aus den Nahrungsstoffen, die wir fortwährend aufnehmen, alles an, was wir für unseren Körper verwenden können. Was er nicht verdauen kann, das wird möglichst schnell und gründlich ausgeschieden. Dieser innere Magnet arbeitet, wie bereits erwähnt, mit den grobstofflichen Speisen, die wir mit den Mahlzeiten zu uns nehmen. Er zieht jedoch auch die feinstofflichen Kräfte an, die er selbst für seine Tätigkeit braucht.

Als Paracelsus beim Alpenheiligtum von Einsiedeln geboren wurde, war seine Umgebung voll von wunderbaren Geschichten um einen neuen Heiligen. Es handelte sich dabei um Nikolaus von der Flüe, der, gar nicht weit vom Heimatort des Paracelsus entfernt, in Ranft starb. Der Legende nach nahm er jahrelang keine Nahrung zu sich. Wir vernehmen sogar, daß man zu seinen Lebzeiten dieses Phänomen gründlich untersucht habe. Die erhaltenen Urkunden bestätigen jedoch nur, daß der Heilige streng fastete.

Paracelsus hat mehr als einmal tiefsinnige Gedanken über das Leben ihm bekannter Heiliger veröffentlicht. So schrieb er auch über Nikolaus von der Flüe. Dies ist für uns um so wichtiger, da ganz sicher viele seiner Zeitgenossen diesen noch zu Lebzeiten gekannt hatten. Für Paracelsus ist ein solcher Mensch ein Beweis für die wunderbaren Anlagen und Fähigkeiten, die Gott uns geschenkt hat. Auch wenn die meisten Menschen davon nicht die geringste Ahnung haben, schlummert auch in ihnen ein enormes Potential. Es ist nach Paracelsus eine wichtige Aufgabe der Heiligen, ihre Mitmenschen an die allgemein vergessene Fülle der Schöpfungsgeheimnisse zu erinnern.

Paracelsus erklärte das extreme Fasten des heiligen Nikolaus mit einem besonders mächtig wirkenden inneren Magneten. Die Fülle der Kräfte, die er anzog, konnte nicht nur seinen Astralleib nähren. Sie hat nach Paracelsus sogar genügt, die Bedürfnisse des physischen Körpers vollauf zu befriedigen. Dank alchimistischer Prozesse, die wir mit unserem unvollkommenen Verstand kaum ganz zu begreifen vermögen, hat sich also der heilige Nikolaus von Sternenkräften ernährt.

Die Erfahrungen der Einsiedler zieht Paracelsus für eine wichtige Lehre seiner volkstümlichen Medizin heran: »Es ist möglich, daß die Speise, die im Munde behalten wird, so wohl wie im Magen verdaut wird. So haben sich viele heilige Leute in der Einsiedelei erhalten. Sie haben nichts geschluckt und sich doch auf natürliche Weise (am Leben) erhalten. Wenn die Speise gekaut und eine Zeitlang im Munde gelassen wird, verwandelt sich die Speise in Nahrung... Dadurch kommt es zu einem besonderen Regiment eines langen Lebens. Was im Munde verdaut wird, macht gesunde Leute... So ist das Leben in der Einsiedelei gewesen.«

Wenn der Mensch voller Dankbarkeit gegenüber Gott und in Frieden mit seiner Welt in aller Ruhe ißt, beginnt der alchimistische Vorgang bereits in seinem Mund. Durch das Kauen und durch die Wirkung des Speichels lösen sich die verschiedenen Bestandteile voneinander. Die für unsere Gesundheit überflüssigen Stoffe werden herausgelöst, damit sie rasch ausgeschieden werden können. Der Magen erhält nur verhältnismäßig wenig von den groben Stoffen, für deren endgültige Verarbeitung er dann sorgt. Die geheimen Energien der Nahrung, die Paracelsus mit den Sternenkräften gleichsetzt, werden fast restlos aus der Materie gelöst.

In der schweren Zeit des Ersten Weltkriegs konnte man von einem bejahrten Arzt in Kärnten hören: »Wo langsam gegessen und gut gekaut wird, da kommt der Tod gar nicht in Magen und Gedärme hinein. Das ist eine Lehre des großen Paracelsus, die den Menschen mehr geben könnte als der ›Stein der Weisen‹.«

Handelt es sich bei diesen Worten um eine in den Alpen erhaltene alte Volksweisheit? Solche Gesundheitsrezepte scheinen in großer Zahl in den Alpentälern Verbreitung gefunden zu haben. Sie halfen den Menschen, auch in den schweren Krisen- und Notzeiten gesund zu bleiben.

Das Goldene Zeitalter

Tröster der ganzen Welt

Von seinem postumen Ruhm war der Alchimist fest überzeugt. Seine Feinde und Neider verspottete Paracelsus mit den wohlbekannten Worten: »Ich will mehr nach meinem Tode wider euch ausrichten als vorher. Ob ihr schon meinen Leib freßt, so habt ihr nur einen Dreck gefressen. Der Theophrastus wird mit euch streiten ohne den Leib.«

Ein Körper ohne den unsterblichen Geist und die von ihm gesteuerten Astralkräfte ist für Paracelsus eine wertlose Hülle. Er vergleicht ihn mit einem abgenutzten, alten Kleid. Die zeitlosen Gedankenkräfte, die den Leib belebten, sind nun frei. Sie wirken ewig auf die Menschen, die sie suchen. Keine Idee, die ein großer Mensch entwickelte, kann ganz verlorengehen.

Kurze Zeit nach seinem physischen Tod wurde Paracelsus zum Schutzheiligen der Wahrheitssucher. Sie erinnerten sich seiner und waren fest davon überzeugt, in Traum und Meditation seinen Rat zu erhalten. Die Sage entstand, der Alchimist sei auch in späteren Jahrhunderten nicht allein in der Vorstellung seiner Anhänger lebendig geblieben. Viele Theosophen vermuteten, als unsterblicher »Meister St. Germain« wandere er noch immer über die Erde. Auf jede Entfernung könne er mit seinen astralen Kräften guten Menschen helfen und alle ehrlichen Forscher in ihren Bemühungen fördern.

In den vierziger und fünfziger Jahren war ich viel in Paris und lernte dort Theosophen und Spiritualisten verschiedenster Richtungen kennen. In diesen Kreisen erfuhr ich von der großen Verehrung, die Paracelsus in Frankreich durch die Jahrhunderte hindurch entgegengebracht wurde.

Seit dem 18. Jahrhundert beeinflussen die mystischen und magischen Philosophen und Ärzte Frankreichs verschiedene Länder in Übersee. So vernahm ich, daß sich die Geistheiler von Haiti und Indochina sehr für die Lehren von »le grand Paracelse«, dem Herrn der Naturgeheimnisse, interessieren würden. Man erzählte mir viel von Büchern, die dieses Wissen in französischer Sprache in der ganzen

Welt verbreiteten. Hier haben wir also eine aus Europa stammende Wissenschaft, die den Menschen anderer Kontinente Anregungen schenkte, sich mit ihren eigenen Überlieferungen auseinanderzusetzen.

Heute wenden sich bekanntlich unzählige junge Europäer den Weisheitslehren anderer Kulturen und Völker zu. Doch auch diese, lange unterdrückt und verunsichert durch Kolonialisten und Rassisten, brauchen für die Entfaltung ihrer Spiritualität neue Wege. Untersuchungen über die volkstümlichen Weltbilder, über die jetzt überall geforscht wird, scheinen wiederum zu bestätigen, daß die Lehren des Paracelsus allgegenwärtig sind. Eine deutsche Forscherin berichtete über die so zahlreichen spiritistischen Kreise in Lateinamerika. Sie gehen im übrigen auch auf einen Franzosen zurück, der unter dem Namen Allan Kardec (1804–1869) berühmt wurde. In diesen Zirkeln würden heute zur Unterweisung auch alte Magiebücher gelesen, zum Beispiel die Werke von Paracelsus und von seinem Zeitgenossen Agrippa von Nettesheim.

Dieselbe Forscherin, die sich mit der kolumbianischen Volksmedizin beschäftigt, berichtete auch, wie in diesem Kulturkreis eine Geistheilerin ihre Helfer anruft, wenn sie einen Kranken kurieren will. Sie betet zuerst zu Christus und bittet auch alle großen und selbstlosen Heiler, die je existiert haben, ihr zu helfen. Die Geister, von denen sie Unterstützung erwartet, sind unter anderem die gerade in der Dritten Welt sehr bekannten und beliebten Heiligengestalten wie Jeanne d'Arc, Franziskus von Assisi, Cyprianus, aber auch »Bruder Paracelsus«.

Der Geist des Paracelsus lebt wahrhaftig, genau wie er es zu Lebzeiten voraussah, auch über 450 Jahre nach seinem Tode fort. Die Namen seiner Feinde, die ihm einst so viele Hindernisse in den Weg gelegt hatten, sind seit langem zu Recht vergessen. Paracelsus gilt heute überall in der Welt als ein herausragender Universalgelehrter und Heilkundiger. Als lieber und stets hilfsbereiter »Bruder« steht er jedem zur Seite, der um seine Unterstützung bittet.

Die Schwelle zur Unsterblichkeit

Paracelsus erzählt von großen Alchimisten der Vergangenheit, die dem körperlichen Zerfall zu trotzen versuchten. Hermes und Vergilius hatten nach Paracelsus versucht, sich »zu erneuern und aufzuerstehen und wieder zu einem Kind neu geboren werden«.

Solche Gedankengänge, die der fahrende Magier sicher auch in den Gaststuben zum besten gab, haben die Phantasie des Volkes für Jahrhunderte beschäftigt. Als sich der Meister alt und müde fühlte, hat er der Sage nach seinen besten Schüler zu sich gerufen. Er wünsche jetzt nichts mehr für die Heilung seines verbrauchten Leibs zu tun, habe er ihm mitgeteilt. Er wolle nun bald seine Augen schließen und für die Menschen tot sein.

Nun solle aber der Schüler keine Angst haben, sondern das Meisterstück der großen Alchimisten versuchen: Er dürfe seinen Leib nicht schonen, sondern müsse ihn mit scharfen Werkzeugen zerstückeln, daß zuletzt nur noch ein blutiger Brei übrigbliebe. Zu dieser Masse ohne Form sei jetzt noch ein wunderbarer Bestandteil hinzuzufügen. Nach den verschiedenen Sagen soll dies ein Balsam, ein magisches Pulver oder die vielgerühmte Goldtinktur gewesen sein.

»Dann«, so lautete die Anweisung des Meisters, zumindest nach dem Bericht aus Salzburg, »gib alles in ein Gefäß, das du sorgfältig verschließen mußt. Ganz besonders aber sei dir ans Herz gelegt: Öffne das Gefäß ja nicht vor Ablauf von neun Monaten.« Andere Sagen nennen andere Zeitspannen, die für den alchimistischen Vorgang benötigt würden: drei Tage oder auch mehrere Jahre. Die neun Monate erscheinen uns aber als ein schönes Sinnbild, denn es ist die Zeitspanne, in der sich der Mensch aus einer befruchteten Eizelle entwickelt und geboren wird.

Der Schüler konnte der Sage nach die Frist nicht abwarten. Die Neugier trieb ihn, schon nach sieben Monaten in das festverschlossene Gefäß hineinzublicken. Wie uns wiederum die Sage aus Salzburg erzählt: »Da sah er darin ein kleines Kind zappeln, das infolge Zutritts der Luft sofort starb. Hätte der Tropf die vollen neun Monate abgewartet, wäre Theophrastus sicher wieder zu neuem Leben erwacht.«

Vielleicht ist diese Sage, die auf den geheimnisvollen Meister aller Wissenschaften, den ägyptisch-griechischen Hermes oder Thot, zurückgehen soll, symbolisch zu verstehen. Im Samen des Urmenschen glaubte Paracelsus schon alle Weisheit der Menschen enthalten. Jeder von uns hat also diese Gesamtheit der Begabungen in sich und kann in seinem Leben einen Bruchteil davon verwirklichen. Ab und zu entstehen aber nach Paracelsus starke und vollkommene Vertreter der Menschheit, die mutig ihren Weg gehen. Sie sammeln überall Erfahrungen und wecken damit einen größeren Teil der Fähigkeiten, die in uns allen schlummern.

Paracelsus war davon überzeugt, daß er zu diesen Bahnbrechern gehörte. Die Kleingeister erklärten aber sein hervorragendes Wissen und Können damit, daß er einen Bund mit dem Teufel geschlossen habe. Der Dichter Paul Flemming, der selber Arzt war, schrieb dagegen um 1639: »Der du als einziger über die dem Menschen gesetzten Grenzen hinausgekommen bist, würdig ein Gott genannt zu werden schon damals, als du noch unter den Menschen warst, Gegenstand des Staunens und der höchsten Bewunderung für den ganzen Erdkreis. Du Zier Europas, das dir Mutter war. Süden und Norden, Westen und Osten gestehen: Nichts Größeres gibt es auf der ganzen Welt als dich. O du Geheiligter, o du, der einer späteren Zeit das Heil gebracht. Nichts ist dir, nichts deinem Ruhme gleich.«

Doch Paracelsus schätzte zu seinen Lebzeiten weder Verteufelung noch Vergötterung. Er wollte sicher kein einzigartiges Wunder sein, das von der Nachwelt bestaunt wird. Sein Bestreben war, den Menschen zu zeigen, wie sie alle in liebevoller Harmonie mit ihrer Umwelt immer mehr Glück verwirklichen könnten. Er wollte nicht ehrfürchtig bestaunt werden, sondern als ein lebendiges Vorbild dienen.

Für die weise Volkssage war es im 16. Jahrhundert zu früh, das Wissen des Paracelsus als ein strahlendes und siegreiches Kind auferstehen zu lassen. Vielleicht wird es in der Zukunft anders sein.

Der Schatz des Paracelsus

Es gibt ein sogenanntes Testament des Paracelsus, das darauf hinweist, daß der Alchimist der reichste Mensch seiner Zeit gewesen war. Er soll Schätze verborgen haben, deren Auffinden geradezu den Beginn eines neuen Zeitalters markieren könnte.

Die Echtheit dieser Schrift ist umstritten, wie manches andere Buch, das unter seinem Namen verbreitet wurde. Von drei verborgenen Schätzen ist die Rede, vor allem auch von Edelsteinen von ungeheurem Wert. Sehr viele Menschen haben schon in vielen Ländern nach diesen versteckten Reichtümern gesucht. Je öfter man sich im .Alpenraum erzählte, wie Paracelsus spielend Gold erschaffen konnte, desto mehr betrachtete man die Geschichten von seiner Armut als einen Scherz. In der Gestalt eines bettelarmen Fahrenden sei er umhergewandert, um die Herzen der Menschen zu prüfen. Er habe nur deshalb bei den Bewohnern der Hütten Zuflucht gesucht, um zu sehen, ob die Gebote der Gastfreundschaft noch gültig seien. Teilte man mit ihm großzügig Speise und Trank, dann habe er seine Gastgeber königlich belohnt: Gold sei ihnen zugeflossen, dazu Gesundheit und Jugendfrische.

Aufgrund solcher Legenden verstand das Volk das »Erbe des Paracelsus« nicht als ein Sinnbild, sondern hielt es für eine Tatsache. Daß einer der Schätze zwischen Frankreich und Spanien »in einer Burg« versteckt sein soll, hat die Phantasie der Sucher besonders angeregt: Im Baskenland und in den Pyrenäen soll es keine markante Stelle, keine Höhle geben, die nicht schon abgesucht wurde. Gerade aus dem deutschen Sprachraum zogen in unserem Jahrhundert viele phantasievolle Menschen hierher. Es gab eine Vermutung, daß der Schatz zwischen Spanien und Frankreich eigentlich noch aus dem Zeitalter der Minnesänger stammt. Die Ritter hätten ihn vergraben, als im 13. Jahrhundert die Kultur der Albigenser ihr schreckliches Ende fand. Paracelsus, der auch in Südfrankreich viele Eingeweihte kannte, habe nur von der Fundstätte erfahren. Er habe den Schatz aber für eine »glückliche Zukunft« im schützenden Boden belassen.

Diese soll nach dem Wortlaut des eigenartigen Testaments beginnen, wenn das wichtigste Ereignis stattfinden würde, das sich die Zeitgenossen des Paracelsus vorstellen konnten: das vorläufige Ende der Herrschaft der Kaiser »österreichischen Stammes«. Also erst nach dem Ersten Weltkrieg werde, wenn wir die Überlieferung beim Wort nehmen, »alles erfahren werden, was ich, Theophrastus, gewesen bin (und) was ich gelehrt habe«.

Der eigentliche Schatz besteht aber ganz sicher nicht aus alchimistischem Gold und Truhen voller Edelsteine. Er ist von anderer Bedeutung: »Nachdem habe ich, Theophrastus Paracelsus Philippus Bombastus, etliche Schriften geschrieben, welche zu ihrer Zeit gefunden werden sollen. Diese handeln von dem hohen Wert der Weisen und Alten.« Den göttlichen Helden Hermes, von dem die ägyptisch-griechischen Gelehrten so viel berichteten, rechnet er dazu. Selbstverständlich auch die drei Weisen aus dem Morgenland.

Paracelsus verspricht uns: »Der letzte und höchste Schatz der Schätze (Thesaurus thesaurorum) wird in der deutschen Nation (darunter ist selbstverständlich das weite Territorium des mittelalterlichen Reiches zu begreifen) gefunden werden. In welchem Land aber, das sage ich dir nicht, zur Verhütung großen Unglücks. Gott wird ihn an den Tag bringen zu seiner Zeit.«

Paracelsus verrät uns aber noch einige Einzelheiten: »Damit ich nicht für undeutlich gehalten werde, will ich dir alles anzeigen... Daß er (der Ort des Schatzes) an der Grenze von Bayern und Schwaben auf einem verworfenen Ort seine Heimat hat... An einem Ort oder einer Burg liegen alle philosophischen Arbeiten, die man seit Adams Zeiten von Alchimie, Philosophie, Astronomie, Kabbala, Magie und andern weisen Künsten hatte.« Mit Selbstbewußtsein fügt er hinzu, daß all die alten Wissenschaften »neu durch (den Einfluß der) Engel und meine Erfindung korrigiert worden sind«.

In der »schlimmen Zeit«, offenbar nach dem Zusammenbruch des österreichischen Kaisertums, »wird in den Landen eine Verwirrung geschehen«. Nun soll aber derjenige, der diesen Schatz auffinden wird, später zu hohen Würden erhoben werden. Über ganz Europa, aber auch über Teile von Afrika und Asien, wird sich sein starker Einfluß erstrecken. »Er wird auch nicht adeligen Stammes sein, doch von guter christlicher Lehre. Ihm wird alles Volk Beifall (spenden), welches an Gottes Wort Lust und Gefallen hat.«

Sollte es sich bei diesem Glücklichen um einen ganz bestimmten Helden handeln? Vielleicht träumte Paracelsus ganz allgemein vom neuen Menschen, der wieder zu den Gesetzen der Schöpfung zurückfindet. In seinen Händen wird der Schlüssel zu den ewigen Wahrheiten liegen.

Vorläufer und Künder des Goldenen Zeitalters

Nicht nur Paracelsus verbreitete im 16. Jahrhundert die Hoffnung auf die Zukunft. Am bekanntesten sind wohl die prophetischen Verse des Provenzalen Nostradamus (1503–1566), die zur selben Zeit entstanden.

Auch dieser Mann gehört zu den hervorragenden Geistern, die sich gegen die Mißstände ihres Jahrhunderts wandten. Als berühmter Arzt versuchte er, das Volk vor dem Seuchentod zu bewahren. Als Magier und Astrologe tröstete er die Menschen, die in ihrer Verzweiflung immer mehr an einen unmittelbar bevorstehenden Weltuntergang glaubten. Seine Voraussagen versprachen den europäischen Ländern damals eine noch sehr lange und wechselvolle Geschichte.

Über Nostradamus und seine Voraussagen gibt es beinahe so viele Veröffentlichungen wie über das philosophische Werk des Herrn von Hohenheim. Sie sind freilich nicht ohne Kommentare zu lesen, und ihre korrekte chronologische Reihenfolge ist mehr als umstritten. Exakte Jahreszahlen kommen in ihnen verhältnismäßig selten vor. Einmal wird immerhin ausdrücklich das Jahr 1999 erwähnt. Dann soll ein »großer König« auferstehen.

Unbestreitbar sieht Nostradamus, ganz ähnlich wie Paracelsus, ein Zeitalter verwirrender Völkerwanderungen voraus: »Vom Schwarzen Meer (Pont Euxine) und Groß-Tatarien her« wird ein König bis nach Westeuropa vorstoßen und seinen Weg unter anderem über »Alanien« nehmen – eine alte Bezeichnung für die Völker des südlichen Rußland.

Nostradamus verkündet den Aufstieg einer neuen philosophischen Richtung, »die den Tod, Ehrungen und Reichtum verachtet«. Diese Weisen werden dann nicht von den »Germanischen Bergen« (monts Germains) begrenzt sein. Es soll ihnen in der Folge möglich sein, Unterstützung für die Verbreitung ihrer Ideen zu finden. Wir erinnern: Nostradamus war Provenzale. Von seiner Heimat aus betrachtet, konnte er mit den Bergen, in denen die neuen Wahrheitssucher wirken sollten, nur die Alpen meinen.

Um solche Sätze niederzuschreiben, mußte der magische Arzt im 16. Jahrhundert nicht einmal Prophet sein. Gerade durch Paracelsus waren die Alpen, das Herz von Europa, zu einem wahren Ausstrahlungsort neuer Gedanken geworden. Das Auftauchen von neuen Bewegungen, die die Welt verwandeln würden, erschien naheliegend. Wir dürfen hier auch nicht vergessen, daß man damals unter »Philosophen« vor allem die Sucher nach der alchimistischen Weisheit verstand.

In diesem Sinne spricht Nostradamus von einem »sehr Erwarteten«, der endlich den Menschen erscheinen werde. Er soll einer aus dem Bunde des großen Hermes sein, also ein Nachfolger des auch von Paracelsus gepriesenen Begründers der »hermetischen Wissenschaft«, der Alchimie. Für Nostradamus wird er, was seinen Ruhm und seine Bedeutung angeht, sämtliche Fürsten des Orients überragen.

In einigen Versen des Nostradamus spüren wir geradezu die Begeisterung über die Möglichkeiten einer großen Zukunft, die allerdings für ihn noch in weiter Ferne liegt. Aufgrund des göttlichen Wortes wird aus dem Stoff das geheimnisvolle Gold (l'or occult) entstehen: »Körper, Seele und Geist werden unten auf dem Boden wie im Himmel alle Herrschaft besitzen.«

Ähnlich wie bei Paracelsus findet sich auch bei seinem provenzalischen Bruder die Ahnung einer neuen Menschheit, die frei sein wird. Der Leib ohne Seele bedeutet nicht mehr das Ende. Der Tag des Todes wird für ihn die Wiedergeburt bedeuten. Der göttliche Geist wird die Seele mit Glück erfüllen. Sie wird erkennen, daß das Wort ewig ist.

Sind die deutlichen Parallelen zwischen den mystischen Voraussagen von Paracelsus und Nostradamus mehr oder weniger zufällig? Beruhen die Ähnlichkeiten, die wir in beiden Werken vorfinden, auf dem gemeinsamen Weltbild dieser Gelehrten des 16. Jahrhunderts, die gleichermaßen die Künste der Alchimie und Astrologie schätzten? Hat Paracelsus auf seinen zahllosen Europareisen auch den berühmten Arzt aus der Provence besucht? Wenn dies der Fall sein sollte, wird eine recht alte Vermutung wahrscheinlich: Paracelsus führte schon darum ein ruheloses Wanderleben, weil er nach Möglichkeit alle wachen Zeitgenossen aufsuchen wollte. Er wollte so eine Gemeinschaft bilden, die durch ihr Zusammenwirken einer zerfallenden Kultur neue Lebenskraft geben konnte.

Die Verwandlung der Welt durch die Wunder der Alchimie beschäftigte auf alle Fälle im 16. bis 18. Jahrhundert die meisten Gebildeten. Dadurch entsprang eine Fülle von neuen Ideen, die die Menschen zu neuen Entwicklungen vorantrieb.

Der Zukunftstraum

In Salzburg, am Grab des größten Alpenarztes, hörte ich von der Legende, daß Wolfgang Amadeus Mozart als Kind in der Salzach den goldenen Glanz, »die Kraft, deren Geheimnis Paracelsus bekannt war«, entdeckte. Dieser Anblick habe zur »Erleuchtung« des kleinen Amadeus geführt. Erst auf diese Weise sei seine geniale musikalische Begabung erwacht. Er habe nun die Fähigkeit entwickeln können, all das mit seiner Musik auszudrücken, was der große Alchimist durch seine Schriften vermittelte. Aus dem magischen Aufleuchten des Dampfes über den ins Tal strömenden Fluten habe er bereits den Klang seiner »Zauberflöte« vernommen.

Mozart bewegte sich übrigens schon als Kind in Kreisen, die sich intensiv mit der Alchimie der Naturkräfte und dem Geheimnis der Schöpfung beschäftigten. Sein Singspiel »Bastien und Bastienne« verfaßte er für den Arzt und Astrologen Mesmer, der sich wie einst Paracelsus mit dem »Magnetismus« der Lebewesen beschäftigte.

Diese Sage hilft zu verstehen, was Paracelsus unter Gold oder »Aurum« versteht. Es kann sich, wie wir schon sahen, um das konkrete Edelmetall handeln. Es kann aber auch die Gesamtheit der höchsten feinstofflichen Energien gemeint sein, die uns in einen »Sonnenmenschen« zu verwandeln vermögen. Man kann darunter schließlich auch die höchste Erkenntnis verstehen, durch die auf der Erde eine »himmlische« Weltordnung eingeführt wird.

In seinem Werk »Über das lange Leben«, eine der rätselhaftesten Schriften des Paracelsus, dreht sich das Geheimnis menschlicher Verjüngung um die Kräfte des Goldes: »In allen Elixieren ist das höchste und mächtigste im Gold. Darüber werden wir zuerst berichten.« Die »Kraft im Gold« wird von ihm dafür gerühmt, daß sie »den Körper erhält und frei von jeder Krankheit bewahrt«.

Eine reinere Materie, eine höhere Kraft als das leuchtende Sonnengold existiert für ihn nicht. Wenn er über die Prophezeiungen des Daniel schreibt, versichert er: »Der ›Goldene Kopf‹ bedeutet das Wort

Gottes, sein Evangelium, auf dem nun aller Grund steht (der also die Grundlage von allem ist).«

In seinen »Prophezeiungen« träumt Paracelsus von einer künftigen »goldenen« Gestaltung der Welt. Wenn wir den Alchimisten richtig verstehen, folgt sie nach allen Irrungen und Wirrungen, Kriegen und Umwälzungen. Alle Deutungsversuche erschwerend, hat Paracelsus zwar etliche Jahreszahlen genannt, diesen Angaben aber offensichtlich nur einen symbolischen Wert zugewiesen: »An menschlichem Alter gemessen wird uns die Zeit bis dahin wohl lang erscheinen. Doch wir haben zu bedenken, daß wir sie für kurz zu betrachten und zu halten haben.« Die Übel, denen der Mensch ausgesetzt ist, sind lange gewachsen. Aus diesem Grund kann die Verwandlung der Erde nicht in einem Augenblick geschehen.

Paracelsus predigt, den Umwälzungen mit starkem Vertrauen entgegenzusehen: »Aber wie wohl wird dem sein, der (gegenüber künftigen Entwicklungen) so ruhig wie ein Kind sein wird! Denn der Menschen Wissen schafft nur Unruh und Kümmernis.«

Er scheint davon überzeugt zu sein, daß dieses Suchen nach verstandesmäßigem Wissen eine bestimmte Zeitlang wichtig sein wird. Doch wenn der Mensch eine höhere Stufe erreicht, wird für ihn das reine Buchwissen überflüssig sein. In diesem Sinn erklärt er uns: »Wenn ein Kind, das zur Schule geht, ein höheres Alter erreicht, so schämt es sich seiner kindischen Arbeiten und vernichtet sie. So wird es auch dir ergehen.«

In seinem Werk finden wir als Zukunftsbild zwei Kinderpaare, die sich nackt auf dem Balkon eines Schlosses im fröhlichen Tanz drehen. Im dazugehörigen Park sehen wir Bäume emporwachsen. Bei Freunden sah ich nach dem Vorbild dieses Holzschnitts ein Bild, das wahrscheinlich aus dem 18. Jahrhundert stammt: Der Boden, auf dem sich die spielenden Kinder drehen, leuchtet golden. Von strahlendem Sonnengold erfüllt ist ebenfalls der Himmel, der die tanzenden Paare überwölbt. Hier scheint der Traum der Weisen verwirklicht zu sein, denn die menschliche Kultur und die blühende Natur sind keine Gegner mehr.

Paracelsus schreibt zu seiner Zukunftsschau: »Eine so vollkommene Erneuerung und Veränderung (von Mensch und Welt) wird eintreten, daß die Menschen wie die Kinder sein werden – die da nichts wissen von den Listen und Ränken der Alten.«

Finde dein Maß

Nach Paracelsus wandert der Mensch auf der Erde durch eine Fülle von verlockenden Reichtümern. Er ist glücklich und gesund, wenn er sein natürliches Maß herausfindet und danach lebt.

Er ist sicher: »Gott zeigt uns in seiner Güte die Dinge, wie wir sie begehren. Guten Wein, hübsche Frauen, gute Speisen, gutes Geld.« Nach ihm »sollen wir daran erprobt werden«. Wir dürfen nur, das wiederholt er stets, »das natürliche Maß« auf keinen Fall »mißachten und überschreiten«. Das Geheimnis, das jeder für sich herausfinden muß, ist die Erhaltung des richtigen Gleichgewichts der Kräfte und Säfte in uns.

Die Lebensvorgänge sind nach Paracelsus an sich recht einfach: »Was man der Natur (in seinem Leib) gibt, wird auf natürlichem Wege wieder ausgeschieden. Es gelangt an den ihm (in unserem Körper) bestimmten Ort und zu der ihm bestimmten Wirkung. Die Nahrung beispielsweise, die man zur Befriedigung des natürlichen Bedürfnisses (unseres Körpers) zu sich nimmt, geht in den Bauch und wird durch den Stuhl ausgeschieden. So ist es in Ordnung.«

Neben Speis und Trank, die wir für unser Wohlergehen brauchen, erwähnt Paracelsus auch die körperliche Liebe zwischen den Geschlechtern. Darunter versteht er, wie wir aus vielen Stellen in seinem Werk wissen, vor allem auch den Austausch der feinstofflichen Kräfte des Astralleibs.

In gewundenen Sätzen, die von den Herausgebern kaum überarbeitet wurden, legt er zunächst die zur damaligen Zeit herrschende Lehre dar: »Der natürliche Same gelangt in seinen Acker, die Gebärmutter, und trägt da seine Frucht. Was hierin mehr getan wird (also jeder Geschlechtsverkehr, der nicht der Zeugung von Kindern dient) kommt vom Bösen.«

Nun nennt er aber gerade diese Auffassung »unchristlich« und stützt sich dabei auf die Bibel. Er erinnert uns an den Apostel Paulus: ».. . welcher gebiete, den Frauen ihren Trieb zu stillen ... Auch für die Männer gilt dasselbe.« Nur durch eine großzügigere Einstellung gegenüber dem Liebesbedürfnis, dem notwendigen Kräfteaustausch des physischen Körpers, würde der Ehebruch vermieden.

Es sei daran erinnert, was für Paracelsus die ewige, zumindest ein

Erdenleben lang dauernde Verbindung zwischen den himmlischen und irdischen Bestandteilen in uns selbst ist: »Jenes Überschreiten der natürlichen Grenzen (durch Maßlosigkeit in der Liebe, beim Essen oder Trinken) ist also nichts (anderes) wie ein Ehebruch. Denn der untastbare (feinstoffliche) Leib hat versprochen, den tastbaren (materiellen) nicht zu überladen, ihn nicht sein (für sein irdisches Wohlergehen notwendiges) Maß überschreiten zu lassen. Geschieht dies nun nicht, was ist es anderes als ein Ehebruch? Da doch eine Gott gegenüber bindende Verpflichtung (nach seinem Maß möglichst lang gesund, glücklich und für andere Geschöpfe nützlich zu leben) damit durchbrochen wird.«

Um sein Gleichgewicht zu wahren, empfiehlt Paracelsus die »Tugend«, die wir in uns entwickeln sollen. Zu ihr gehören folgende Dinge: »Der Verstand und ein fröhliches, freies Gemüt und ein reines Herz. Wo solches ist, da ist Gott (für einen solchen Menschen) mehr (zu tun) möglich. Er muß (ihm) jeden Tag mehr bescheren, so viel vermag vom Menschen nicht ausgegeben werden.«

Alles wandelt sich dann für den fröhlichen und freien Erdenbewohner zum Guten. Durch den Segen der himmlischen Kraft, für die er nun offen ist, werden für ihn sogar »Spatzen zu Ochsen«. »Denn was wir Gott bitten, das wird uns gewährt.«

Paracelsus spottet über die zahllosen »falschen Propheten und Apostel« seines im Religionsgezänk versinkenden Jahrhunderts. Ihren Hauptfehler sieht er darin, daß es ihnen an Lebensfreude und Inspiration mangelt: »Sie predigen allein den Buchstaben ohne Geist. Hätten sie den Geist, sie täten auch (wie die ursprünglichen Christen) apostolische Wunderwerke. Aber der Buchstabe ist ihr Gott, nicht der Geist. Darum tötet sie der Buchstaben. Sie nennen sich fälschlich Gesalbte, denn die Salbe (die sie den Notleidenden spenden) hat keine Kraft.«

Paracelsus wünscht allen Menschen ein freies und glückliches Leben – natürlich unter Beachtung der kosmischen Gesetze. Für ihn müssen wir nur für unser Wohlergehen sorgen, schon darum, damit wir durch unser Tun Freude verbreiten. Der unseren Begabungen entsprechende Beruf und die Kräfte, die wir anziehen, werden uns im Überfluß leben lassen. Damit können wir auch alle »Plagen« vertreiben.

Wir sollen aus einer Fülle heraus leben wie das Weltmeer, aus dem dauernd Leben hervorgeht: »Laß dich (durch anfängliche Enttäu-

schungen) nicht erschrecken. Denn deine Gabe soll sein wie die
Sonne.«

Langlebigkeit ist das Ziel

Als ein Ziel der Alchimie und Medizin sieht Paracelsus die Gesamter-
neuerung unseres Körpers: »Es ist nicht gegen die Natur, bis zur Erneuerung der Welt zu leben. Es ist nur gegen den Verstand, dessen
wir zum guten Teil beraubt sind.«

Paracelsus weist uns unermüdlich darauf hin, daß gerade die Tierwelt voller Geheimnisse ist, von denen wir noch nichts wissen. Wohl
wegen Hinweisen dieser Art ist die Alpensage unter anderem davon
überzeugt, daß Paracelsus die Sprache aller Lebewesen verstand. Am
Beispiel der Tierkunde will der große Naturforscher beweisen, was
der Mensch an künftigen Möglichkeiten entdecken wird: »Denn wir
stehen noch nicht einmal am Beginn unserer Erkenntnis, von den Geheimnissen der Natur gar nicht zu reden.«

Der Mensch sollte dazu angereizt werden, seine Lebensdauer nach
Möglichkeit zu verlängern. Nur so wird es für ihn einfach sein, sein
Wissen über die Wunder der Natur zu erweitern. Die Völker und Kulturen, bei denen die Menschen ein hohes Lebensalter erreichten, haben uns nach Paracelsus etwas voraus: Sie haben mehr Zeit, in Ruhe
die zahllosen Rätsel der Natur zu erforschen.

In diesem Sinn versichert er von den Völkern der Vergangenheit,
bei denen Menschen fünfhundert oder gar neunhundert Jahre alt wurden: »Die können etwas sagen, die so alt geworden sind und ihre Le-
benszeit benützt haben und alle Geheimnisse erkannt haben.« Erst
wenn es dem Menschen wieder gelingt, sehr lange zu leben, wird ihm
ein großartiger Genuß zuteil werden. Er erkennt dann nach und nach
den Sinn gewaltiger Naturvorgänge. Manches, was ihm während seines kurzen Lebens als Zufall erscheint, erfährt er nun als notwendiges
Ereignis.

Die Kunst der Verlängerung des Lebens hat nach Paracelsus, der es
der Sage nach häufig ausprobiert haben soll, eine einfache Grundlage: »Es ist zu beachten und zu bedenken, ob das Leben verlängert,
verbessert und gestärkt werden kann, da es doch unkörperlich und ein

flüchtig Ding ist. Es ist nicht anders als ein Feuer zu verstehen. Denn je mehr Holz es hat, desto mehr (stärker und länger) brennt es. So verhält sich auch das Leben. Je mehr Lebenssaft es hat, desto mehr Lebensgeist ist im Leben.«

Noch in unserem Jahrhundert wußte das fahrende Volk, das das Alpengebiet durchzog: »Wir werden krank und altern, wenn wir immer weniger Lebenskraft besitzen. Wir bleiben oder werden gesund, wir wirken jung, wenn wir diese Kraft in uns vermehren können. Je mehr wir in einem Kreis von Mitmenschen sind, die wir als angenehm empfinden, desto gestärkter fühlen wir uns. In ähnlicher Weise wirkt auf uns die ganze Umwelt, wenn wir sie lieben.«

Paracelsus denkt ähnlich, und er versichert darum: »Es ist auch zu wissen, daß die Gegenden, Länder, Städte und Täler, das eine gesünder und nützlicher (als das andere) für das lange Leben ist.« Solche Zusammenhänge kann man nach ihm verhältnismäßig leicht erforschen. Allein schon die Suche nach einer Umgebung, die für uns gesünder ist, erfüllt uns mit neuem Lebenssinn: »Da es Freude, mehr Lust und mehr Humores (der für unser Wohlbefinden notwendigen Lebenssäfte) dem Leben gibt.«

Bereits die Suche nach Mitteln zur Verlängerung unseres Lebens ist eine Arznei. Wir stellen uns dabei bildhaft vor, was wir in unserer größer gewordenen Lebensspanne noch alles unternehmen wollen. Dieser optimistische Blick in die Zukunft erneuert bereits unsere Kräfte, während trübsinnige Resignation sie jedesmal vermindert.

Paracelsus ist überzeugt: »So wie es auf der Erde todbringende Gifte gibt, so gibt es auch lebenerweckende Dinge.« So wie wir uns Einflüssen nähern können, die uns schädigen und zerstören, so gelingt uns auch das Gegenteil. Wie es Krankheitserreger gibt, so gibt es auch Auslöser für die Gesundheit. Wir müssen nur Freude daran haben, was uns jedes zusätzlich geschenkte Jahr bringen wird. Dann sollten wir herausfinden, was alles unsere Lebenskräfte günstig beeinflußt und steigert. Beides muß also offenbar zusammenwirken: die Pflege unserer inneren Lebenslust und die bewußte Gestaltung einer Umwelt, in der wir uns wohl fühlen. Wenn wir einen solchen Weg zu wandern vermögen, dann wird uns die Kunst der Langlebigkeit verständlich, die bereits manchen Hochkulturen der Vergangenheit bekannt gewesen sein soll.

Nach den Alpensagen konnte Paracelsus die Menschen blitzartig verjüngen, weil er den »Stein der Weisen« oder das Goldelixier besaß. Wie wir aus seinen naturphilosophischen Werken wissen, gibt es für ihn nur eine sichere Methode, seine Kraft fortlaufend zu mehren: das eigene Leben immer bewußter gestalten.

Jeder ist seines Glückes Schmied

Der Weltenwanderer Paracelsus sieht den Menschen als seines eigenen Glückes und Unglückes Schmied: »Ein jeder muß das erwarten, was seinem Handeln und Wandeln entspricht.«

In seinem »Buch über das Unglück und Glück« formuliert er schon in der Vorrede seine feste Überzeugung: »Es ist nicht Glück, es ist auch nicht Unglück. Es ist die Art, wie man sich zu etwas anschickt...«

Mit einfachen und volkstümlichen Beispielen erläutert er, was er unter Schicksal versteht: »Wer in Dornen gehen will, wie kann der unzerrissen herauskommen? Der auf der Ebene (bequem) wandelt, den macht kein Berg müde. Wer mit Sorgfalt vor sich sieht, wo er geht, der fällt nicht. Wie kann denn einer sagen, wenn er (aus Unachtsamkeit) fällt, ich habe Unglück, da er es sich selbst zufügt?«

Und er fährt fort: »Darum ist es unsinnig, daß wir (über unser Unglück) klagen. Infolge unserer Ungeschicklichkeit geschieht es (das Unglück) oder infolge unserer Geschicklichkeit (das Glück).« Er erklärt es wie folgt: »Denn der, der wohl arbeitet, dem wird wohl gelohnt. Der, der sich selbst treu ist, der fällt nicht. Der aber, der taumelt und schwankt, der kann sich selbst nicht um so viel erheben, daß er ohne Fehltritt eine Stiege hinaufsteigen könnte.«

Auch wenn jemand ein König werden will, so liegt dies nach Paracelsus nur an den Tugenden, die er in sich zu entwickeln versteht. Auf sein Ziel, mag es noch so hochgesteckt sein, muß er die Kräfte seines Geistes richten: »Der aber verzagt ist, der bleibt verzagt. Wer kann ihm (da) helfen, oder wer will ihm helfen?« Es hat überhaupt keinen Sinn, sich für jemanden einzusetzen, der sich selbst nur als Versager ansieht.

Selbstverständlich muß man, wenn man sich ein hohes Ziel steckt, auch alles tun, was dem entspricht. Dazu gehört auch, daß man sich in einer Gesellschaft aufhält, sie bewußt sucht, durch die für das Vorhaben Hilfe zufließt: »Kannst du, so du zwei Wege siehst, einen (für dich) bösen und einen guten, den guten gehen und nicht den bösen, so wähle auch für dich den besseren Weg. Denn du bist nicht gezwungen, in einem Bache zu fischen, wo nichts ist, sondern kannst fischen, wo etwas ist.«

Um sein Lebensziel zu erreichen, darf man keinesfalls andere beneiden, weil dies nur verwirrt und damit schwächt. Wir müssen alles tun, um in der gewünschten Richtung Wissen und Erfahrungen zu sammeln. Zu diesem Zweck beziehungsweise durch ein solches Verhalten wird sich unser ganzes Wesen mit dem Ziel identifizieren: »Es ist so, daß wir uns danach verhalten sollen, wie wir sein wollen und (dabei) dessen gedenken sollen, was uns Christus gesagt hat.«

Hier führt Paracelsus einen seiner Lieblingssätze aus dem Evangelium an: »Bitte meinen himmlischen Vater, so gibt er euch. Klopfet an, so werdet ihr eingelassen.« Für den frommen Alchimisten steht zweifelsfrei fest: »Was bedeutet das sonst, als daß wir uns nicht auf das Glück verlassen sollen, sondern um jedes Ding bitten sollen?«

Ganz ähnlich finden wir diesen Gedanken auch in seinem »Buch von der Erfindung der Künste«: »Wenn ein Mensch heftig bei Gott anklopft (also seinen Herzenswunsch klar äußert) und bittet, daß ihm Gott Kunst, Weisheit, Voraussicht etc. gebe, so gibt er (das Gewünschte) auf solches Anklopfen. Denn das ist wahr! Er sagt: ›Klopfet an, bittet, läutet etc., so wird euch gegeben, aufgetan.‹ Was bedeutet das Auftun (von dem im Evangelium die Rede ist) als das, so wir um etwas bitten, es uns zufällt?«

Ausführlich geht er auf die biblische Aufforderung »Suchet!« ein. Nach ihm bedeutet sie: »Wollt ihr nichts tun, was soll man euch denn geben (es ist ja gar nicht euer ehrlicher Wunsch). Suchet, so findet ihr.«

Wenn wir aber das finden, was wir uns am innigsten gewünscht haben, kann man auf keinen Fall von einem Geschenk des blinden Glücks sprechen. Es ist nichts anderes als die Folge des intensiven Suchens, das man vorher mit seiner ganzen Seelenkraft begonnen hatte: »Liegt es nun am Suchen, so hat es uns der gegeben, der es uns hat suchen heißen, der hat das dahin gelegt (wo wir es schließlich finden können).«

Seine Lehre, wie wir durch zielbewußtes Denken und Handeln all unsere Wünsche erfüllen können, beschließt der große Paracelsus mit den ermunternden Worten: »Und wiewohl noch viel von Glück und Unglück zu schreiben wäre, wer kann das alles zu Papier bringen, was zu schreiben (noch) nötig wäre? Ein jeder soll sich nach diesem Geheimnis und diesem Grundsatz anschicken... Denn ein jeder, der sich nach diesem Grundsatz richtet, der weiß, wohin er gehen soll (wenn er auf seinem Weg weiterkommen will). Dem (der so handelt) kann das Finden nicht abgeschlagen werden.«

Man hat Paracelsus wegen seiner Lebensphilosophie lange genug als Idealisten, Träumer und Mystiker angesehen. Er betrachtet sich selbst jedoch als einen Menschen, der seinen Brüdern und Schwestern den Weg zeigt, ein glückliches, erfülltes Leben zu führen.

Anmerkungen

Der Nachweis von sämtlichen benützten Paracelsus-Stellen würde den Umfang des Werks weit übersteigen. Hier nur die Belege, die für den Verfasser Schlüsselcharakter besaßen (vgl. auch S. 218).

S. 14. Heiliger Meinrad: PG, Abt. 2, Supplement, S. 17.

S. 19. Unter Tannzapfen erwachsen: Hartmann, S. 87; PA, Bd. 3, S. 991.

S. 20. Die Gletscher zerschmelzen: PG, Abt. 2, Bd. 7, S. 100.

S. 21. Schweizer Kommune: PG Abt. 2, Bd. 2, S. 148 f.

S. 22. Waldbrüder: PG Abt. 2, Supplement, S. 5; Abt. 2, Bd. 2, S. 435. *Vgl. zum »Herrgottswald«:* J. Scherer/J. Zemp/G. Lesky, Geschichte u. Beschreibung der Wallfahrtskirche Hergiswald, Luzern 1964.

S. 24. Druiden: B. Milt, C. Gesner u. Paracelsus. In: Schweiz. Medizin. Wochenschrift, Bd. 59, Nr. 18/19. Basel 1929.

S. 26. Landfahrer: PA, Bd. 4, S. 68. *Der Forscher als Welt-Verliebter:* PA, Bd. 1, S. 482 f.

S. 32. Wir sind Götter: PA, Bd. 4, S. 375 ff; Bd. 3, S. 785; Bd. 2, S. 309; Bd. 2, S. 262. *Heilige Hildegard:* Bd. 4, S. 375 ff.

S. 35. Waldbrüder: PP, Bd. 5, S. 3 ff. Vgl. Aristoteles, Hauptwerke, Hrsg. W. Nestle, 2. Aufl. Stuttgart 1938, S. 5 u. 12 f.

S. 37. Sternenkräfte in uns: PA, Bd. 2, S. 695; Bd. 1, S. 221 ff; Bd. 3, S. 796 f; Bd. 1, S. 18 ff; Bd. 2, S. 242.

S. 41. Kosmisches Paar: PA, Bd. 4, S. 453 ff.

S. 46. Theophrastus im Märchen: Musäus, Bd. 2, S. 259 ff; Vgl. PA, Bd. 1, S. 17; Bd. 4, S. 63 f; Bd. 4, S. 372.

S. 48. Der Himmel ist in uns: PA, Bd. 1, S. 38 ff; Bd. 1, S. 128; Bd. 1, S. 211.

S. 57. Heilige und Heilung: PA, Bd. 1, S. 266 ff.

S. 62. Gold in allem: PA, Bd. 4, S. 1025; Bd. 1, S. 251 f; Bd. 1, S. 44 f. *Herz als Sonne:* PG, Abt. 4, Bd. 1, S. 139; PA, Bd. 4, S. 228, 242 u. 309. *Schutzschirm des Menschen:* PA, Bd. 1, S. 438; Bd. 4, S. 773. *Das Gestirn lenken:* PA, Bd. 1, S. 254.

S. 73. Bedeutung des Arztes: PA, Bd. 4, S. 39; Bd. 1, S. 420; Bd. 1, S. 401.

S. 75. Chaos: Pernety, S. 78; PA, Bd. 2, S. 377; Bd. 4, S. 50.

S. 77. Die Seele regiert den Leib: PG Abt. 2, Bd. 7, S. 139 f. u. 150 f; PA, Bd. 3, S. 287 f.

S. 81. Bild des Jahrmarktarztes als »Rosenkreuzer«: R. Meyer/ C. Meyer, Sterbensspiegel . . . , Zürich 1650.

S. 83. Lehrbücher: Kiesewetter, Faust, S. 84 u. 368.

S. 85. Paracelsus in St. Gallen: Kohlrusch, S. 254.

S. 86. Paracelsus u. der Ritter: Musäus, Bd. 2, S. 259 ff.

S. 92. Sinn der Krankheit: PA, Bd. 1, S. 59; Bd. 1, S. 231; PG, Abt. 2, Bd. 4, Teil 1, S. 248 f. u. 346 f.

S. 94. Leben der Steine: PA, Bd. 1, S. 482; Bd. 2, S. 888. Vgl. Grubenmann, S. 115–135.

S. 106. R. Steiner, Vor dem Tore der Theosophie, Dornach 1964 (1. Aufl. 1910), S. 73.

S. 107. Tier und Mensch: PA, Bd. 4, S. 85; Bd. 4, S. 382.

S. 109. Lebensenergie und Tiere: PA, Bd. 3, S. 131; Bd. 4, S. 506 f. Vgl. Zürcher, S. 187.

S. 112. Zu Pfäfers: PA, Bd. 3, S. 738 – 752. *Heilkräuter um die Alpenbäder:* PA, Bd. 3, S. 722 u. 737 f. *Fee von Tarasp:* Volkstümliches aus Graubünden (Sammlung D. Jecklin), Chur 1916, S. 516.

S. 116. Kärnter Chronik: PA, Bd. 1, S. 460 ff.

S. 120. Alles ist heilig: PA, Bd. 4, S. 295.

S. 124. Umwelt des Kranken: PA, Bd. 2, S. 695; Bd. 3, S. 491 f; Bd. 4, S. 194.

S. 128. Das Wissen ist überall: PA, Bd. 2, S. 262; Bd. 2, S. 309; Bd. 4, S. 275; Bd. 4, S. 301; Bd. 4, S. 360 f; Bd. 4, S. 378 f; Bd. 4, S. 573.

S. 130. Der Schlaf als Jungbrunnen: PA, Bd. 1, S. 975; Bd. 2, S. 720; Bd. 4, S. 233; Bd. 4, S. 358 f; Bd. 4, S. 570 ff.

S. 132. Künste im Schlaf: PA, Bd. 2, S. 570; Bd. 4, S. 220; Bd. 4, S. 362.

S. 141. Kraftübertragung durch Bilder: PA, Bd. 4, S. 327 – 347. *Frömmigkeit als Schutz:* PA, Bd. 3, S. 119.

S. 148. Wetterzauber: PA, Bd. 4, S. 222 f.

S. 150. Erdmächte als Freunde: PA, Bd. 3, S. 301 f. u. 757 f; Bd. 4, S. 303 ff.

S. 158. Seuchen und negatives Sektierertum: PA, Bd. 1, S. 242 f.; Bd. 4, S. 309 f.

S. 164. Freiheit der Wildnis: PG, Abt. 2, Bd. 2, S. 64 f.

S. 166. Das Männlich-Weibliche in der Gottheit: PG, Abt. 2, Bd. 3, S. 241 ff.

S. 168. Schuld Adams: PG, Abt. 2, Bd. 2, S. 228 f., 285 u. 311.

S. 170. Was Gott zusammenfügt: PG, Abt. 2, Bd. 2, S. 116 u. 292. *Alles Elend aus falscher Verbindung:* PA, Bd. 2, S. 305.

S. 172. Vorstellungskraft der Frauen: PA, Bd. 4, S. 269 f.

S. 173. Paradies im Wasser: PA, Bd. 4, S. 893 ff.

S. 175. Schöne Kinder durch Imagination: PA, Bd. 1, S. 253 ff.; Bd. 4, S. 347.

S. 180. Nymphen im Menschen-Chaos: PA, Bd. 4, S. 60 f. u. 306.

S. 184. Innerer Alchimist: PA, Bd. 1, S. 24 ff., 93 ff. u. 109; Bd. 2, S. 339 u. 888 ff.; Bd. 4, S. 765.

S. 198. Paracelsus in Lateinamerika: U. Zier, Die Gewalt der Magier, Krankheit und Heilung in der kolumbischen Volksmedizin, Berlin 1987, S. 27, 201 u. 208.

S. 202. Paracelsus, Magische Unterweisungen, Hrsg. S. Kappstein, Bern 1980.

S. 204. Nostradamus. Les vrayes canturies, Neudruck, Genf 1940; E. Cheetham, Les prophecies of Nostradamus, Suffolk 1979.

S. 206. Prophezeiungen des Paracelsus: PA, Bd. 4, S. 1015 u. 1024 f.

S. 208. Das richtige Maß: PA, Bd. 1, S. 129 f.; PG, Abt. 2, Supplement, S. 85 u. 91.

S. 210. Lebensverlängerung: PA, Bd. 1, S. 97 ff.; Bd. 3, S. 106 ff.

S. 212. Allmacht des Glaubens: PA, Bd. 1, S. 227 ff.

Literatur

Benützte Paracelsus-Ausgaben

Bücher und Schriften, Hrsg. J. Huser, Basel 1589–1590.
Sämtliche Werke, Hrsg. K. Sudhoff, München 1922–1933.
Sämtliche Werke, Hrsg. B. Aschner, Jena 1928–1932. (Zitiert *PA*)
Sämtliche Werke, Hrsg. J. Strebel, St. Gallen 1944 ff.
Werke, Hrsg. W. E. Peuckert, Bayel 1965–1969. (Zitiert *PP*)
Sämtliche Werke, Abt. 2: Die theologischen und religionsphilosophischen Schriften, Hrsg. K. Goldammer, Wiesbaden 1955 ff.
(Zitiert *PG*)

Beispiele der Paracelsus-Überlieferung
(Theophrastus-Sage, esoterische Traditionen usw.)

Alpenburg, J. N. v.: Mythen u. Sagen Tirols, Zürich 1857.
Alpenburg, J. N. v.: Deutsche Alpensagen, Wien 1861.
Anhorn: Magiologia, Basel 1674.
Barrett, F.: The Magus, London 1801.
Bartscherer, A.: Paracelsus, Paracelsisten u. Goethes Faust, Dortmund 1911.
Birlinger, A.: Volkstümliches aus Schwaben, Freiburg Br. 1861–1862.
Endrös, H., u. A. *Weitnauer:* Allgäuer Sagen, 6. Aufl. Kempten 1981.
Freisauff, R. v.: Aus Salzburgs Sagenschatz, Salzburg o. J.
Freisauff, R. v.: Salzburger Volkssagen, Wien 1880.
Geerk, F.: Paracelsus – Arzt unserer Zeit, Einsiedeln 1992.
Golowin, S.: Paracelsus im Märchenland, Basel 1980 (1. Aufl. Bern 1962).
Golowin, S.: Zigeunermagie im Alpenland, Frauenfeld 1973.
Golowin, S.: Hausbuch der Schweizer Sagen, Wabern-Bern 1981.
Grubenmann, A.: Sagen ... aus dem Alpstein, Trogen 1968.
Handwörterbuch des deutschen Aberglaubens, Leipzig 1927 ff.
Hartmann, F.: Theophrastus Paracelsus... Calw o. J.
Jennings, H.: Rosenkreuzer, Berlin 1912.

Kiesewetter, C.: Faust... Leipzig 1893.

Kloster, Das: Hrsg. J. Scheible, Stuttgart 1845–1849.

Kohlrusch, C.: Schweizerisches Sagenbuch, Basel 1854.

Kühnau, R.: Schlesische Sagen, Leizig 1910–1913.

Kuoni, J.: Sagen des Kantons St. Gallen, St. Gallen 1903.

Lienert, M.: Schweizer Sagen... 16. Aufl. Stuttgart o. J.

Lütolf, A.: Sagen... aus den fünf Orten... Luzern 1862.

Müller, F.: Siebenbürgische Sagen, 2. Aufl. Wien 1885.

Müller, H.: Die Gestalt des Paracelsus in Sagen und Dichtung, Diss. phil. Wien 1935.

Musäus, J. K. A.: Volksmärchen der Deutschen, Jena 1912.

Nork, F.: Mythologie der Volkssagen und Volksmärchen, Stuttgart 1848.

Peuckert, W. E.: Ostalpensagen, Berlin 1963.

Pernety, A.-J.: Dictionnaire mytho-hermétique, Paris 1972 (1. Ausg 1787).

Reiser, K.: Sagen... des Allgäus, Kempten 1897–1902.

Rochas, A. de: Die Ausscheidung des Empfindungsvermögens, Leipzig 1909.

Sagen, Alte, aus dem Salzburger Land (Vorwort K. Adrian) Wien 1948.

Surya, G. W.: Die Spagyriker, Paracelsus, Rademacher, Zimpel, Berlin-Pankow 1923.

Widmann, G. R.: Des bekandten Ertz-Zauberers Doctor Joh. Fausts ärgerliches Leben... Neue Ausg. Nürnberg 1726.

Wolf, J. W.: Hessische Sagen, Göttingen 1853.

Zingerle, I. v.: Sitten, Bräuche u. Meinungen des Tiroler Volkes, 2. Aufl. Innsbruck 1871.

Zingerle, I. v.: Sagen aus Tirol, 2. Aufl. Innsbruck 1891.

Zürcher, W.: Der Puls der Dinge, Vitale Energien... Freiburg Br. 1990.

GOLDMANN

Entdeckung anderer Kulturen

Asien   12323

Vier Drachen am Mekong   11695

Chico Mendes   12403

Das alte Ladakh   11402

Goldmann · Der Taschenbuch-Verlag

GOLDMANN

Natur und Wissenschaft

Fülle und Nichts   12001

Die Medizin der Chinesen   12309

Prinzip Chaos   11469

Kritik des gesunden Menschen-
verstandes   11690

Goldmann · Der Taschenbuch-Verlag

GOLDMANN

Politik, Zeitgeschichte

Meine Vision   12382

Deutschland, deine Kanzler   12311

Richard von Weizsäcker   12321

Die Alternative,
Demokratie statt Diktatur   12380

Goldmann · Der Taschenbuch-Verlag

NATURWISSENSCHAFTLER DENKEN UM

ISBN 3-442-12303-8

ISBN 3-442-11469-1

ISBN 3-442-11460-8

Neue Denkansätze und

Weltbilder für das

kommende Jahrhundert.

ISBN 3-442-11689-9

GOLDMANN